GTB
Gütersloher Verlagshaus
722

»Jeder hat eine Richtung, zu der er sich wendet.
So eilt zu den guten Dingen um die Wette.
Wo immer ihr euch befindet,
Gott wird euch alle zusammenbringen.«

Koran, Sure 2,148

Hagen Berndt,

geboren 1959, Indologe und Islamwissenschaftler, ist als pädagogischer Leiter der Bildungs- und Begegnungsstätte für gewaltfreie Aktion »KURVE Wustrow« in der Erwachsenenbildung tätig.

Hagen Berndt

Gewaltfreiheit in den Weltreligionen

Vision und
Wirklichkeit

Mit einem Vorwort von Theodor Ebert

Gütersloher Verlagshaus

Originalausgabe

Die Deutsche Bibliothek – CIP-Einheitsaufnahme

Berndt, Hagen:
Gewaltfreiheit in den Weltreligionen : Vision und Wirklichkeit /
Hagen Berndt. Mit einem Vorw. von Theodor Ebert. –
Gütersloh : Gütersloher Verl.-Haus, 1998
[Gütersloher Taschenbücher ; 722)
ISBN 3-579-00722-X

ISBN 3-579-00722-X

Umschlaggestaltung: INIT, Bielefeld,
unter Verwendung folgender Fotos: (obere Reihe v.l.n.r.) Martin Luther King, AKG Photo / Fatema Mernissi, Foto dpa / Aung San Suu Kyi, Foto aus: The Voice of Hope, Penguin Books – (Mitte) Martin Buber, Corbis/Bettmann, New York; Bertelsmann Lexikon Verlag, Gütersloh – (untere Reihe v.l.n.r.) Dalai Lama, Corbis/Bettmann, New York; Bertelsmann Lexikon Verlag, Gütersloh / Hildegard Goss-Mayr, © Foto: Regine Hendrich, Wien / Mahatma Gandhi, epd-Bild/Keystone
Satz: Weserdruckerei Rolf Oesselmann GmbH, Stolzenau
Druck und Bindung: Clausen & Bosse, Leck
Gedruckt auf chlorfrei gebleichtem Werkdruckpapier
Printed in Germany

Inhalt

Vorwort

Die Fenster der Ansprechbarkeit

Die Erforschung der gewaltfreien Aktion gegenüber Gewalttätern wurde nach dem Zweiten Weltkrieg von dem realpolitischen Ansatz geprägt, daß die gewaltfreie Aktion ein Machtinstrument ist, mit dem auch die Nichtetablierten im Mikro- und Makrobereich (von der Bürgerinitiative bis zum Widerstand gegen Besatzungsregime) Politik machen können, sofern sie dieses Instrument nur gekonnt einsetzen. Die Friedensforscher hofften zu diesem Empowerment, dieser Ermächtigung an der Basis, beizutragen durch die Erforschung der Strategie der gewaltfreien Aktion und durch die Aufklärung über die guten Gründe für das definitive und wirklich entschlossene Ausscheiden gewaltsamer Methoden aus dem Instrumentarium der Politik. Worauf allerdings diese letzte Entschlossenheit gegründet sein sollte, ließ man in den Kreisen der engagierten Konfliktforscher offen. Man bot mehrere Varianten der Begründung von konsequent gewaltfreier Strategie und Seelenstärke (soulforce) an. Es konnte sich hier um religiöse Überzeugungen oder auch um ein autogenes Vertrauen in eine erfolgsversprechende Methode handeln.

Der Erfinder dieses realpolitischen Ansatzes war kurioserweise ein Amerikaner, Richard B. Gregg, der sich auf Befragen sicher als religiöser Mensch bezeichnet hätte, gehörte er doch zur Gruppe der Quäker und war aufgrund dieser Prägung von Gandhis kämpferischen, doch gewaltfreien Methoden fasziniert. Er schrieb den seit 1934 mehrfach aufgelegten und nach dem Zweiten Weltkrieg revidierten, um Beispiele aus dem Widerstand gegen die deutsche Besatzung erweiterten Klassiker der gewaltfreien Aktion »Die Macht der Gewaltlosigkeit«. Die operative Ausgestaltung dieses realpolitischen, psychologisch durchdachten Ansatzes gelang dann in den 70er Jahren einem weiteren Amerikaner, dem Soziologen und Politologen Gene Sharp, in dem enzyklopädischen, dreibändigen Werk »The Politics of Nonviolent Action« (Boston 1973), von dem es leider noch keine Übersetzung ins Deutsche gibt.

Bei diesem machtpolitischen Ansatz, welcher die Auseinandersetzung mit den traditionellen Theorien der Politik von Macchiavelli bis Max Weber und der realistischen Schule der amerikanischen Politik suchte, spielte die religiöse Motivation der gewaltfreien Akteure nur eine untergeordnete, bisweilen fast verheimlichte Rolle.

Wer im Rahmen dieses machtpolitischen, systemtheoretischen Ansatzes gearbeitet und publiziert hat – wie auch ich –, und wer dabei mehr auf weltliche Organisationen und soziale Bewegungen und ihre Strategien geachtet hat als auf Religionsgemeinschaften, der muß irritiert sein, wenn er nun von Hagen Berndt wieder ‚überzeugt' werden soll von den großen Persönlichkeiten aus fünf Weltreligionen und einer Abfolge von Essays, die mehrheitlich den scheinbar unpolitischen Alltag des Einzelnen betreffen. Bei genauem Hinsehen halte ich diese Irritation jedoch für hilfreich und im Sinne des Korrektivs auch für berechtigt, vielleicht sogar notwendig.

Den Vertretern des machtpolitischen Paradigmas war bekannt, daß die gewaltfreien Akteure häufig, wenn auch nicht durchgängig religiös geprägt waren, und daß diese Prägung eine wichtige Rolle spielte bei ihrem Entschluß, ausschließlich auf gewaltfreie Methoden zu setzen und diese auch bei Rückschlägen beizubehalten. Mindestens genau so wichtig war Gene Sharp und anderen jedoch der Hinweis, daß die Bindung an eine der Weltreligionen keine notwendige Bedingung sei für das gewaltfreie Handeln. Sharp betonte dies so scharf und er ging fast bis zur Distanzierung vom traditionellen religiösen Pazifismus, weil er in den USA und auch in Europa die Erfahrung gemacht hatte, daß die gewaltfreie Aktion von vielen Politikern und Bürgern als Handlungsalternative nicht ernst genommen wurde, weil sie in deren Vertretern immer nur Prediger, immer nur potentielle Märtyrer und keine Pragmatiker sahen.

Sharp wollte mit seiner phänomenologischen Betrachtung der gewaltfreien Aktion und mit seinem rigorosen Pragmatismus der weitverbreiteten Vorstellung begegnen, daß ein religiöses Bekehrungserlebnis und eine feste Bindung an eine der Weltreligionen Voraussetzung dafür sei, daß jemand mit Aussicht auf Erfolg zu gewaltfreien Methoden greifen könne. Sharps großes Werk »The Politics of Nonviolent Action« nimmt ein weiteres Fortschreiten des Säkularisationsprozesses an und rechnet nicht mit einem Wiederaufleben der religiösen Bindungen in Ländern, in denen dieser Prozeß bereits so weit gegangen ist, daß die Mitglieder religiöser Gemeinschaften eine Minderheit darstellen, so sehr diese auch im Sinne der Bergpredigt Licht auf dem Berge beziehungsweise Salz in der politischen Suppe sein mögen. Sharp schließt zwar ein Wiedererwachen religiöser Bindungen und spiritueller Übungen nicht aus, aber er macht ein solches Revival nicht zur notwendigen Bedingung einer künftigen Erfolgsgeschichte der gewaltfreien Aktion, die er im Atomzeitalter für überlebensnotwendig hält.

Der ökumenische Ansatz von Hagen Berndt ist beim Aufspüren der spirituellen Basis der gewaltfreien Aktion nicht, wie dies zu Beginn des 20. Jahrhunderts noch üblich war, auf eine bestimmte Weltreligion und einen bestimmten Text – wie zum Beispiel die Bergpredigt – fokussiert, sondern

Berndt interessiert, wie in den traditionellen Weltreligionen bzw. aus ihnen heraus eine neue Spiritualität, welche die gewaltfreie Aktion trägt, entstanden ist oder noch entstehen könnte. Ich bin auf solche Ansätze in Indien in den gandhistischen Ashrams gestoßen. Hagen Berndt kennt sie noch besser als ich aus eigener Anschauung in Indien. Beim Morgen- und beim Abendgebet, zu dem die Mitarbeiter und Gäste des Ashrams sich versammeln, werden Texte und Gebete aller Weltreligionen gesprochen und gesungen.

Um dies richtig zu verstehen, sollte man bedenken, daß Gandhi keine Konvertiten wünschte, sondern nur jeden ermuntern wollte, der gewaltfreien Wahrheit in derjenigen Religion nachzuspüren, in die er hineingeboren wurde oder in welcher er aus irgendeinem Grunde im Laufe seines Lebens eine geistliche Heimat und vertraute Bezugspersonen gefunden hat. Eine solche ökumenische Orientierung ist etwas ganz anderes als Synkretismus, der einem Esperanto unter lebendigen Muttersprachen gleichkäme. Wahrscheinlich gibt es keine Spiritualität ohne eine ‚muttersprachliche' Tradition. Auch Hagen Berndt hat darum deutlich die Weltreligionen nebeneinander gestellt und an keiner Stelle den Versuch unternommen, ein mixtum compositum der gewaltfreien Spiritualität aufzutischen. Dieser Traditionalismus ist heilsam in einer Zeit der esoterischen Innovationen, bei denen im Zeichen eines New Age häufig Sinn und Unsinn eine krude Mischung eingehen.

Obwohl mir die Mitgliedschaft in der Evangelischen Kirche und der ständige Gemeindebezug viel bedeutet und ich in der Christenheit ein wachsendes Interesse an der gewaltfreien Aktion beobachte, kann ich mich doch der Einsicht nicht verschließen, daß zumindest in Europa der Säkularisationsprozeß rasant fortschreitet, und die Kirchen immer mehr von ihrem traditionellen Einfluß verlieren. Das muß man nicht unbedingt bedauern, denn der Einfluß der Kirchen war über Jahrhunderte weniger ein spiritueller als ein höfischer; er basierte auf dem Bündnis von Thron und Altar, das im Jahre 312 unter Cäsar Konstantin begonnen hatte und auch nach dem Zweiten Weltkrieg in Demokratien in Militärseelsorgeverträgen seine Fortsetzung fand.

Nur in der DDR hatte der Pazifismus der Bausoldaten einen mehrheitlich jesuanischen Bezug. Doch diese Kriegsdienstverweigerer waren eine kleine Minderheit. Wegen der staatsfrommen Position der großen Kirchen war es in der Bundesrepublik bis zu Beginn der 80er Jahre, in denen die lila Tücher der Friedensbewegung auf den Kirchentagen dann eine Wende signalisierten, nicht üblich und auch kaum möglich, seine Mitbürger über die Religion bzw. über die Berufung auf die Bibel an die gewaltfreie Aktion heranzuführen. Auch heute noch würde selbst ein homo religiosus in der Rolle des Politikers, falls es diesen Typ hierzulande überhaupt noch gibt

– und ich meine doch einige kennengelernt zu haben –, in Deutschland schon aus didaktischen Gründen seine Mitbürger nicht mit religiösen Bekundungen, sondern mit pragmatischen Überlegungen für das Geschäft der gewaltfreien Aktion zu gewinnen suchen.

Wer so pragmatisch an gewaltfreie Kampagnen herangeführt wird, dürfte in der Aktion selbst dann allerdings häufig feststellen, daß angesichts der Kosten solchen Vorgehens es einen ungelösten Rest von Fragen gibt, auf die man in seiner Empörung und seinem Schmerz und seiner Wut über die Triumphe der Gewalttäter vergeblich eine simple, säkulare Antwort in den Handbüchern der Strategie und Taktik der gewaltfreien Aktion suchen wird.

Wer sich auf die gewaltfreie Konfliktbearbeitung – mit allen damit verbundenen Gefahren für Leib und Leben – einläßt, der wird fast unweigerlich auch auf letzte Fragen gestoßen werden und er wird zumindest für sich selbst eine überzeugende Antwort suchen. Vielleicht findet er sie dann wie die meisten derjenigen, von denen Hagen Berndt berichtet, in der religiösen Tradition und darauf beruhender Spiritualität. Unsereiner hat auf solche Herausforderungen auch keine patente Antwort. Ich kann wie jeder gewaltfreie Akteur auch nur darauf hoffen, daß ich in schwierigen Lagen ein Quäntchen dieser Soulforce finden werde, von denen die Biographien Hagen Berndts berichten. Das Grundproblem der praktischen Spiritualität ist: Läßt du dich auf eine Situation, vor der du Angst hast, dennoch ein – auch in der Erinnerung daran, daß andere dies vor dir gewagt haben? »Ihr fürchtet euch in der Welt und seid geängstigt in eurer Not. Ich aber sage euch: Seid mutig und bewahrt Geduld; denn ich habe die Welt überwunden.« So endet das 16. Kapitel des Johannes-Evangeliums in der Übersetzung von Walter Jens (Stuttgart: Radius Verlag, 1998, S. 454).

Mit Hagen Berndt halte ich es für wichtig, daß man – und sei es zunächst aus schierer Neugierde – zur Kenntnis nimmt, welche Menschen im spirituellen Umfeld der fünf Weltreligionen sich mit gewaltfreien Aktionen befaßt haben. Von dem einen oder der anderen der Zitierten wird jeder Leser bereits gehört haben. Doch die Sammlung Hagen Berndts ist voll von Überraschungen, und seine Informationen über die gewaltfreien Akteure verlocken in jedem Falle zu weiterer Lektüre. Dieses Buch ist mit Sicherheit für jeden eine Fundgrube, aber es ist auch ein Korrektiv zu den beiden gängigen, einseitigen Interpretationen der gewaltfreien Aktion, deren eine fast rein religiöser Natur war und auf die Überzeugungskraft der Märtyrer (einer einzigen ‚wahren' Religion) setzte, und deren andere dann im Gegenzug fast rein machtpolitisch und funktionalistisch ansetzte.

Hagen Berndt versucht eine Synthese des charismatischen und des pragmatischen Ansatzes, und darüber hinaus gelingt es ihm durch seine Zusammenstellung der Zeugen des pragmatisch-religiösen Ansatzes auch noch deutlich zu machen, daß die gewaltfreie Aktion in allen Weltreligionen ihre Begründung finden kann. In allen Religionen lassen sich Anhaltspunkte dafür aufspüren, wie man mit gewaltfreien Aktionen gegen das Unrecht aufbegehren, die gewaltsame Repression ohne Haß geduldig ertragen und dann einen neuen Anlauf zum gewaltfreien Aufstand unternehmen kann. Besonders wichtig ist für unsere Situation in Europa, daß Hagen Berndt auch das Konzept des Jihad, was gewöhnlich mit »heiliger Krieg« übersetzt wird, im Sinne des gewaltfreien Kampfes zu interpretieren weiß. Ich sehe hier eine Parallele zu Gandhis pazifistisch-kämpferischer Interpretation der Bhagavadgita.

Die Erforschung der gewaltfreien Aktion war nach dem Zweiten Weltkrieg – angesichts der enormen Kosten des Krieges und der Massenmorde, die vornehmlich von der deutschen, aber auch von der sowjetischen Führung (in Katyn) hinter der Front begangen wurden – von der Frage geprägt, ob das nationalsozialistische Regime mitsamt seinem Expansionstrieb und seiner Exterminationsbereitschaft auch ohne militärische Gegenwehr hätte überwunden werden können. Einerseits war diese Frage bei denjenigen, die sich mit Abschreckungswaffen hochrüsteten, unerwünscht und andererseits war sie in ihrem spekulativen Charakter auch von der kritischen Friedensforschung sehr schwer zu beantworten. Man mußte die Kosten einer Jahrzehnte währenden nationalsozialistischen Herrschaft und eines schließlichen gewaltfreien Aufstandes gegen diese Herrschaft bedenken.

Der braune Totalitarismus ist in sechs Jahren mit enormen Kosten militärisch besiegt worden: der rote Totalitarismus ist erst Jahrzehnte später ohne Krieg von innen heraus überwunden worden. Es gab nach 1945 auch gar keine andere Möglichkeit mehr, als diese (nichtmilitärische) Überwindung abzuwarten, obgleich deren Möglichkeit von vielen Totalitarismustheoretikern zunächst kategorisch bestritten wurde, war dies doch eine wesentliche Voraussetzung für die Rechtfertigung der atomaren Abschreckung und aller damit verbundenen Gefahren einer Eskalation zum Weltuntergangskrieg. Es ist heute deutlicher denn je: Gegen eine Atommacht kann man keinen Krieg gewinnen. Darum wird aber auch das offene oder geheime Streben nach Atomwaffen nicht aufhören.

Da die Atomwaffen als Produkt des militärischen Widerstands gegen Hitler den Zweiten Weltkrieg überlebt haben, und die Proliferation, also die weltweite Verbreitung dieser Waffen, fortschreitet, ist auch die rückwärts gewandte Frage, ob eventuell sogar das nationalsozialistische Terrorregime anders als militärisch hätte überwunden werden können, nicht mehr so abwegig, wie diese Frage vielen erschienen ist, als Gene Sharp und andere Konfliktforscher in den 50er Jahren anfingen, diese horrende Frage zu stellen.

Zum Exempel: Wenn es zu einem atomaren Schlagabtausch zwischen Indien und Pakistan kommen sollte, dann können die mehr oder weniger demokratisch legitimierten Regierungen dieser Länder, denen viele ihrer Bürger zur Zeit noch Beifall für Atomtests spenden, in wenigen Stunden mehr Menschen vernichten, als die nationalsozialistischen Massenmörder in ihren Vernichtungslagern während eines ganzen Jahres erschossen, vergast, verbrannt und verscharrt haben.

Wenn man sich nun aber den grausam-egoistischen Charakter vieler Diktatoren, ihre wahnhafte Ideenwelt und auch die Überheblichkeit mancher demokratisch legitimierter Regierungen vor Augen führt, stellt sich die Frage: Über welches Ausmaß an Seelenstärke müssen eigentlich diejenigen verfügen, die angesichts bewaffneter Bedrohung und Erpressung oder Demütigung auf den organisierten gewaltfreien Widerstand setzen wollen und nun darauf vertrauen, daß kein Verband von Aggressoren so geschlossen ist, daß nicht doch zunächst bei einzelnen und schließlich sogar bei vielen die Fenster der Ansprechbarkeit geöffnet werden?

Die gewaltfreie Aktion muß sich aber nicht nur in solchen Extremsituationen bewähren; wir können sie bereits im demokratischen Alltag erproben und dort unser Vertrauen in diese Form der Konfliktbearbeitung, der Mediation und der Versöhnung mit dem Gegner stärken. Wahrscheinlich führt der Weg, die gewaltfreie Aktion zu erlernen, über Bürgerinitiativen zum Zivilen Friedensdienst mit seiner allgemeinen Grundausbildung in gewaltfreier Konfliktbearbeitung. In der Regel wird man sich nicht von heute auf morgen in Extremsituationen zu bewähren haben. Doch es ist wichtig, daß man sich in Gedanken – und gerade auch bei der Lektüre eines solchen Buches wie des vorliegenden – klar macht, daß die gewaltfreie Aktion das erste und das letzte Mittel in allen Lebenslagen sein sollte und sein kann. In dem Buch Hagen Berndts sind Worte und Handlungsweisen zu finden, mit denen sich diese Fenster der Ansprechbarkeit beim politischen Gegner öffnen lassen, wenn nicht sofort, so doch im Laufe der Zeit – im Sinne der bereits zitierten Abschiedsworte Jesu: »Seid mutig und bewahret Geduld!«

Theodor Ebert

Professor für Politische Wissenschaft an der FU Berlin, Mitglied der Synode und der Kirchenleitung der Evangelischen Kirche in Berlin-Brandenburg und Schriftleiter der Zeitschrift »Gewaltfreie Aktion«.

Einleitung

Der Friedensforscher Johan Galtung beschrieb Gewalt umfassend als »vermeidbare Beeinträchtigung grundlegender menschlicher Bedürfnisse oder, allgemeiner ausgedrückt, des Lebens, die den realen Grad der Bedürfnisbefriedigung unter das herabsetzt, was potentiell möglich ist« (1993). In diesem wegweisenden Satz zum Thema »Gewalt« gibt es zwei Worte, die unsere ganze Aufmerksamkeit fesseln können – vielleicht ein Leben lang: *»möglich«* und *»vermeidbar«*. Daß auf diesem Gebiet weitaus mehr möglich ist, als wir uns träumen lassen, zeigen die Beispiele in diesem Buch. Sie stammen aus vielen Ländern und Kulturen mit unterschiedlichen Konfliktsituationen. Viele der hier vorgestellten Persönlichkeiten aus den Weltreligionen hatten konkrete Utopien und Träume, die inzwischen Wirklichkeit geworden sind.

Das zweite Wort weist darauf hin, daß eine Beeinträchtigung von Grundbedürfnissen vermeidbar ist. Es geht also beim Nachdenken über eine gewaltfreie Welt um nicht weniger als ein besseres Leben – für alle. Ein Ziel, das Menschen herausfordert, all ihre Intelligenz, ihre Kreativität, ihre körperlichen und spirituellen Kräfte auf die Möglichkeiten des Friedens zu konzentrieren. Frieden im Sinne von sozialer Gerechtigkeit und verwirklichter Menschenrechte ist nach Galtung weitaus mehr als die Abwesenheit von Krieg. Es ist die Abwesenheit von direkter und struktureller Gewalt. Galtung ergänzt dazu noch die »kulturelle Gewalt«, die direkte oder strukturelle Gewalt rechtfertigt: Wissenschaft, Sprache, Symbole oder auch Religion können zu diesem Zweck dienen.

Daher bedeutet Gewaltfreiheit nicht einfach das Unterlassen direkter Gewalt und auch nicht Tatenlosigkeit. Gewaltfreiheit meint das Bemühen, Gerechtigkeit ohne neue Gewalt zu schaffen und Beziehungen wiederherzustellen. Konflikte – zwischenmenschliche, gesellschaftliche, internationale – können dabei als Chance begriffen werden, Ungerechtigkeit oder ungleiche Machtverhältnisse zu bearbeiten. Gewaltfreies Handeln entsteht aus der Übernahme von

Verantwortung für Konflikte und dem Bewußtsein, daß es keine ethisch vertretbare und effektive Alternative dafür gibt. Absolute Freiheit von Gewalt werden wir in unserer Lebenszeit nicht zu erreichen vermögen – das Gegenteil zu behaupten wäre naiv und womöglich eine Verschleierung tatsächlicher Gewaltverhältnisse. Gewaltfreies Handeln verweist daher auf das Ziel und die sich in Übereinstimmung mit dem Ziel befindenden Mittel, die zu seiner Erreichung eingesetzt werden. Im deutschen Sprachraum setzt sich daher der Begriff »Gewaltfreiheit« immer mehr durch und grenzt sich von »Gewaltlosigkeit« als der bloßen Abwesenheit direkter, meist auch nur körperlicher Gewalt ab.

Die Auseinandersetzung mit den Quellen und Erfahrungen spiritueller Gewaltfreiheit in den Weltreligionen Judentum, Christentum, Islam, Hinduismus und Buddhismus kann dem Mißbrauch von Religion zur Rechtfertigung von Gewalt entgegensteuern. Es kann jedoch gar nicht geleugnet werden, daß alle genannten Religionen immer wieder zum Instrument der Gewalt wurden und Inhalte hervorgebracht haben, die die Gläubigen zu Gewalttaten animierten und es bis heute tun. Eine Auseinandersetzung mit der religiös legitimierten oder von religiösen Institutionen mitverantworteten Gewalt ist notwendig, jedoch nicht im Sinne eines »Kampfes der Kulturen« von außen, sondern durch die Angehörigen der jeweiligen Religion selbst, zusammen mit denjenigen, die sich in solidarischem Gespräch mit ihnen befinden.

Dieses Buch stellt Zeitzeugen und Themen aus dem breiten Spektrum gewaltfreien Handelns in den Weltreligionen vor. Es ist jedoch auch Teil eines Prozesses der Aneignung einer Welttradition, einer ökumenischen Tradition im ursprünglichen weltumfassenden Sinne. Es geht hier um Ökumene in der Bedeutung von »Weltkreis, bewohnte Erde«, also nicht nur um den Kontakt zwischen verschiedenen christlichen Konfessionen.

Das Buch ist in zwei Hauptteile gegliedert. Im ersten Teil wird anhand von Kurzbiographien dargestellt, welche Rolle Gewaltfreiheit im Denken und Leben von Menschen gespielt hat bzw. noch spielt. Es geht nicht darum, Einzelpersonen zu Helden oder Heldinnen zu machen, denn gewaltfreies Handeln will Menschen in unterschiedlichen Lebenssituationen motivieren und ermutigen. Die Auswahl dieser Personen ist zwar subjektiv, jedoch nicht zufällig. Neben bekannteren Persönlichkeiten werden auch einige vorgestellt, deren Arbeit bisher von der Medienöffentlichkeit unbemerkt stattfand. Nicht alle von ihnen haben den Begriff »Gewaltfreiheit« in der von mir erklärten Weise benutzt. Ich habe sie dennoch einbezogen, wenn ihr Denken oder Handeln wesentlich zur Entwicklung gewaltfreier Visionen oder Praxis in diesem Jahrhundert beigetragen hat. Ein kurzer Blick in das Inhaltsverzeichnis macht deutlich, daß Frauen in diesem Buch in der Minderheit sind, was auf die unvollständige und schwierige Quellenlage in diesem Bereich zurückzuführen ist. Zahlenmäßig am stärksten vertreten ist die Religion, die den westlichen Kulturkreis wohl am stärksten geprägt hat: das Christentum. Nicht weil sie die größte gewaltfreie Tradition hat, sondern als Chance zur Auseinandersetzung mit der christlichen Tradition der Gewaltfreiheit, die oftmals Christen und Nichtchristen weitgehend unbekannt geblieben ist.

Im zweiten Hauptteil befinden sich Essays zu einigen zentralen Stichworten, die in den gewaltfreien Bewegungen von Bedeutung gewesen sind. Religiöses Denken reagiert auf die Herausforderungen von Ort und Zeit. Daher ist reflektierte Lebenspraxis der Weg, auf dem sich neue Erkenntnisse zum Verhältnis von gewaltfreiem Handeln und Religion auftun werden. In diesem Sinne soll das Buch auch zu eigenen »Experimenten mit der Wahrheit« anregen.

Es kann und will nur ein Anfang sein, eine Anregung zu ausführlicheren Untersuchungen des Verhältnisses von gewaltfreiem Handeln zu den einzelnen Religionen und zum interreligiösen Dialog, zu ihren Quellen, die gewaltfreies Handeln begründen, aber auch ihren Schwierigkeiten damit und ihren Grenzen.

Für die Bereitschaft, dieses Buch herauszugeben, möchte ich dem Gütersloher Verlagshaus ganz herzlich danken. Ohne die Mitarbeit, Ermutigung und Geduld der Lektorin Frau Christa Dommel, der ich sehr dankbar dafür bin, wäre es nicht zustande gekommen. Geduld und Unterstützung habe ich auch ganz besonders von meiner Frau Sepalika und unseren Kindern Yunus, Arpana und Amrita sowie von meinen Kolleginnen und Kollegen in der Bildungs- und Begegnungsstätte für gewaltfreie Aktion erfahren.

I.
Gewaltfreiheit im Leben einzelner Persönlichkeiten – Portraits

Joseph Abileah

Militär schützt die Menschen nicht

»Alle Leute, denen ich in Israel begegnet bin, kennen Joseph Abileah, seine Kriegsdienstverweigerung und seine Ansichten über die jüdisch-arabische Konföderation.«

So der ehemalige Generalsekretär des Internationalen Versöhnungsbundes Jim Forest. Der 1915 in Österreich geborene Abileah starb 1994 nach mehr als fünfzig Jahren öffentlichen pazifistischen Handelns in Israel. Der Violinist Yehudi Menuhin, der mit ihm befreundet war, charakterisierte ihn einmal als »eine zerbrechliche Person, unbewaffnet und verletzlich, doch spirituell und intellektuell stark, sich, wie bereits eine ganze Reihe unserer Religionsgenossen, Panzern, Giftgas und Gasöfen entgegenstellend.«

Abileah kam 1926 nach Palästina. Es war eine Zeit, in der sich der Widerstand der palästinensischen Araber nicht nur gegen die britische Kolonialherrschaft, sondern auch gegen die jüdische Besiedelung des Landes wandte. Eines Tages traf Abileah auf eine arabische Untergrundgruppe, die Anweisung hatte, Juden zu töten. Abileah stellte sich der Gruppe ruhig entgegen und sagte, daß die Männer tun sollten, was sie tun müßten. Er selbst ging zu dem Brunnen, in den sie ihn werfen wollten. Da dies niemand fertigbrachte, definierten die Araber ihn als Muslim und umgingen so ihren Befehl. Abileah, der ohne große Überlegungen gehandelt hatte, erkannte später, daß in dieser Geste und nicht im vergeblichen Kampf eines einzelnen gegen eine Übermacht seine einzige Chance gelegen hatte.

Folglich weigerte er sich auch, der jüdischen Brigade beizutreten, die die britische Mandatsmacht gegen einen deutschen Überfall auf Palästina aufbaute. Dies setzte ihn der Kritik und dem Druck seiner Umgebung aus, weshalb er von Haifa nach Jerusalem zog. Er glaubte nicht daran, daß dem Faschismus wirksam mit Waffengewalt begegnet werden könne, sondern war überzeugt, daß tragfähige Veränderungen durch politische und soziale Maßnahmen entstehen. Daher trat Abileah auch der israelischen Armee, die in Vorbereitung der Staatsgründung rekrutiert wurde, nicht bei.

Nach der Gründung Israels 1948 brachte ihm die fortgesetzte Kriegsdienstverweigerung Gerichtsverfahren ein, in denen er Gelegenheit hatte, sein Verhältnis zu Staat und Militär darzustellen: »Diese Leute verteidigen nicht mich und meine Familie. Sie können das gar nicht, weil sie nur eine Staat genannte Institution verteidigen. Der Staat ist gegründet worden, um mir Sicherheit zu geben, und hat dabei versagt. Nicht nur Israel kann dies nicht tun. Kein Staat in der Welt kann heute für die Leben seiner Bürger garantieren.« Abileah führte an, daß in den Kriegen dieses Jahrhunderts in zunehmendem Maße – in den 80er Jahren bis zu 90% – die Opfer Zivilisten und Zivilistinnen seien und daß es daher gar nicht möglich sei, davon zu sprechen, daß Soldaten die Bevölkerung schützen. Abileah erhielt, da die Armee ihn nach seinen öffentlichen Auftritten gar nicht haben wollte, Bescheinigungen, die seine Einberufung aus Gesundheitsgründen aufschoben. Er verlangte eine ordnungsgemäße Freistellung und Anerkennung als Kriegsdienstverweigerer. Einen alternativen Dienst in der Armee lehnte er ab, betonte jedoch, daß er für das Wohl der Gesellschaft tätig werden wolle. Schließlich erhielt er einen jährlich verlängerten Aufschub der Einberufung.

Auch in der Auseinandersetzung mit den Arabern vertrat Joseph Abileah systemkritische Positionen. 1946 strich er in seinem Personalausweis den Hinweis »Jude« und trug dafür »semitisch« ein. Über seine Religionszugehörigkeit sagte er, er sei »Monotheist« und schloß damit Christen und Muslime mit ein. Abileah lernte viel von christlichen Pazifisten und orientierte sich an der Bergpredigt des Neuen Testaments. Die ethische Lehre des Juden Jesus stand für ihn nicht im Widerspruch zum jüdischen Glauben: »Es war nur eine Zusammenfassung von Gedanken, die in jener Zeit lebendig waren. Daher ist es kein Problem für mich, die Bergpredigt als Richtschnur zu akzeptieren, meinen jüdischen Glauben zu praktizieren. Wenn ich nach meiner Religion gefragt werde, antworte ich: Ich versuche jüdische Ethik so zu praktizieren, wie sie von den ersten christlichen

Gemeinschaften gelebt wurde.« Er bezeichnete diesen Glauben, den er zu leben versuchte, als ein vollständiges Judentum, als eine Rückkehr zu den Wurzeln des Glaubens.

Der Mann, der lange Jahre die erste Violine im Symphonie-Orchester von Haifa spielte, war von 1957 bis 1969 im Exekutivkomitee der War Resisters International, der Internationale der Kriegsgegner und -gegnerinnen tätig. Er argumentierte immer wieder, daß Nationalstaaten keine dauerhafte Sicherheit geben können und daß ein kulturelles Überleben der Juden wie auch der Palästinenser nicht davon abhängt, ob es einen israelischen oder palästinensischen Staat gibt. Im Gegenteil werden religiöse Bindungen, die die Juden in der Diaspora zusammengehalten haben, in Israel schwächer, weil die Notwendigkeit der Betonung eigener religiöser Identität in geringerem Maße besteht. Daher vertrat Abileah den Gedanken einer Konföderation mit Jordanien, das er auf seinen Reisen in der Kolonialzeit kennengelernt hatte.

1970 berichtete er in der UNO-Menschenrechtskommission über die diskriminierende israelische Verwaltung der besetzten Westbank. Dafür wurde er zunächst in der israelischen Presse angegriffen und erhielt Drohanrufe. Dann jedoch schwenkte die Berichterstattung um, und er wurde für die sachliche Auseinandersetzung in einer Zeit gewürdigt, als die israelische Regierung mit der Menschenrechtskommission nicht zusammenarbeiten wollte.
Joseph Abileah starb 1994 in Haifa.

Literatur

Anthony Bing, *Israeli Pacifist: The Life of Joseph Abileah.* Syracuse University Press, Syracuse, NY.

Halina Birenbaum

Zeitzeugin des Holocaust

»Ich war jetzt der Massenvernichtung näher und konnte mich nicht länger täuschen oder störrisch darauf bestehen ›es ist unmöglich‹. Ich begann, meinen Glauben an das Leben zu verlieren, an seine Beständigkeit und seinen Wert, und noch mehr an die Möglichkeit, jemals wieder diese Hölle zu verlassen. Denn Hunderttausende von Menschen gingen zugrunde, obwohl – wie Leute im Lager flüsterten – die Deutschen Aug in Auge mit der endgültigen Niederlage standen. Ich verlor auch meinen Glauben an Menschen und den letzten Rest von Respekt. (...) Ich war verschlossen, schweigsam und ständig gereizt. Ich konnte keine gemeinsame Sprache mehr mit irgend jemandem finden. Ich sah Reden als sinnlos an angesichts der Niederträchtigkeit der Welt, in der wir leben, angesichts der ungesühnten Verbrechen, die wir täglich als Augenzeugen erlebten, und angesichts der Gleichgültigkeit des Gefängnisaufenthalts allem gegenüber, das uns nicht direkt etwas anging. Trotz meines spirituellen Zusammenbruchs und meiner Verzweiflung hörte ich niemals auf, Dinge zu schmuggeln ...«

Halina Birenbaum erlebte diese schwere Krise als 14jähriges Mädchen während ihrer Gefangenschaft im Konzentrationslager Auschwitz. Sie wurde 1929 als Kind einer kleinbürgerlichen Familie in Warschau geboren. Als sie zehn Jahre alt war, besetzte die deutsche Wehrmacht Polen, ein Jahr später bauten die deutschen Besatzer das Warschauer Ghetto auf, in dem die jüdische Bevölkerung der Stadt und viele Deportierte unter elenden Umständen leben mußten. Spätestens im Frühjahr 1943 wurden sie in andere Konzentrationslager verschleppt, wo die meisten von ihnen in Gaskammern oder durch Hunger, Zwangsarbeit, Krankheiten, pseudowissenschaftliche Experimente getötet wurden. Halina Birenbaum wurde nach Majdanek gebracht und lebte bis zur Befreiung dort, in Auschwitz, Ravensbrück und Neustadt-Glewe. Außer ihr selbst überlebte nur ihr ältester Bruder den Holocaust.

1945 wurde Halina Birenbaum befreit. Sie ging zurück in ihren Geburtsort Warschau, um dort zur Schule zu gehen, emigrierte aber bereits zwei Jahre später nach Israel und arbeitete in einem Kibbuz. Fragen des täglichen Lebens in der neuen Gesellschaft Israels rückten in den Vordergrund. Erst der Eichmann-Prozeß brachte sie wieder in Kontakt mit ihrer Kindheit. Plötzlich wurde ihr bewußt, daß sie eine Vergangenheit und eine Familie gehabt hatte. »Meine Geliebten, all ihre Vergangenheit, und meine Vergangenheit mit ihnen, ihre Leben und ihr Tod waren nicht mehr in mir weggeschlossen. Es war, als ob sie wieder in meiner Nähe lebten.« Halina Birenbaum begann, ihre Geschichte aufzuschreiben. Undogmatisch, genau und sensibel beschreibt Halina Birenbaum ihre Kindheit in deutschen Konzentrationslagern in ihrem Hauptwerk »Die Hoffnung stirbt zuletzt«. Sie schildert die immer wieder zerschlagenen Hoffnungen, den Kampf ums Überleben, den Wunsch, ihre Würde als Mensch unter entwürdigenden Bedingungen zu erhalten. Sie beschreibt auch die Komplizenschaft von Häftlingen mit den Mördern, die ständige Undurchschaubarkeit bedrohlicher Situationen, die dauernde Konfrontation mit Leiden und Tod von Verwandten und Vertrauten. Sie versucht, sich davon fernzuhalten, zum Nachteil anderer Vorteile zu erlangen. Immer dann, wenn sie sich den Aufsehern und der SS entgegenstellt, erfährt sie ihre Kraft. Sie bewundert dies auch bei anderen, z. B. bei einer polnischen Ärztin, die trotz Androhung der Todesstrafe einer Kommission des Internationalen Roten Kreuzes erklärt, wie die wahren Verhältnisse im Konzentrationslager sind.

Halina Birenbaum benennt offen die Verbrechen und die Täter und behält gleichzeitig einen differenzierenden Blick. Nach einer Operation am Neujahrstag 1945 wegen einer Schußverletzung, die ihr ein gelangweilter Wachposten in Auschwitz-Birkenau beigebracht hatte, kommentiert sie den Besuch des untersuchenden Arztes: »Trotz allem war ich besorgt. Ein Nazi untersucht die Kranken im Namen von Ordnung und Disziplin. Aber ein anderer, mit denselben Prinzipien im Kopf, verurteilt Menschen zum Tode. Beide verrichten ihre Aufgaben präzise und fehlerlos.«

Ihr Bericht, den sie in Israel und Polen immer wieder Gruppen von Jugendlichen und Erwachsenen vorträgt, beeindruckt insbesondere dadurch, daß er ihr Erleben ohne jeden Haß darstellt. Halina Birenbaum berichtet, weil sie sich dadurch einen Zugang zu sich selbst verschafft: »Alles bis ins kleinste Detail, blieb ungelöscht und frisch in meiner Erinnerung, als ob es erst gestern geschehen wäre. In der Nacht werde ich von schrecklichen Träumen der Verfolgung heimgesucht. Im Schlaf suche ich oft Verstecke und Zufluchten, vor Nazi-Banditen, die auf unseren Spuren sind, zusammen mit meiner Mutter oder einer Gruppe weiblicher Häftlinge.« Aber sie erzählt ihre Geschichte auch mit dem Ziel, das Vergessen zu verhindern, damit sich solche Verbrechen nicht wiederholen. Damit wird ihr Zeugnis zu einem wichtigen Beitrag zur Versöhnung, die nur auf diese Weise, indem die belastenden Ereignisse und Verbrechen der Vergangenheit aufgedeckt und dargestellt werden, stattfinden kann. In tiefem Glauben an die positiven Möglichkeiten von Menschen spricht sie wie andere Überlebende des Holocaust auch mit jungen Deutschen.

Literatur

Halina Birenbaum, *Hope is Last to Die: A Personal Documentation of Nazi Terror.* Publishing House of the State Museum, Oswiecim 1994.
Halina Birenbaum, *Die Hoffnung stirbt zuletzt. Aufbruch in die Vergangenheit,* aus d. Pol. v. Esther Kinsky. Fischer Verlag, Frankfurt 1995.
Halina Birenbaum, *Rückkehr in das Land der Väter. Erinnerungen.* Fischer Verlag, Frankfurt 1998.

Martin Buber

Verkünder des vollkommenen Menschen

»Du sollst dich nicht vorenthalten! Du, eingetan in die Schalen, in die dich Gesellschaft, Staat, Kirche, Schule, Wirtschaft, öffentliche Meinung und ein eigner Hochmut gesteckt haben, Mittelbarer unter Mittelbaren, durchbrich deine Schalen, werde unmittelbar, rühre Mensch den Menschen an.«

Diese Aufforderung des jüdischen Schriftstellers und Philosophen Martin Buber, die er 1919 in einer Zeit der Umorientierung seines Lebens veröffentlichte, markiert das Ende einer mystischen Phase der Weltabgewandtheit und seine Hinwendung zur Wirklichkeit. Doch Bubers Leben blieb bis zu seinem Tode 1965 in Jerusalem bestimmt von einer Mystik der Begegnung und des Dialogs mit anderen Menschen. Noch im Jahre 1916, wenige Jahre vor dem eingangs zitierten Text, hatte der Anarchist und Buber-Freund Gustav Landauer den Philosophen wegen seines Eintretens für deutsche Kriegspolitik scharf kritisiert: »... ich sage, daß Sie – sich selbst gegenüber – kein Recht haben, über die politischen Ereignisse der Gegenwart, die man Weltkrieg nennt, öffentlich mitzureden und diese Wirrnisse in Ihre schönen und weisen Allgemeinheiten einzuordnen: Es kommt völlig Unzulängliches und Empörendes heraus.«

Aber zu der Zeit war Bubers »Bekehrung«, wie er seine Lebenswende später bezeichnete, bereits eingeleitet. Entscheidendes Ereignis war der Besuch eines jungen Mannes, der im Jahre 1914 »nicht beiläufig, sondern schicksalhaft zu mir gekommen war, nicht um der Plauderei, sondern um Entscheidung, gerade zu mir, gerade in dieser Stunde.« Buber beschreibt, daß er sich erst, als er wenig später erfuhr, daß dieser Mann nicht mehr lebte, bewußt wurde, daß er einem Menschen in Not trotz seiner Aufmerksamkeit im Gespräch die volle Zuwendung vorenthalten hatte. An jenem Tag beginnt seine Hinwendung zum Religiösen des Alltags, der Verantwortung und des Dialogischen. Buber begibt sich auf den Weg in eine tiefere Mystik als jene, der es um ekstatische Gefühle des Individuums geht.

Martin Buber wurde 1878 in Wien geboren, wuchs jedoch zum größten Teil im heute ukrainischen Lemberg (Lviv) und auf den polnischen Landgütern seiner Familie auf. Dort kam er bereits in seiner Jugend mit dem ostjüdischen Chassidismus in Berührung, jener charismatischen und weltverbundenen Frömmigkeitsbewegung, die im Osteuropa des 18. Jahrhunderts entstanden war und sich durch einen Lebensstil auszeichnete, der Gott in der Liebe zu den Mitmenschen zu erreichen suchte. Gleichzeitig prägte ihn die Verwurzelung des polnischen Bildungsbürgertums in der deutschen Kultur: obwohl er in den letzten Jahrzehnten seines Lebens auch auf Hebräisch veröffentlichte, sollte Deutsch die Sprache sein, in der er die wichtigsten Gedanken seiner langen Laufbahn entwickelte und abfaßte. Buber studierte in Wien, Leipzig, Berlin und Zürich.

In seiner Studienzeit wurde Martin Buber Anhänger der zionistischen Bewegung, setzte aber deutlich andere Akzente als ihr Begründer Theodor Herzl. Für Buber war der Gedanke an den »Judenstaat«

zunächst eine ferne Utopie – ihn bewegte die geistige Wiedergeburt des Judentums, die Entwicklung eines jüdischen Volkslebens und die Bildung einer starken Gemeinschaft. Spätestens ein Jahr vor Herzls Tod 1904 kam es zum Bruch mit dem Staatsmann, der immer das reale Palästina vor Augen hatte, in das Buber erst 1938 übersiedelte, als der Druck im nationalsozialistischen Deutschland eine andere Entscheidung nicht mehr denkbar machte. Buber hatte sich anscheinend lange der Illusion hingegeben, daß die Behinderungen des jüdischen Lebens nur vorübergehender Natur seien und daß eine Erneuerung des jüdischen Bildungs- und Erziehungswesens dazu beitragen würde, der jüdischen Gemeinschaft in Deutschland zum Überleben zu verhelfen. Er selber hoffte bis zur Verwüstung seines Hauses, an beiden Orten, in Deutschland *und* Palästina, wirken zu können.

Der Bruch mit Herzl und der teilweise Rückzug aus der zionistischen Politik war gleichzeitig der Beginn von Bubers Beschäftigung mit mystischen Traditionen, insbesondere die Aufarbeitung und in gewissem Maße Aktualisierung chassidischer Spiritualität. Durch seine Veröffentlichungen wurden die religiösen Erfahrungen des Ostjudentums kurz vor seiner Vernichtung für die Nachwelt bewahrt. Außerdem inspirierten seine Texte die gewaltfreien und pazifistischen jüdischen Bewegungen in Nordamerika und in Israel.

Doch Buber beschäftigt sich in diesen ersten Jahren des 20. Jahrhunderts, in denen auch andere mystisch geprägte geistige Strömungen großen Widerhall erfuhren, zunächst mit den deutschen Mystikern und Mystikerinnen des Mittelalters, dann auch mit entsprechenden Gedanken aus anderen Kulturen. Nur langsam kehrte Buber nach Jahren mystischer Faszination zurück zur Auseinandersetzung mit dem von den Chassidim auf so besondere Weise gewürdigten Alltag. Seit Ende des Ersten Weltkrieges beschäftigte er sich mit Erwachsenenbildung und widmete sich der selbstgestellten Aufgabe, die Idee vom »vollkommenen Menschen« bekanntzumachen und für dieses Erziehungsziel zu arbeiten. Philosophische Grundlage für seine Praxis des erzieherischen Dialogs, jedoch von weit über die Pädagogik hinausgehender Bedeutung sind die in seinem 1923 veröffentlichten Werk »Ich und Du« dargelegten Gedanken. Anhand der Wortpaare »Ich-Du« und »Ich-Es« beschreibt Buber die Notwendigkeit der wahren Kommunikation, der dialogischen Auseinandersetzung mit der anderen Person zur eigentlichen

Menschwerdung, statt nur über ein Objekt zu sprechen und zu wissen. »Die Beziehung zum Du ist unmittelbar. Alles wirkliche Leben ist Begegnung. Das Du begegnet mir von Gnaden – durch Suchen wird es nicht gefunden. Liebe ist Verantwortung eines Ich für ein Du. Die Schöpfung offenbart ihre Gestaltigkeit in der Begegnung.«

Die Verwirklichung dieser Ich-Du-Beziehung gehörte fortan zu den bestimmenden Themen in Bubers Leben. Sie spielte eine Rolle in Bubers zwiegespaltenem Verhältnis zum Zionismus, dem er mit seiner Kritik an der Gewalt gegenüber der arabischen Bevölkerung Palästinas entgegentritt, wie auch bei der schwierigen Wiederaufnahme von Beziehungen mit dem Nachkriegsdeutschland. Das Eintreten für Menschenrechte und eine friedliche Verständigung mit den Palästinensern, die Unterstützung arabischer Studentinnen, die Gespräche mit Deutschen – all dies machte Buber zu einer umstrittenen Person in Israel und erschwerte es ihm selbst lange, den Staat Israel als den seinen zu akzeptieren.

Martin Bubers Kritik an zionistischen »Gewaltverehrern« hat ihn nicht daran gehindert, angesichts des Holocausts Mahatma Gandhis Interpretation von Gewaltfreiheit zu widersprechen. Angeregt durch einen Artikel Gandhis über die »Lage der Juden in Deutschland und Palästina« veröffentlichte Buber seinen »Brief an Gandhi«: »Es gibt eine Situation, in der aus der Satyagraha der Seelenstärke keine Satyagraha der Wahrheitskraft werden kann. Das Wort ›Martyrium‹ bedeutet Zeugenschaft; wenn aber kein Mensch da ist, der das Zeugnis entgegennimmt? Solches Zeugnis wird getan; doch wer darf es fordern?«

Buber wendet sich in dieser Schrift gegen eine zu einfache Parallele, die Gandhi zwischen der Lage der indischen Bevölkerung Südafrikas und der Juden in Deutschland zieht, und betont, daß die historischen Situationen grundlegend verschieden sind. Zwar gibt es Juden, die durch ihr Verhalten Seelenstärke bewiesen haben, doch hält Buber Satyagraha (Beharren auf der Wahrheit, s. S. 92, 179) in diesem Fall nicht für wirkungsvoll. Doch bedeutet dies nicht, daß die jüdische Tradi-tion Gewalt gutheißt: »... wir haben von der Urzeit an die Lehre der Gerechtigkeit und des Friedens ausgerufen; wir haben gelehrt und gelernt, daß der Friede das Ziel der Welt und daß die Gerechtigkeit der Weg zu ihm ist. Also können wir nicht Gewalt üben wollen.« In Palästina möchte Buber daher den Ausgleich der gleichermaßen berechtigten jüdischen und arabischen Ansprüche auf das Land auf versöhnliche Weise erzielt wissen: »Wir sollen für die Gerechtigkeit auch kämpfen können, aber liebend kämpfen!«

Über sich selbst schreibt Buber: »Ich bin kein radikaler Pazifist, ich glaube nicht daran, daß man überall auf Gewalt mit Gewaltlosigkeit zu antworten habe, ich kenne die Tragödie von Angesicht!« Obwohl Bubers Verhältnis zur Gewaltfrage ambivalent ist, trägt sein Denken unmittelbar zur Entwicklung gewaltfreien Handelns in der jüdischen Moderne bei. Martin Buber ermutigt Modelle, die Beziehung statt Beherrschung fordern, die von Israel eine andere Qualität von Gemeinwesen als einen normalen Staat erwarten und die eine Wiederbelebung alter jüdischer Werte verlangen.

Literatur

Marc H. Ellis, *Toward a Jewish Theology of Liberation.* Orbis Books, Maryknoll, N.Y. 1987.

Ulrich Neuenschwander. *Denker des Glaubens I: Martin Buber – Albert Schweitzer – Karl Barth – Rudolf Bultmann – Dietrich Bonhoeffer.* Gütersloher Verlagshaus, Gütersloh 1974.

Murray Polner und Naomi Goodman (Hg.). *The Challenge of Shalom: The Jewish Tradition of Peace and Justice.* New Society Publ., Philadelphia 1994.

Gerhard Wehr. *Martin Buber.* Diogenes, Zürich 1996.

Natan Hofshi

Für eine politische Moral ohne Gewalt

»Die Juden hatten insgesamt ein besonderes Schicksal. Was auch immer schlechte Menschen für angebracht halten, gegen irgendein Volk zu tun, auch gegen ein Volk, das niemals Waffen gegen sie erhoben hat, das werden sie gewiß gegen die Juden tun. Diese scheinen außerhalb des Gesetzes zu stehen, sie werden nicht einmal als Menschen betrachtet. Dieses schockierende Phänomen erfordert tausendmal mehr Erforschung als bis heute investiert wurde. Es ist noch bedrückender zu bedenken, wie dies die Juden zu dem täuschenden

Glauben verleitet hat, daß sie ihr Problem ›wie alle Nationen‹ lösen können, auf dem Wege der Gewalt.«

Natan Hofshi, der diese Gedanken im Jahre 1942 formulierte, erläuterte sie mit Beispielen aus der jüdischen Geschichte, in denen politische Entscheidungen, die aus dem Glauben an die befreiende Kraft von Gewalt gefällt wurden, zu noch größerer Zerstörung geführt hatten. Der Verzicht auf Gewalt als politisches Mittel habe in der Geschichte der Juden zumindest keine schlimmeren Folgen gehabt. Mit dieser Haltung gehörte Hofshi gerade in den Jahren der Vernichtung der europäischen Juden durch die Nationalsozialisten zu einer kleinen Minderheit, die sich oft den Vorwurf des Verrates gefallen lassen mußte.

Der Pazifist Natan Hofshi wurde 1889 in Polen geboren. Dort genoß er eine orthodoxe jüdische Erziehung. Der entstehende Zionismus beeindruckte den jungen Hofshi tief, so daß er 1909 nach Palästina auswanderte. Dort verdiente er seinen Lebensunterhalt zunächst als Wanderarbeiter in der Landwirtschaft. Durch den regelmäßigen Kontakt zu Arabern wurde er sich über deren problematische Beziehung zu den eingewanderten Juden bewußt. Als einflußreiche jüdische Kreise darauf drängten, arabische Landarbeiter zu entlassen und das Land nunmehr nur noch an Juden zur Bewirtschaftung zu vergeben, entwickelte sich in den 30er Jahren aus wachsendem arabischen Unmut ein Aufstand, dem mit der Bildung militanter jüdischer Gruppen begegnet wurde. In dieser Situation forderte Hofshi mehr Sensibilität für die Interessen der arabischen Bewohner Palästinas und lehnte einen Weg ab, der eine Bewaffnung der Juden erforderlich machte. Auf lange Sicht sah er größere Chancen für die Verwirklichung zionistischer Ziele durch Verständigung und Koexistenz mit den Arabern. Doch es kam zu Gewalttaten von beiden Seiten.

Hofshi lehnte dies ab: »Laßt uns den richtigen Weg wählen, solange es noch nicht zu spät ist. Laßt uns unser reines Unterfangen nicht mit frischem Blut beschmutzen. Wir werden unseren gerechten Kampf unermüdlich, aber weise führen, ohne zu kapitulieren, aber unter Erhalt unserer Reinheit, entschieden, aber nicht aggressiv, mit unbeugsamer Standhaftigkeit, aber nicht mit verabscheuenswürdigen Mordtaten oder Blutvergießen.« In einer Situation, in der das Eintreten für eine jüdische Heimstatt und damit für die Sicherheit der Juden auch mit Waffengewalt vertreten und allgemein akzeptiert wurde, befand sich Hofshi in einer Minderheit, die mit großem Mut für eine andere politische Moral eintrat.

Beeinflußt von Tolstoi und Gandhi befürwortete er einen Befreiungskampf mit gewaltfreien Mitteln. Die Achtung menschlichen Lebens war für ihn als fundamentaler Gedanke jüdischen Glaubens höchstes Ziel. Natan Hofshi hielt Macht, die aus Gewalt entspringt, für unvereinbar mit jüdischen Idealen. Diese Einstellung spiegelte sich sowohl in seinem persönlichen Leben – er war Vegetarier – als auch in seinen öffentlichen Forderungen während der verschiedenen Phasen der Entstehung Israels.

Darüber hinaus zitierte er immer wieder Bilder aus der Hebräischen Bibel, um die Geschwisterschaft der Juden und der Araber darzulegen. Jüdischer Terrorismus gegen die Araber würde die Juden insgesamt mit einem Kainsmal versehen. Letztlich hätte die Gewalt gegen ihre palästinensischen Brüder auch Auswirkungen auf die Beziehungen der Juden untereinander – Hofshi befürchtete Angriffe auf die kleine Gruppe der Pazifisten. »Die größte Gefahr kommt aus unseren eigenen Reihen«, schrieb er Ende der 30er Jahre in der Gewißheit, daß der Befreiungskampf gegen die britische Besatzung letztlich Erfolg haben würde. Die »Waffen des Esau«[1] würden sich jedoch schließlich auch gegen Juden wenden.

Natan Hofshi, der die ältere Generation der heute aktiven israelischen Pazifisten stark beeinflußte, starb 1980.

Jeremy Milgrom

Rabbi für Menschenrechte

An einer Straßensperre im östlichen Teil Jerusalems stoppten Soldaten den Bus mit arabischen Kennzeichen. Sie stiegen ein und verlangten die Ausweise. Drei, vier junge Männer, Palästinenser, wurden heraus-

1. Vergleiche 1 Mose 27,41ff.

gebeten, weil sie sich nicht ausweisen konnten. Vielleicht hatten sie ihre Personalausweise schnell verschwinden lassen, weil sonst deutlich geworden wäre, daß sie ohne militärische Genehmigung aus der Westbank oder aus Gaza nach Jerusalem gekommen waren. Vielleicht hatten sie auch einfach ihre Ausweise zu Hause gelassen, aus Protest gegen ihre Behandlung als Menschen zweiter Klasse. Sie mußten sich mit nach oben gestreckten Händen an eine Mauer stützen, während sie durchsucht wurden. Gewehre im Anschlag. Im Bus schwiegen die Fahrgäste, Juden wie Palästinenser. Während manche wohl noch überlegten, was mit diesen jungen Männern geschehen würde, stieg ein einfach gekleideter Israeli aus und ging langsam zu den Soldaten hinüber, redete mit ihnen, erreichte, daß die Palästinenser wieder einsteigen und weiterfahren durften. Israelische Soldaten haben Respekt und Vertrauen gegenüber einem Rabbi. Es war Jeremy Milgrom. Er setzt sich für die Rechte von Menschen ein, unabhängig davon, welcher Religion oder Nationalität sie angehören.

Jeremy Milgrom wurde 1953 in den USA geboren und wuchs in einer Familie auf, die jüdische Religion und jüdische Bildung so hochhielt, daß zu Hause nur Hebräisch gesprochen wurde. Israel war immer Thema in seiner Familie – als er acht Jahre alt war, leisteten sich Milgroms Eltern ein Studienjahr dort. Er selber gewann einige Jahre später einen Bibel-Wettbewerb und durfte daher seinen Schulabschluß in Jerusalem machen. Als 15jähriger fühlte sich Milgrom sehr zum orthodoxen Judentum hingezogen. Daher begann er nach seiner dreijährigen Militärzeit mit dem Studium des Judaismus und wurde Rabbi.

Zwar gewann Milgrom bei seiner ersten Anstellung in Galiläa Einblick in die arabische Kultur und begann, sich für interreligiöse Begegnung zu interessieren – in der Umgebung seines Wohnortes gab es viele palästinensische Dörfer. Doch das tiefergehende Umdenken kam erst später, als 1982 wenige Wochen vor Beginn des Libanon-Krieges seine erste Tochter geboren wurde. In seinem Kind begann er, den Wert eines Menschen zu erkennen, und verweigerte den Dienst als Soldat im Libanon. Erst nach acht Jahren Auseinandersetzung über diese Gewissensentscheidung wurde ihm zugestanden, keine Waffe mehr tragen zu müssen, und er wurde aus dem Reservedienst entlassen.

Dies machte auch eine Neubestimmung seiner Rolle als Rabbi notwendig. Er erinnerte sich des palästinensischen anglikanischen Priesters Shehadeh Shehadeh, der bei seiner Amtseinführung verkündet hatte, er sei Priester für alle, nicht nur für die Anglikaner im Dorf. Shehadeh wurde sein Vorbild. Jeremy Milgrom hörte auf, ausschließlich Rabbi für Israelis zu sein, und wurde zum Rabbi als einer gesellschaftlichen Ressource für alle. In dieser Zeit begegnete er auch dem Friedensaktivisten Amos Gvirtz, der sich als jüdischer Israeli versteht und gleichzeitig als Atheist.[1] Aufgrund dieser Begegnung begann Milgrom seinen zunächst nur politischen Protest gegen diskriminierende Politik und militärische Gewalt unter dem Aspekt von Gewaltfreiheit zu verstehen. Wie bei vielen Aktivisten der Gewaltfreiheit seiner Generation waren es die Schriften von Thomas Merton, die ihn darin bestärkten. Jeremy Milgrom stellt fest, daß christliche Quellen der Gewaltfreiheit ihn stärker beeinflußt haben als rein jüdische.

Dennoch glaubt Milgrom, daß Gewaltfreiheit im Einklang mit jüdischem Denken und Glauben steht: »Eine Grundlage für den religiösen Humanismus ist der Gedanke, daß es einen göttlichen Funken in jedem menschlichen Wesen gibt. Diese Lehre basiert auf 1 Mose 5,1, wo gesagt wird, daß Menschen grundsätzlich nach dem Bilde Gottes geschaffen sind. Daher können die nachfolgende Schwerpunktsetzung in der Bibel auf den Israeliten und die jüdische Betonung eines einzigartigen Abkommens zwischen Gott und den Juden unsere Verpflichtung zu einer umfassenden menschlichen Gemeinschaft nicht vermindern. Keine Theologie, die dies täte, kann Authentizität für sich beanspruchen.«

Jeremy Milgrom lehnt die Sonderstellung, die manche jüdische Kreise heute für sich beanspruchen, als Ethnozentrismus ab und verwendet in Einzelfällen sogar den Begriff Rassismus. Zwar versteht er die Gründe, die zur Entstehung dieser Haltungen geführt haben: in der Antike die Außenseiterstellung einer monotheistisch geprägten Gemeinschaft in »heidnischer« Umgebung, die Absonderung und Verfolgungen in späterer Zeit, die Erfahrung des Holocaust im 20. Jahrhundert und das Entstehen einer jüdischen politischen Elite in Israel und in den USA. Er weist jedoch darauf hin, daß das heutige

1. Amos Gvirtz, ehemals Vorstandsmitglied des Internationalen Versöhnungsbunds, lebt im Kibbuz Shefayim und arbeitet mit den »Palestinians and Israelis for Nonviolence, Fellowship and Peace«.

Leben in einer offenen, pluralistischen Gesellschaft Polemik, die andere ablehnt, nicht rechtfertige: »Juden haben vollen Anspruch darauf, humanistische Empfindungen wieder für sich zu beanspruchen, die in christlichen oder muslimischen Texten bewahrt und weniger durch die Erfahrungen von Verfolgung und Exil belastet sind.«

Milgrom versteht nicht, warum sich heute nicht mehr Juden, die in einer humanistischen Tradition mit einem Bewußtsein für Gerechtigkeit erzogen werden, zur Gewaltfreiheit hingezogen fühlen. Denn bereits im täglichen Leben eines Juden spielt Respekt vor dem Wert jeglichen Lebens, etwa durch die Speisevorschriften ausgedrückt und vermittelt, eine Rolle. In Milgroms Familie, allen voran bei den Kindern, entwickelte sich dies zu einem vegetarischen Lebensstil. Jeremy Milgrom kann viel mit Maimonides'[2] Beschreibung jüdischer Rechtschaffenheit anfangen: »Niemals irgend jemandem Leid zufügen, eher selbst verfolgt zu werden als zu verfolgen, beleidigt zu werden und nicht zu beleidigen; über solch einen Menschen, der auf diese Weise lebt, sagt die Schrift: Israel, mein Knecht, dich habe ich erwählt (Jesaja).«

In diesem Sinne versucht Milgroms Organisation der »Rabbis für Menschenrechte« wieder zu der ursprünglichen Aufgabe und Vision zurückzukehren, aus ihrer religiösen Überzeugung heraus der Menschheit in ihrer Vielfalt zu dienen, anstatt nur einer kleinen Gruppe zu Bestätigung zu verhelfen. Seit Mitte der 90er Jahre engagiert sich Jeremy Milgrom für die Rechte der Jahalin, eines kleinen arabischen Nomadenstammes, der einer neuen jüdischen Siedlung östlich von Jerusalem weichen soll. Die Begegnung mit diesen Arabern, von denen er lernte, das reale Hirtenleben wertzuschätzen, hat für Milgrom auch theologische Anfragen an das jüdische Selbstverständnis aufgeworfen.

Wären die Jahalin nämlich Juden, dann hätte sie die israelische Gesellschaft als Pioniere bei der Umsetzung eines göttlichen Plans zur Besiedlung des Heiligen Landes angesehen. In der politischen Auseinandersetzung mit den Jahalin spiegelt sich daher auch ein theologischer Konflikt wider, von dessen Ausgang es abhängen wird, ob

2. Moses Maimonides (1135-1204), jüdischer Philosoph im arabisch beherrschten Spanien; der maßgebliche jüdische Gesetzlehrer des Mittelalters.

sich Israel durch die Wahrung der Menschenrechte zu einer sicheren und stabilen Gesellschaft entwickeln wird. Milgrom bestimmt seine Aufgabe folgendermaßen: »Als Rabbis sind wir aufgefordert, sowohl das tägliche Leben als auch die Visionen einer Zukunft mit jüdischen Idealen und Werten in Einklang zu bringen. Wir verstehen den Gedankenprozeß, durch den unsere Gesellschaft das Land und seine Segnungen ausschließlich den Juden zuerkennt; wir haben dieselben Texte, welche die Wichtigkeit des Lands als Zeichen des Vertrages zwischen Gott und dem jüdischen Volk beschreiben, gelesen und gelehrt. Doch wir können die offenkundige Bedeutung dieser Texte nicht zur Grundlage für Diskriminierung werden lassen.« Der Ideologie der Absonderung als angemessenster jüdischer Lebensform setzt er jüdische Erfahrungen harmonischer Koexistenz mit anderen entgegen. Die Erkenntnis, daß Juden nicht die einzigen Opfer des Holocaust waren, erfordert und ermöglicht nach Milgrom den Aufbau von Vertrauen zu und Partnerschaft mit Menschen anderer Traditionen und Religionen, die sich denselben Werten von Gerechtigkeit verpflichtet fühlen.

Carlos Filipe Ximenes Belo

Hirte und Anwalt seiner Gemeinde

»Unter dem Wagnis seines Lebens hat er versucht, sein Volk vor den Übergriffen der Machthaber zu bewahren. Bei seinen Anstrengungen, eine gerechte Lösung auf der Basis des Rechtes des Volkes auf Selbstbestimmung herbeizuführen, ist er ständig für Gewaltlosigkeit und Dialog mit den indonesischen Behörden eingetreten.«

So begründete das Nobelpreiskomitee am 11. Oktober 1996 die Verleihung des Friedensnobelpreises an Bischof Carlos Filipe Ximenes Belo, den er sich mit dem Vertreter der Exil-Timoresen Jose Ramos-Horta teilt. Carlos Belo tritt mit deutlichen Worten für die Einhaltung der Menschenrechte in Osttimor ein, das von Indonesien seit Dezember 1975 besetzt und 1976 annektiert worden ist. Aber vorrangig sieht er sich als Hirte seiner Gemeinde in Dili, der er seit 1983 als Apostolischer Administrator vorsteht.

Der östliche Teil Timors, einer kleinen Insel Südostasiens, nicht weit entfernt von der Nordküste Australiens, war seit etwa 400 Jahren portugiesische Kolonie, als dort nach der Demokratisierung Portugals Anfang 1975 die Unabhängigkeitsbewegung wuchs. Die verschiedenen Fraktionen stritten noch über die Zukunft ihres Landes, als die kommunistische Fretilin[1] im Juni 1975 die Wahlen gewann und kurz darauf die Unabhängigkeit erklärte.

Auch wenn einige osttimoresische Gruppen den Anschluß an das große und benachbarte Indonesien befürworteten – besonders im Hinblick auf die wirtschaftliche Entwicklung der von Portugal sehr vernachlässigten Kolonie –, gab es doch eine starke Bewegung für Autonomie: im Gegensatz zum überwiegend islamischen Indonesien ist

1. Fretilin = Frente Revolucionaria de Timor Leste Independente.

Osttimor mehrheitlich katholisch. Die pazifisch-melanesische Bevölkerung der Insel fühlt sich durch die malaiische Tradition des staatstragenden Volkes in Indonesien nicht repräsentiert. Daher führte die Annexion durch Indonesien zu einem Befreiungskrieg. Die gewaltsame Besetzung des Landes kostete etwa einem Drittel seiner Bevölkerung das Leben und kann nur mit hohem militärischen Aufwand und mit ständiger Verletzung der Menschenrechte aufrechterhalten werden.

In dieser Situation ist Bischof Belo als der Verwalter der direkt dem Vatikan unterstellten, also bis auf weiteres nicht der indonesischen Bischofskonferenz angeschlossenen, Diözese Dili zu einer ständigen Gratwanderung gezwungen. Nach der Entführung von jungen Aufständischen, die sich kurz zuvor in seiner Residenz aufgehalten hatten, sagte er: »Ich muß nun zwei Seiten gegenübertreten, den Soldaten, die mich beschuldigen, daß ich Demonstrationen unterstütze, und den jungen Leuten, die mich beschuldigen, daß ich sie an Indonesien verkauft habe, weil ich ihnen nicht erlaube, in meiner Residenz zu demonstrieren.«

Carlos Belo wurde 1948 als Kind einer Bauernfamilie in der Nähe von Baucau, der zweitgrößten Stadt von Osttimor geboren. Da sein Vater früh gestorben war, übernahm seine als sehr fromm geltende Mutter die Erziehung. Er interessierte sich schon früh für das Leben des italienischen Priesters Don Bosco und den von ihm gegründeten Salesianer-Orden. Mit 20 Jahren zog er nach Portugal, um dort klassische Sprachen, später Philosophie und Theologie zu studieren. 1974 trat er dem Salesianer-Orden bei, über den er sein Studium 1981 in Rom abschließen konnte. Bereits 1980 war er zum Priester geweiht worden. Belo kehrte als Vikar nach Baucau zurück, wo er die Leitung eines Priesterseminars übernahm.

Doch schon bald sollte sich seine Situation dramatisch verändern. 1983 verließ Bischof Martinho da Costa Lopez, der Apostolische Administrator der Diözese Dili in Osttimor, das Land und ging nach Portugal ins Exil. Zuvor hatte er die Menschenrechtsverletzungen der indonesischen Besatzungstruppen mehrfach scharf kritisiert und war deshalb unter starken Druck geraten. Auch über die katholische Kirche hatte er seine Enttäuschung ausgedrückt, daß der Vatikan nicht Stellung zur Verfolgung der Osttimoresen genommen hatte.

Allgemein wurde vermutet, daß der Vatikan auf Druck der indonesischen Regierung einer unerfahreneren und schwächeren Person die

Leitung der Diözese überantworten wollte und deshalb die Wahl auf Belo gefallen war. Dieser hatte die Jahre des indonesischen Genozids in Osttimor nicht selbst miterlebt und schien Indonesien freundlich gesinnt zu sein, da er auch zum Antritt des Amtes die indonesische Staatsbürgerschaft annehmen mußte. Aus diesen Gründen boykottierten die meisten Priester Osttimors seine Amtseinführung. Im April 1988 wurde Belo zum Bischof der »Titular-Diözese« von Lorium in Italien geweiht. Damit erhielt er den ihm zustehenden Bischofsrang, ohne daß der Vatikan jedoch eine Aussage über die staatliche Zugehörigkeit von Osttimor machen mußte. Denn so blieben die Katholiken der Insel direkt Rom angegliedert und nicht der Kirche in Indonesien.

Doch Belo nahm bald Kontakt zur Bischofskonferenz Indonesiens auf und konnte sich ihrer Solidarität und ihres Verständnisses für das Leiden der Menschen in Osttimor versichern. Dennoch versteht sich Carlos Belo selbst nicht als Befreiungstheologe, sondern eher als Priester, der dazu gezwungen ist, Stellung zu beziehen: »Ich spreche als jemand, der die Verantwortung hat, über was er gesehen und gehört hat, Zeugnis abzulegen, auf das zu reagieren, was ich als wahr erkenne, die Flamme der Hoffnung lebendig zu erhalten, zu tun, was möglich ist, die Erde für einen weiteren Tag zu erwärmen. Ich spreche als spiritueller Führer, nicht als ein Politiker, der ich in der Tat nicht bin.« Hier wird deutlich, wie stark er in dem christlichen Modell des prophetischen Zeugnisses verwurzelt ist – ganz im Gegensatz zu einer Reihe asiatischer Gewaltfreier, für die das Streben nach Harmonie im Vordergrund steht.

Als Belos bekannteste Äußerung gilt sein Brief an den UN-Generalsekretär Perez de Cuellar vom 6. Februar 1989, ein Brief, der erst fünf Jahre später von dessen Nachfolger beantwortet wurde. In diesem Brief schreibt er den oft zitierten Satz »Wir sterben als ein Volk« und bittet den Generalsekretär darum, auf Timor den Prozeß der Entkolonisierung durchzuführen, d. h. ein Referendum abzuhalten. Wahrscheinlich hatte sich Belo mit dieser Aussage zum politischen Status der Insel zu weit vorgewagt, auch zu weit für den Vatikan. Heute spricht er nur vom Recht auf Selbstbestimmung, läßt jedoch weitgehend offen, wie dies politisch umzusetzen sei. In seiner Rede anläßlich der Verleihung des Friedensnobelpreises erklärt er die Aufgaben des Bischofsamtes: »Seine besondere Mission ist eine spirituelle. Diese Mission obliegt ihm als Spender der spirituellen Quellen für die Erlösung von Menschen und ihre Stärkung im Glauben an Jesus Christus. Aber die Menschheit ist nicht auf eine spirituelle Dimension beschränkt, man sollte als Ganzes erlöst werden, menschlich und spirituell. In dieser Hinsicht kann ein katholischer Bischof niemals gleichgültig bleiben, wenn die Möglichkeiten des Volkes zur menschlichen Verwirklichung – in all ihren Dimensionen – nicht verwirklicht sind.«

Diese Grundhaltung Belos mündet bisweilen in sehr deutliche und harte Kritik am indonesischen Militär oder auch an ausländischen Politikern für ihre Verharmlosung der Lage Osttimors. Etwa nach dem Massaker auf dem Friedhof von Santa Cruz im November 1991, bei dem mehr als 200 Menschen nicht nur durch die Gewehrkugeln der Soldaten starben, sondern auch noch in der folgenden Nacht in den Krankenhäusern, Gefängnissen oder Verstecken ermordet wurden.

Mindestens dreimal, so vermutet Belo, der streng bewacht wird, hat es Versuche gegeben, ihn zu ermorden, 1989 nach dem zitierten Schreiben an den UN-Generalsekretär, 1991, als er den Ort eines der großen Massaker an der Zivilbevölkerung von 1983 besuchte, und 1996 nach der Verleihung des Friedensnobelpreises. Dennoch gilt Belo als gelassen und humorvoll. Immer wieder sucht er den Dialog mit den Machthabern ebenso wie mit den Jugendlichen, zu denen er einen guten Zugang hat und die er auffordert, überlegt und zukunftsorientiert zu handeln. Der Limburger Bischof Kamphaus schreibt von ihm: »Seine Tür ist offen, und sein Herz auch. Sein Auftreten ist unprätentiös und gerade deswegen überzeugend. Er kann Menschen Zuversicht schenken..«

Literatur

Georg Evers, *Carlos Belo: Stimme eines vergessenen Volkes.* Herder, Freiburg 1996.
Paul Raffaele, *»Hero for a Forgotten People«* in: Reader's Digest (Ausgabe Australien und Südostasien), März 1996.
»A shepherd in the midst of suffering in E.Timor« in: The Nation. Bangkok 12.12.1996 (Belos Rede anläßlich der Verleihung des Friedensnobelpreises).
»Nobel Prize a victory for East Timor« in: Tapol: The Indonesia Human Rights Campaign. Bulletin No. 138, Surrey, Dec.1996 (und fortlaufend in dieser Zeitschrift).

Dorothy Day

Identifikation mit den Armen

»Ich kann von Herzen sagen, daß ich die Kommunisten, mit denen ich arbeitete, liebte und viel von ihnen lernte. Sie halfen mir, Gott in seinen armen Menschen, in seinen Verlassenen zu finden, was mir in den christlichen Kirchen nicht gelungen war.« Ihr sozialistisch geprägtes Weltbild und ihr Katholizismus, diese beiden Elemente prägten das geistige Leben der US-Amerikanerin Dorothy Day. Die Journalistin und Friedensaktivistin wurde am 8. November 1897 als drittes von fünf Kindern geboren.

Religion spielte in der Erziehung der heranwachsenden Frau zunächst nur durch den Kontakt zu frommen Nachbarn eine Rolle, zuerst Methodisten und – nach wechselnden Umzügen der Familie – auch Katholiken. Durch diese Kontakte angeregt, experimentierte sie mit asketischem Lebensstil und mit Frömmigkeit. Als Jugendliche nach Chicago gezogen, kam Dorothy Day schon bald mit sozialistischem Gedankengut in Berührung – durch ihren Bruder, der über die Lebenssituation der Arbeiter schrieb, durch eigene Lektüre und auf langen Rundgängen durch die sozialen Brennpunkte der Stadt. Diese Eindrücke und ihr Wunsch nach wirtschaftlicher Unabhängigkeit von ihren Eltern veranlaßten sie, 1916 die Arbeit als Journalistin bei der sozialistischen Zeitung »The Call« aufzunehmen. Doch journalistisches Engagement war ihr nicht genug: 1918 begann sie, auch beeindruckt vom Weltkriegsgeschehen in Europa, eine Ausbildung als Krankenschwester. Sie wollte direkt für die Bedürftigen tätig werden. Journalismus und tätige Nächstenliebe – dies sind die beiden Elemente des praktischen Lebens von Dorothy Day.

1933 gründete sie aus dieser Motivation heraus zusammen mit Peter Maurin, einem französischen Sozialkritiker, den sie wenige Monate zuvor kennengelernt hatte, die ersten »Häuser der Gastfreundschaft«. Ihre Wohnung und gleichzeitig die Redaktionsräume der seit dem 1. Mai 1933 von ihr herausgegebenen Zeitung »The Catholic Worker« waren bereits seit einiger Zeit Durchgangsstation für viele Menschen in schwierigen Lebenslagen gewesen. Daher sind die

Häuser der gewaltfreien katholischen Linken vor allem in den USA, aber auch in England, den Niederlanden und in Deutschland unter dem Namen »Catholic Workers House« bekannt.

Die Weltwirtschaftskrise hatte auch in Nordamerika große Verelendung zur Folge. In den Häusern der Gastfreundschaft, von denen innerhalb der ersten drei Jahre bereits 33 eröffnet wurden, konnten Obdachlose unterkommen, an Verarmte verteilte man Lebensmittel. Bereits 1937 ernährte das New Yorker Catholic Workers House täglich 400 Menschen, ein Jahr später doppelt so viele. Maurin und Day nahmen damit das jesuitische Gebot des Dienstes am Nächsten, am Fremden und Armen ernst und versuchten, die mittelalterliche Tradition der Hospize erneut zu beleben. Im 5. Jahrhundert hatten Bischöfe Gemeindezentren eingerichtet, die sich sozialen Aufgaben widmeten, was in der Neuzeit jedoch nur von wenigen Klöstern noch praktiziert wurde. Hier sah Maurin, der Kirchengeschichte studiert hatte, eine Aufgabe für die Kirchen wie auch für den einzelnen Christen.

Dorothy Days eigene Bekehrung zum Katholizismus fand auf vielen Umwegen statt. Den letzten Ausschlag gab die Geburt ihrer Tochter im März 1926, die sie fast als ein Wunder erlebte. Sechs Jahre zuvor hatte sie eine ungewollte Schwangerschaft abgebrochen und lange vermutet, daß sie kinderlos bleiben würde. Die erneute Schwangerschaft veranlaßte sie, sich intensiver mit Religion zu befassen, so daß Anfang 1927 zunächst das kleine Kind und einige Monate später die dreißigjährige Mutter getauft wurden.

In diese Zeit fiel der Justizmord an den beiden Anarchisten Sacco und Vanzetti, der Dorothy Day tief bewegte und den sie sich in religiösen Kategorien zu erklären versuchte: »Das ganze Volk trauerte. Das ganze Volk, ich meine: die Armen, die Arbeiter, die Gewerkschafter – diejenigen, die am intensivsten ein Gespür für Solidarität entwickelt hatten. Dasselbe Gefühl der Solidarität, das mich langsam die Doktrin des mystischen Körpers Christi verstehen half, wodurch wir Teile voneinander sind.« Diese Phase ihres Lebens prägt die Verbindung von Dorothy Days gesellschaftlichem Engagement mit spirituellem Denken.

Ihr Verhältnis zur Kirche blieb dabei durchaus ambivalent. Zwar war die katholische Kirche für sie die einzig richtige, aufgrund ihres universellen Anspruchs, ihrer Ausstrahlungskraft gerade auf die

Massen. Dennoch kamen ihr bereits in den Tagen nach ihrer Taufe Zweifel, ob sie zugunsten einer mit den Reichen und dem Kapitalismus paktierenden Kirche die Unterdrückten und die radikalen Bewegungen verraten hätte. »Wie ich mich nach einer Synthese sehnte, die Körper und Seele versöhnte, diese Welt und die kommende.«

Diese Versöhnung erlebte sie erst durch die Herausgabe des »Catholic Worker« und viel später, als sie zwischen 1963 und 1965 zum II. Vatikanischen Konzil nach Rom reiste und aus der Ferne Papst Johannes XXIII. erlebte, der viele ihrer Bestrebungen auf Erneuerung der Kirche verkörperte. Mit Hildegard Goss-Mayr, mit der sie in Rom zusammenarbeitete, verband sie die Zugehörigkeit im Versöhnungsbund, in dessen US-amerikanischem Zweig Dorothy Day bereits seit 1929 als einzige Katholikin unter Protestanten mitgearbeitet hatte. Pazifismus war auch bestimmendes Thema im ersten Jahrzehnt des Catholic Worker. Dorothy Day wandte sich in ihrer Zeitschrift gegen Kriegsvorbereitung, Faschismus und Antisemitismus auch in der katholischen Kirche. Aktionen vor der deutschen Botschaft, Eintreten für den ungehinderten Zuzug von Juden und gegen die politischen Beziehungen der USA zum Franco-Regime in Spanien, das sich mit Hilfe der Kirche legitimierte, kosteten die Zeitschrift ebenso Abonnenten wie ihre ausgesprochen pazifistische Haltung nach dem Kriegseintritt der USA. Viele Sympathisanten meinten, daß es nun notwendig sei zu kämpfen. Die Zahl der Arbeitslosen ging mit der Entwicklung der Kriegsindustrie zurück, weshalb Catholic Workers Häuser an Unterstützung verloren, so daß viele geschlossen werden mußten. Doch Dorothy Day hielt an der Feindesliebe Jesu und dem von Franz von Assisi gelernten Prinzip »Frieden ohne Sieg« fest.

Dorothy Day orientierte sich nicht nur an der Bibel, insbesondere der Bergpredigt, sondern auch an den Mystikerinnen und Mystikern des Mittelalters. Teresa von Avila war ihr großes Vorbild, mit dem sie sich identifizierte, galt sie doch als Reformerin im Spanien des 16. Jahrhunderts und als Gründerin religiöser Gemeinschaften. Auch im persönlichen Leben der beiden Frauen gab es viele Parallelen: die häufigen Reisen, die Armut, das Bekenntnis unbequemer Wahrheiten. Dorothy Day verbrachte einen Teil ihrer Zeit im Gebet und nahm Armut als Voraussetzung ihrer eigenen Freiheit an.

In späteren Lebensjahren beeindruckte sie der Kampf der Landarbeiter um bessere Arbeitsbedingungen. Mit deren Anführer Cesar Chavez, dessen Organisationsbemühungen sie ab 1965 aktiv unterstützte, verband sie das radikale, christlich motivierte Engagement. In den Kreisen der Arbeiterschaft, die vorwiegend aus den katholischen Gesellschaften Mexicos oder der Philippinen stammte, fühlte sie sich wohl.

Im Zusammenhang mit der Teilnahme an einem Streik der Farmarbeiter kam sie im Sommer 1973 zum letzten Mal in ihrem Leben ins Gefängnis, bevor sie am 29. November 1980 starb. Gefängnisaufenthalte waren eine wichtige Erfahrung für sie gewesen. Als 20jährige Aktivistin für das Frauenwahlrecht hatte sie ihre erste Gefängnisstrafe abzusitzen. Schon nach wenigen Tagen zweifelte sie am Sinn ihres Gefängnisaufenthalts, der Öffentlichkeit für das Wahlrecht schaffen sollte, aber nicht grundsätzlich die Gewalt und Ungerechtigkeit thematisierte. Doch hier traf sie auf Gefangene, die für Verbrechen einsaßen, für die sie die ganze Gesellschaft und sich selbst verantwortlich sah. Diese Erfahrung tiefer Identifikation ließ sie nicht mehr wieder los: »Ich war die Mutter, deren Kind vergewaltigt und ermordet worden war. Ich war die Mutter, die das Monster, das dies getan hatte, geboren hat. Ich war selbst das Monster, in meiner Brust alle Abscheu fühlend.«

Literatur

Jim Forest, *Love Is the Measure: A Biography of Dorothy Day.* Orbis Books, Maryknoll, New York 1994.

Adolfo Pérez Esquivel

Koordinator der Solidarität

»Die Aktivitäten des Architekten Pérez Esquivel in einer Zeit, als unser Land mit intensivstem bewaffneten Kampf gegen den Terrorismus befaßt war, wurden entgegen seinen eigenen Absichten von anderen ausgenutzt, um die Straffreiheit von Angehörigen verschiedener terroristischer Gruppen sicherzustellen. Daher mußte er festgenommen und der nationalen Exekutive übergeben werden – im Einklang mit den Normen, die im Ausnahmezustand gelten. Sobald die Kämpfe nachließen, entschied die nationale Exekutive, ihn freizulassen.« So kommentierte die argentinische Militärregierung die Entscheidung des Nobelpreiskomitees, den Friedensnobelpreis 1980 an Adolfo Pérez Esquivel zu verleihen. Dies war auch die erste offizielle Aussage zu den Gründen der Inhaftierung des Koordinators der christlich motivierten lateinamerikanischen Gewaltfreiheitsbewegung Servicio Paz y Justicia (SERPAJ, dt.: Dienst für Frieden und Gerechtigkeit).

Adolfo Pérez Esquivel wurde 1931 als Sohn eines spanischen Einwanderers in Buenos Aires geboren und besuchte überwiegend katholische Schulen, wo er eine religiöse Erziehung genoß, die er später als »formal« charakterisierte. Bereits in seiner Jugend kam er mit den Schriften Mahatma Gandhis, Thomas Mertons und des von Charles de Foucauld gegründeten Ordens der Kleinen Brüder Jesu in Berührung. Besonders beeindruckte ihn Gandhis Interpretation der Bergpredigt und seine Aussage, daß er längst Christ geworden wäre, wenn das Verhalten der Christen ihren eigenen Ansprüchen entspräche.

Schon als Student an der Kunsthochschule engagierte sich Esquivel in sozialen Nachbarschaftsprojekten der Vorstädte von Buenos Aires mit einer spirituell motivierten Gruppe. Dieses Engagement verdichtete sich durch Kontakt zum Arche[1]-Gründer Lanza del Vasto, der Argentinien besuchte, und zu Jean Goss und Hildegard Goss-Mayr zu konkreterem Engagement für Gewaltfreiheit.

Erst Ende der 60er Jahre veränderte sich Adolfo Pérez Esquivels Leben dramatisch. Die fehlgeschlagene Entwicklungspolitik der argentinischen Militärherrscher führte zur Zunahme der politisch motivierten Gewalt und nach blutig niedergeschlagenen Unruhen 1969 zu einem Guerillakrieg. Pérez Esquivel lehnte die Gewalt auf beiden Seiten ab. Ein Jahr zuvor hatte die Zweite Generalversammlung des Lateinamerikanischen Episkopats in Medellín (Kolumbien) vor dem Hinter-

1. Gewaltfreie Lebensgemeinschaften, vor allem in Frankreich, Belgien, Italien und Spanien, s. S. 145.

grund der Beschlüsse des II. Vatikanischen Konzils die pastorale Neuorientierung der Arbeit in den katholischen Gemeinden der einzelnen Länder diskutiert. Einzelne Bischöfe und Teile der Laienbewegung in Lateinamerikas Kirchen hatten lange gewartet auf diese Auseinandersetzung mit der historischen Stellung der Kirche, ihrer Verantwortung für Gerechtigkeit und soziale Entwicklung sowie mit ihrer Haltung zur Gewalt. Diese Aufbruchsstimmung erfaßte auch Pérez Esquivel.

War eine erste Konsultation der an Gewaltfreiheit als befreiender Kraft interessierten Christen 1966 in Montevideo (Uruguay) noch ohne viel Beachtung geblieben, so wurden 1971 auf einem kontinentalen Treffen in Costa Rica bereits aus 15 lateinamerikanischen Staaten Berichte über Erfahrungen mit revolutionärer Gewaltfreiheit vorgelegt. Vorsichtig begann man mit der Koordinierung dieser Bestrebungen, was 1974 zur Berufung von Adolfo Pérez Esquivel in das Büro des Dienstes für Frieden und Gerechtigkeit (SERPAJ) in Buenos Aires führte. Pérez Esquivel hatte bereits seit Jahren erkannt, daß die noch schwache Bewegung der gegenseitigen Solidarität und des Austausches bedürfe, um effektiv handeln zu können. Die Lateinamerikaner nahmen ihre Angelegenheiten in Sachen Gewaltfreiheit nun selbst in die Hände, nachdem der Internationale Versöhnungsbund zwölf Jahre lang durch die Arbeit von Jean Goss und Hildegard Goss-Mayr Geburtshilfe geleistet hatte.

Adolfo Pérez Esquivel reiste erneut viel durch Lateinamerika, sprach mit Kirchenleitungen und Laienbewegungen, unterstützte die Bewegungen der Armen. Er erkannte, daß bloße mildtätige Sozialarbeit ersetzt werden müsse durch ein Engagement an der Basis für wirkliche Gerechtigkeit. Mehrfach wurde er auf seinen Reisen für kurze Zeit inhaftiert. Doch seine prägendste Erfahrung mit der Staatsgewalt machte er 1977. Angekündigt hatte sich die wachsende Unsicherheit in bezug auf seine Arbeit bereits bald nach dem erneuten Putsch der argentinischen Generäle: sein Büro wurde verwüstet. Im April 1977 kam er für 14 Monate ins Gefängnis und wurde anschließend weitere 14 Monate lang unter Hausarrest gestellt. Sein Eintreten für Menschenrechte, seine Organisationsarbeit mit den Armen waren den brutal gegen jede Opposition vorgehenden Militärs in ihrem sogenannten »schmutzigen Krieg« gegen die Guerilla ein Dorn im Auge. Pérez Esquivel mußte das Schicksal der vielen »Verschwundenen« Argentiniens wahrscheinlich nur wegen des entschiedenen Auftretens seiner Frau Amanda nicht teilen. Haft und Folter erlebte er als wichtige Erfahrung, die seine christliche Haltung und Motivation stärkten.

Im Gefängnis lernte Pérez Esquivel zu widerstehen und sich trotz schwieriger Umstände den kämpferischen Geist zu erhalten. Er erfuhr, daß der Geist der Freiheit nicht durch staatlichen Zwang unterdrückt werden kann und daß Selbstkontrolle durch Gebet und Meditation wichtige Quellen der Kraft sind. In Einzelhaft und ohne jegliche intellektuelle Anregung hatte er die Möglichkeit, »Gottes Schweigen zu hören«. An der Zellenwand entdeckte er Graffiti, von denen sich ihm der Satz »Gott tötet nicht« am tiefsten einprägte. In aus dem Gefängnis geschmuggelten Briefen setzte er sich mit dem Gebet Jesu »Vater, vergib ihnen, denn sie wissen nicht, was sie tun« auseinander: Zunächst schien ihm, daß die an der Folter beteiligten Ärzte, Beamten und Polizisten sehr wohl bewußt und durchdacht handelten. Doch wovon sie nichts wußten, schreibt Pérez Esquivel, ist ihr eigenes Menschsein, das sie durch die Folter selbst zerstörten.

Nach seiner Freilassung malte Pérez Esquivel sein bekanntes Bild »Christus im Poncho«, basierend auf einer Vision, die er auf einer Reise nach Ecuador gehabt hatte. Christus verkörpert für ihn einen Christus der Armen, der ihre Befreiung verheißt. Die Verkündung eines Wortes Gottes, das Befreiung der Menschen als Personen und in ihren Strukuren bewirkt, erklärte er zum Ziel. Dabei kritisierte er die in Lateinamerika vorherrschende Theologie der Befreiung, die nach seiner Einschätzung noch nicht ausreichend über Gewaltfreiheit nachgedacht habe. Gewaltfreiheit müsse als effektives Mittel die Gewalt ersetzen, mit der für Gerechtigkeit gekämpft wird, und solle auch das alltägliche Leben verändern.

Die in Lateinamerika erforderliche Gewaltfreiheit unterscheide sich jedoch von der in Europa praktizierten, die nur einzelne Konflikte angehe, das gesamte gesellschaftliche Gefüge jedoch nicht in Frage stelle: »Gewaltfreiheit ist nicht Passivität oder Konformismus. Sie ist Geist und Methode. Sie ist prophetischer Geist, weil sie jede Spaltung der Gemeinschaft der Brüder und Schwestern verurteilt und erklärt, daß diese Gemeinschaft nur durch Liebe wiederhergestellt werden kann. Und sie ist Methode – eine organisierte Folge von Brüchen der zivilen Ordnung, um das System, das für die Ungerechtigkeit um uns herum verantwortlich ist, zu stören.«

Literatur

Charles Antoine (Hg.), *Adolfo Pérez Esquivel. Christ in a Poncho: Testimonials of the Nonviolent Struggles in Latin America.* Orbis Books, Maryknoll, N.Y. 1983.

Philip McManus und Gerald Schlabach (Hg.), *Relentless Persistence: Nonviolent Action in Latin America.* New Society Publishers, Philadelphia 1991.

Hildegard Goss-Mayr

Mächtig durch die Macht ihrer Seele[1]

Ein 12jähriges Mädchen steht in der Menschenmenge am Straßenrand, die aus Anlaß von Hitlers Besuch in Wien 1942 bestellt wurde. Hitler fährt heran, die Menge jubelt, und alle heben ihre Hände zum Hitler-Gruß. Das Mädchen nicht. Sie wird sich ihr Leben lang an dieses Ereignis erinnern, der »ersten bewußten Begegnung mit der dämonischen Macht des Bösen«, wie sie in ihrer Autobiographie schreibt. Es wird sie zur Friedensarbeit motivieren und dazu, nach der Kraft Gottes im Menschen und in der Geschichte zu suchen.

Hildegard Goss-Mayr hat sich damals als »allein« empfunden. Auch heute noch wirkt sie allein, strahlt jedoch eine Stärke aus, die Menschen für ihre Mission gewinnt. Wie ihr Vorbild Hildegard von Bingen, Mystikerin des Mittelalters, gründet sie ihre Arbeit für Gerechtigkeit und Befreiung mit den Methoden aktiver Gewaltfreiheit auf eine lebendige christliche Spiritualität. Die Verbindung von Mystik und politischem wie gesellschaftlichem Engagement hat sich Hildegard Goss-Mayr spätestens seit ihrem 23. Lebensjahr zur Aufgabe gemacht, seit dem Abschluß ihres Studiums der Philosophie, Philologie und Geschichte im Jahre 1953.

Sie war gut dafür vorbereitet: Ihr Vater, der katholische Pazifist

1. Nach Hildegard von Bingen: »Obwohl klein von Gestalt ist der Mensch mächtig durch die Macht seiner Seele.« Zitiert nach Goss-Mayr 1996, S. 239.

Kaspar Mayr, arbeitete bereits in den 20er Jahren im Leitungsteam des kurz vor dem Ersten Weltkrieg gegründeten Internationalen Versöhnungsbundes mit. Die Ermahnung, Haß nicht mit Haß zu begegnen, sondern durch Liebe zur Abkehr von verbrecherischem Denken und Handeln zu führen, gehörte zu den wichtigen Vermächtnissen des Vaters an seine in Wien geborene Tochter Hildegard.

Nach der Eheschließung mit dem französischen Kriegsgegner Jean Goss[2] im Jahre 1958 bereisten Hildegard und Jean im Auftrag des Internationalen Versöhnungsbundes zunächst Osteuropa, um für Versöhnung nach den Ereignissen der Nazizeit und des Zweiten Weltkrieges zu arbeiten. Später wurden Lateinamerika, Asien und schließlich in den 90er Jahren das frankophone Afrika Ziele ihres Engagements für eine gewaltfreie Befreiung von Unterdrückung und Diktatur. 1991 starb Jean Goss am Tage der Abreise zu einem Seminar in Madagaskar. Hildegard setzt die gemeinsame Arbeit in Afrika allein fort.

Die Mächte des Todes und der Gewalt – ein Motiv, das sich bei Hildegard Goss-Mayr wiederholt – drohten die junge Frau nach Ende des Zweiten Weltkrieges einzuholen. Sie stürzte in eine tiefe Existenz- und Sinnkrise, die sie erst allmählich überwand: Wie konnte sie in einer Welt weiterleben, in der jede Menschlichkeit derart verraten worden war wie durch Faschismus und Krieg? Sich mit ihrem ganzen Sein in »den Dienst der befreienden Liebe stellen«, um so aus der Kraft des lebendigen christlichen Gottes heraus für Gerechtigkeit und Menschenwürde zu arbeiten, gegen Gewalt und Zerstörung anzugehen, das wurde zu der ihr Leben begründenden Kraft. Der gekreuzigte Jesus, der Zerstörung und Verrat an der Menschheit mit der Liebe Gottes überwand, wurde Hildegard Goss-Mayrs wichtigstes Leitbild, das ihr die Frage nach dem Sinn des Lebens beantwortete und sie bis heute trägt.

Hildegard Goss-Mayr versteht den Auftrag des Menschen, am Schöpfungswerk Gottes teilzunehmen, als universelle und radikale Herausforderung. Geschichte ist für sie zielgerichtet durch die Entdeckung und Entwicklung der im Menschen vorhandenen Liebeskraft Gottes. Historische Schritte in der Entwicklung auf eine vollendet versöhnte Gemeinschaft der Menschen hin entstehen dann, wenn Menschen sich

2. Jean Goss (1912-1991), Ehemann von Hildegard Goss-Mayr, Gewerkschafter, Hinwendung zur Gewaltfreiheit in deutscher Kriegsgefangenschaft.

dafür einsetzen, Unterdrückung, Diskriminierung und Herrschsucht sowie andere erniedrigende Grenzen auch gegen Widerstand zu überwinden.

Vor diese Herausforderung wurden Hildegard Goss-Mayr und ihr Mann Jean Goss ab 1962 gestellt, als sie nach Lateinamerika reisten, das gut ein Jahrzehnt lang zum Schwerpunkt ihrer Arbeit werden sollte. Sie haben den gewaltfreien Befreiungskampf einer wachsenden Minderheit in den Kirchen und in deren Umfeld gemeinsam erlebt und halfen bei der Gründung der Organisation Servicio Paz y Justicia en America Latina (Dienst für Frieden und Gerechtigkeit in Lateinamerika, gegründet 1974). Die Erfahrungen des Befreiungskampfes bezeichneten sie später als das »Geschenk der Armen an die Reichen«. Die Armen forderten die BewohnerInnen der reichen Länder auf, dieses Geschenk anzunehmen, denn ihnen sei die Geduld abhanden gekommen, den Befreiungsprozeß langsam mit der Überzeugung zu gehen, daß grundlegende Veränderungen bei den einzelnen wie in der Gesellschaft notwendig sind. Insbesondere macht Hildegard Goss-Mayr ein System, das auf Wirtschaftswachstum und Vergrößerung des Wohlstands für eine Minderheit auf der Welt beruht, dafür verantwortlich, daß in abhängigen Gebieten Diktatur, Unterdrückung und Terrorismus herrschen. In den Industriestaaten seien Gefühle der Sinnlosigkeit und Ohnmacht, Resignation und Entfremdung von echter menschlicher Selbstbestimmung die Folgen.

Im Verlaufe ihrer Reisen in beinahe alle Länder Lateinamerikas nahmen sie und Jean Goss an Konferenzen teil, veranstalteten Seminare, trafen VertreterInnen der Kirchen und revolutionärer Bewegungen. Sie setzten sich dem Zugriff diktatorischer Regime aus, wie 1975 bei Reisen nach Brasilien. Als sie dorthin Anfang März 1975 von einem Seminar in Argentinien zurückkehrten, wurden sie gleich bei der Ankunft am Flughafen verhaftet. Mit schwarzen Kapuzen über den Köpfen in ein Folterzentrum gebracht, unterzog man sie der psychischen Folter und verhörte sie. Nach einigen Tagen in Haft, die sie mit Gebet und Fasten verbrachten, ließ man sie auf Intervention des Kardinals von São Paulo wieder frei.

Ganz besonders richtet Hildegard Goss-Mayr ihre Forderungen an die europäischen Kirchen, eine innere Erneuerung einzuleiten. Sie erwartet von den Kirchen, Verantwortung zu übernehmen und die Bereitschaft zu zeigen, arm und frei zu werden. Grundlage für das Votum für eine »Seinsweise der Armut« ist für Hildegard Goss-Mayr die Seligpreisung »Selig ihr Armen vor Gott – euer ist das Reich Gottes« (Mt 5,3). Radikale Umkehr bedeutet für sie, sich von Herrschenwollen und Privilegien frei zu machen, innere Freiheit gegenüber unberechtigten Machtansprüchen zu gewinnen, die Wahrheit über Ungerechtigkeit und Abhängigkeit zu bezeugen, Konsum einzuschränken, einen alternativen Lebensstil zu wählen und gewaltfrei zur Durchsetzung von Gerechtigkeit beizutragen.

Solche Inhalte vermittelte sie in Trainings und Seminaren – sie spricht von »Schulung für den Befreiungskampf« – seit Februar 1984 auf den Philippinen. Diese Kurse mit Ordensleuten, Bischöfen und oppositionellen Intellektuellen schufen eine organisierte gewaltfreie Bewegung und die Grundlage für den erfolgreichen und gewaltfreien Aufstand gegen das diktatorische Marcos-Regime in Manila im Februar 1986. Für Hildegard Goss-Mayr kam die Revolution, provoziert durch die Anfang Februar 1986 gefälschten Wahlen, zu früh. Viele Menschen, besonders Angehörige der reichen Mittelschicht, waren nicht bereit, der politischen Veränderung auch eine soziale Umgestaltung folgen zu lassen. Für Hildegard Goss-Mayr erwuchs aus dieser Erfahrung die Erkenntnis, daß der Aufbau einer neuen Gesellschaft bereits in der frühen Vorbereitungsphase einer politischen Bewegung programmatisch gestaltet werden muß.

Ihr Rückblick auf Erfahrungen beim II. Vatikanischen Konzil, die sie zusammen mit Jean Goss zwischen 1961 und 1965 machte, ist ambivalent. Obwohl die Hoffnungen, die Katholische Kirche zu einer klaren Aussage gegen Krieg und für einen gerechten Frieden zu bewegen, letztendlich enttäuscht wurden, war es damals gelungen, Krieg und Frieden trotz großen Widerstands zum Thema zu machen. Späte Früchte dieser Bemühungen erkennt Hildegard Goss-Mayr jedoch erst heute, zum Beispiel in der Entstehung von Friedens- und Schalomdiensten, in einer Zeit, in der sie die Errungenschaften des Konzils von konservativen Kräften in der Kirche zurückgedrängt sieht.

Literatur

Hildegard Goss-Mayr, *Der Mensch vor dem Unrecht: Spiritualität und Praxis gewaltloser Befreiung*. Europa-Verlag, Wien 1976.

Hildegard Goss-Mayr (Hg.), *Geschenk der Armen an die Reichen: Zeugnisse aus*

dem gewaltfreien Kampf der erneuerten Kirche in Lateinamerika. Europa-Verlag, Wien 1979.
Hildegard Goss-Mayr, *Wie Feinde Freunde werden.* Herder-Verlag, Freiburg: 1996.
Hildegard Goss-Mayr und Jean Goss, *Evangelium und Ringen um den Frieden.* Internationaler Versöhnungsbund – Deutscher Zweig, Uetersen 1995.
Jean Goss und Hildegard Goss-Mayr, *Die Gewaltlosigkeit Jesu – eine Kraft, die Frieden schafft.* Bund der Deutschen Katholischen Jugend (BDKJ) – Bundesvorstand, Düsseldorf: 1983 (Pax Christi Schrift Nr.26 / Schriftenreihe des Jugendhauses Düsseldorf).

Martin Luther King

Ein moderner Jünger Jesu Christi

»Nicht dann ist Frieden, wenn man nichts von Spannungen merkt, sondern wenn Gerechtigkeit herrscht. Wenn heute in Montgomery die Unterdrückten aufstehen und anfangen, sich um einen dauernden positiven Frieden zu bemühen, so ist diese Spannung notwendig. Das hat auch Jesus mit seinem Wort gemeint: ›Ich bin nicht gekommen, den Frieden zu bringen, sondern das Schwert.‹ Jesus wollte damit bestimmt nicht sagen, daß er gekommen sei, ein wirkliches Schwert zu bringen, sondern etwa das: ›Ich bin nicht gekommen, diesen alten negativen Frieden mit seiner tödlichen Passivität zu bringen. Ich bin gekommen, gegen einen solchen Frieden die Geißel zu schwingen. Wenn ich komme, gibt es Kampf und Konflikte zwischen dem Alten und dem Neuen. Wenn ich komme, scheiden sich Gerechtigkeit und Ungerechtigkeit. Ich bin gekommen, einen positiven Frieden zu bringen, in dem Gerechtigkeit und Liebe wohnen, ja – ich bin gekommen, das Reich Gottes aufzurichten.‹«

Für Martin Luther King junior war Jesus Christus das Vorbild im Kampf für Gerechtigkeit, ein Vorbild, das er immer wieder zitierte, bei dem er seinen Mut in schwierigen Zeiten wiedergewann und dem er in seinem eigenen Leben und Sterben folgte. Oft war er im Zweifel, ob seine Kraft ausreiche, angesichts der Bedrohung, der er ausgesetzt war, weiterhin für einen Frieden mit Gerechtigkeit einzutreten, dann wandte er sich an seinen Gott und ging den Weg, der ihn schließlich zu seiner

Ermordung führte. Kings Gewaltfreiheit war keine harmlose, naive, die nur die Beteiligung der schwarzen Mittelschicht der USA an der Macht erwirken sollte. King trat seit Mitte der 60er Jahre auch gegen den Vietnamkrieg ein und setzte sich gegen Ende seines Lebens für die Rechte der ausgebeuteten Arbeiterschaft, gleich welcher Herkunft, ein.

Martin Luther King wurde 1929 in Atlanta/Georgia geboren. Bereits sein Vater und dessen Schwiegervater hatten sich im Kampf für die Gleichstellung der farbigen Bevölkerung der US-Südstaaten einen Namen gemacht. So erfuhr er als Kind nicht nur die Auswirkungen der Rassentrennung, sondern er wurde auch mit dem Bewußtsein erzogen, daß es notwendig und möglich ist, aktiv dagegen anzugehen. Doch zunächst, ab 1944, studierte er Theologie, um wie Vater und Großvater in einer baptistischen Gemeinde Prediger zu werden.

Als 18jähriger sagte er einmal zu seinem Vater, der sich um die politische Vereinnahmung seines Sohnes in einer gemischten studentischen Organisation sorgte: »Ich weiß, daß ich jeden einzelnen Weißen hassen könnte, und das wäre leicht. Aber genau das ist der springende Punkt: Es wäre zu leicht, und ich weiß, daß die Antworten auf die meisten dieser Fragen viel schwieriger sind.« Martin Luther King erkannte, daß er moralisch handeln mußte. Doch seine Überzeugung in bezug auf gewaltfreies Handeln entwickelte sich nur langsam und erst ganz entscheidend mit der Arbeit in der Bürgerrechtsbewegung nach 1955.

Die Grundlagen dafür legte er während seines Studiums, als er zu zivilem Ungehorsam Thoreau las, sich kritisch mit Marx und anderen kommunistischen Klassikern auseinandersetzte und den Pazifisten A. J. Muste hörte. Dessen Ideen faszinierten ihn, doch King zweifelte an der Möglichkeit, Gewaltfreiheit gegen repressive Regimes umsetzen zu können. Nach einem Bericht von Mordecai Johnson über dessen Reise nach Indien war King sehr von Mahatma Gandhi beeindruckt. Auch wenn dies noch nicht den Durchbruch einer gewaltfreien Überzeugung bedeutete, so schrieb er später doch: »Ich hatte schon frühzeitig erkannt, daß Christi Lehre von der Liebe zusammen mit Gandhis Methode der Gewaltlosigkeit eine der stärksten Waffen des Negers in seinem Kampf für die Freiheit war.« Erst als er sich während des Busboykotts in Montgomery mit akuter Bedrohung auseinandersetzte, verzichtete er auf bewaffneten Schutz und setzte die angelesenen Gedanken mit seiner Praxis in Beziehung.

In Montgomery im Bundesstaat Alabama nahm Martin Luther King 1954 eine Pfarrstelle an der Dexter Avenue Baptist Church an und gab damit Pläne, eine akademische Laufbahn einzuschlagen, zunächst auf. Bereits in den ersten Monaten seiner Predigertätigkeit in Montgomery hatte es Aktionen und Verhandlungen gegen die Rassentrennung gegeben – mit enttäuschenden Ergebnissen: die Stadtverwaltung sah sich nicht zu Änderungen ihrer Politik genötigt und die Mehrheit der farbigen Bevölkerung ergab sich resigniert in ihre Situation. Diese Dynamik änderte sich erst, als sich am 1. Dezember 1955 die Näherin Rosa Parks weigerte, ihren Sitzplatz im Bus einem Weißen freizumachen und dafür verhaftet wurde. Dies war der Beginn des Busboykotts von Montgomery, der sich bis zum 21. Dezember 1956 hinzog. Ein Jahr lang weigerten sich die Afro-Amerikaner in Montgomery, öffentliche Busse zu benutzen, gingen zu Fuß und organisierten private Mitfahrgelegenheiten. Dann entschied der Oberste Gerichtshof der USA die Abschaffung der Rassentrennung in öffentlichen Verkehrsmitteln.

Bei dem Boykott, der von Aktivisten der Nationalen Vereinigung für den Fortschritt der Farbigen (National Association for the Advancement of Colored People, NAACP) und ganz wesentlich von Geistlichen der schwarzen protestantischen Kirchen organisiert wurde, kam King schnell an die Spitze der dazu eigens gegründeten Verbesserungsorganisation von Montgomery (Montgomery Improvement Association, MIA). In dieser Position bewies King, der ein mitreißender Redner war, Verhandlungs- und Organisationsgeschick. Als Busgesellschaft und Stadtverwaltung ihre anfängliche Hoffnung, daß die Aktion schnell zum Erliegen kommen würde, enttäuscht sahen, ging man mit Verhandlungen und Spaltungsversuchen, dann mit Gerichtsverfahren gegen den Autopool vor, der den Transport auf den Hauptstrecken aufrechterhalten sollte, sowie mit Einschüchterungen und offenen Drohungen gegen die Boykottierenden. King, der besonders ab Anfang 1956 Drohanrufen ausgesetzt war, entging Ende Januar einem Bombenattentat. Die Atmosphäre in dieser Zeit des Anschlags bereiteten ihn innerlich auf die Bedrohung vor, der er bis zu seinem gewaltsamen Tod am 4. April 1968 in Memphis (Tennessee) ausgesetzt blieb.

Martin Luther King wußte, daß eine effektive Organisation der Bewegung, Vertrauen in die eigenen Strukturen, eine rechtzeitige und gute Informationspolitik, die Einbeziehung möglichst vieler in Entscheidungen und Überlegungen zum Erfolg einer Kampagne beitragen, die nur von wenigen Aktivisten initiiert und getragen wird. Auch Gandhi, der ganz Indien bewegt hat, habe nur etwa 100 Vertraute um sich gehabt, sagte King einmal. In diesem Zusammenhang steht auch die Entwicklung von Trainingsmethoden für die gewaltfreie Bearbeitung von Konflikten – man muß neues Verhalten einüben.

Nach dem Erfolg des Montgomery Busboykotts gründeten King und andere 1957 die »Southern Christian Leadership Conference« (Christlicher Führungsverband der Südstaaten, SCLC), deren anfängliches Ziel es war, die bislang von Wahlen ausgeschlossene farbige Bevölkerung dazu zu bewegen, sich trotz der öffentlichen Behinderungen in die Wählerlisten eintragen zu lassen. Die SCLC sollte Martin Luther Kings organisatorische Basis bleiben. Seit Anfang der 60er Jahre traten jedoch zunehmend Konflikte mit militanten, zum Teil nationalistischen Flügeln der schwarzen Bewegungen auf. Diese Gruppen organisierten sich in der »Black Power«-Bewegung, die die Herrschaft der Weißen mit radikalen militanten Aktionen beenden wollten und die von King betriebene Integration ablehnten. Sie belächelten Aussagen von Martin Luther King wie die in seiner berühmten Rede im August 1963 am Abraham Lincoln Memorial Monument in Washington: »Ich habe einen Traum, daß eines Tages die Söhne früherer Sklaven mit den Söhnen früherer Sklavenbesitzer in den roten Bergen von Georgia am Tisch der Brüderlichkeit zusammensitzen.«

Der Vision Martin Luther Kings entsprechend war der Kampf der Schwarzen ein Auftrag an sie, der gesamten Menscheit ihre Würde zurückzugeben. Dafür war Gewaltfreiheit das einzig mögliche Mittel, ein Mittel jedoch, das entschieden und aus tiefster christlicher Motivation heraus angewandt wird. Die Kirche in ihrer allgemeinen Passivität brandmarkte er als »sozialen Club mit dünnem Anstrich von Religiosität«, in dem »unchristliche Christen« zusammenkommen, die an den auferstandenen Christus glauben, aber den Menschen Jesus übersehen. Als Grundlagen aktiver Gewaltfreiheit formulierte er folgende Aspekte:

1. Gewaltfreier Widerstand ist keine Methode für Feiglinge – sie bedeutet nicht Widerstandslosigkeit gegenüber dem Unrecht.
2. Gewaltfreiheit vernichtet oder demütigt den Gegner nicht.
3. Es geht um einen Angriff gegen die Mächte des Bösen, nicht gegen Personen, die Böses tun.

4. Gewaltfreiheit schließt die Bereitschaft, Demütigungen zu erdulden, ohne sich zu rächen, ohne zurückzuschlagen ein.
5. Weder äußerlich noch innerlich darf man sich zu Gewalttätigkeit hinreißen lassen.
6. Aktive Gewaltfreiheit geschieht aus der Überzeugung, daß das Universum auf der Seite der Gerechtigkeit ist.

King bezieht sich dabei theologisch auf den griechischen Begriff *agape*, d. h. uneigennützige, tätige Liebe, »Gottes Liebe, die im menschlichen Herzen wirkt«. Diese Art von Liebe wirkt bei denjenigen, die sich zu Gewaltfreiheit bekennen.

Im Juli 1964 beschloß der Kongreß die Aufhebung der Rassendiskriminierung. King, dem im gleichen Jahr der Friedensnobelpreis verliehen wurde, wandte sich nun einem Thema zu, das ihn bereits in seiner Jugend fasziniert hatte, der Armut. Er wußte, daß er seine größten Erfolge bereits hinter sich hatte und es schwieriger werden würde, in diesem Bereich tatsächliche Veränderungen zu bewirken: »Von der Frage der Menschenwürde gehen sie nun über zu Plänen, die das Grundsystem der sozialen und wirtschaftlichen Macht berühren. Auf dieser Ebene reichen die Pläne der Neger über das Rassenproblem hinaus und befassen sich mit wirtschaftlicher Ungleichheit, wo immer sie anzutreffen ist.« Ein positiver Frieden, wie ihn King sich vorstellte, würde größere Umwälzungen erfordern, denn »einer der unausrottbaren Widersprüche, mit denen wir es zu tun haben, ist, daß jeder vom Streben nach Frieden spricht, daß aber bei den Machthabern der Frieden praktisch niemandes Sache ist.« Dieser Aufgabe wurde Martin Luther King durch den Mordanschlag von Memphis enthoben. Seine Familie wie auch viele Beobachter hegten daher immer Zweifel am Wahrheitsgehalt der strafrechtlichen Untersuchung, die diesen Mord einem Einzeltäter zuschreibt.

Literatur

Martin Luther King, *Schöpferischer Widerstand.* Gütersloher Verlagshaus, Gütersloh 1980.

Martin Luther King, *Freiheit: Von der Praxis des gewaltlosen Widerstands.* Brockhaus Verlag, Wuppertal 1984.

Martin Luther King, *Loving Your Enemies, etc.* A. J. Muste Memorial Institute, New York, o. J. (Essay Series 1).

Martin Luther King sen, *Die Kraft der Schwachen: Geschichte der Familie King.* Deutsche Verlags-Anstalt, Stuttgart 1982.

Máiread Maguire

Zum Lieben geschaffen sein

Im August 1976 tötete ein außer Kontrolle geratenes Auto zwei ihrer Neffen und eine Nichte. Der Fahrer, ein Mitglied der nordirischen Rebellenbewegung Irisch-Republikanische Armee (IRA), war gerade von britischen Soldaten, die in den Straßen von Belfast patroullierten, erschossen worden. Dieser Tod der Kinder änderte Máiread Maguires Leben dramatisch. Zusammen mit protestantischen Frauen organisierte die irische Katholikin Friedensmärsche in die Stadtviertel beider Religionsgruppen und gründete die Gemeinschaft der Peace People. Sie, die vorher als Angestellte einer nordirischen Firma und als ehrenamtliche Direktorin der Marienlegion – eines katholischen Sozialdienstes – tätig gewesen war, wurde schnell zu einer Frau des öffentlichen Lebens. Noch im gleichen Jahr erhielt sie zusammen mit Betty Williams den Friedensnobelpreis.

»Wahre Freiheit erreichen wir erst, wenn wir alles verloren und alles losgelassen haben. Dann sind wir wirklich frei, das zu tun, was unsere Aufgabe ist: zu lieben und geliebt zu werden. Ich glaube, die Menschen können dann wahrnehmen, daß die menschliche Person den höchsten Wert in der Gesellschaft darstellt«, erklärt Máiread Maguire. Sie fügt hinzu, daß Menschen durch Verlust und Krise die Chance haben, zu erkennen, wie gewalttätig sie selbst sind. Diese Erkenntnis ist die Voraussetzung für die Fähigkeit, den Gegner als mit der eigenen Person verbunden wahrzunehmen und die Notwendigkeit von Gewaltfreiheit zu erkennen.

Maguire versteht den nordirischen Bürgerkrieg als Identitätskrise zweier Kontrahenten: die katholische republikanische Rebellenbewegung gegen das britische Militär, die Bestrebungen, Nordirland aus dem britischen Staatsverband herauszulösen, gegen die der protestantischen Loyalisten. »Menschen töten, um ihre Identität zu verteidigen, ihr Britisch- oder Irischsein.« Doch für Maguire wird Versöhnung erst möglich, wenn das Menschsein als verbindende Grundlage erkannt wird und als innerer Wert vor allen trennenden religiösen oder nationalen Identitäten kommt. Doch dies sei ein Lernprozess, in dessen Verlauf die Menschen das Loslassen lernen und zu ihrer wahren Identität zurückkehren – zum Lieben geschaffen zu sein.

Für Maguire ist dies nicht nur ein moralischer Appell, sondern verbunden mit der Forderung, politische Institutionen auf lokaler Ebene zu schaffen. Denn Liebe sei immer sehr eng mit Haß verbunden, besonders wenn politische Systeme Gewalt organisiert haben: »Der Wille zu lieben und der Wille zu hassen sind derselbe Wille. Worauf wir in einer Welt, in der politische Macht das Recht zum Mord beansprucht, bestehen müssen, ist der Wille zu lieben. Selbst wenn dies unseren eigenen Tod oder – noch schwieriger vorzustellen – Leid und Tod unserer Nächsten und Liebsten bedeutet.«

Mit der »harten Klarheit des Diamanten«, so sagt sie, müsse die Gewalt beobachtet und in der realen Welt angegangen werden. Dazu hat Máiread Maguire sich auch immer lokal und in kleinen, aber wirksamen Schritten engagiert. Zunächst organisierten sie und andere Frauen an Besuchstagen in Gefängnissen einen Abholdienst für Frauen beider Religionsgemeinschaften, die ihre für politisch motivierte Straftaten einsitzenden Männer sehen wollten. Auf die gemeinsame Busfahrt folgten gemeinsame Aktivitäten, die langsam Vertrauen zwischen den Beteiligten entstehen ließen.

1993 appellierte Maguire an die IRA, die Waffen niederzulegen und mit gewaltfreien Mitteln weiterzuarbeiten. Da das Ziel, daß die politischen Visionen der republikanischen Bewegung Anerkennung und Respekt erfahren, bereits erreicht sei, forderte Maguire die Rebellen auf, den Mut, den sie im bewaffneten Kampf bewiesen haben, nun auch in der gewaltfreien Auseinandersetzung zu zeigen. In ihrem Brief an die IRA bekennt sie sich zu einer gewaltfreien und entmilitarisierten Gesellschaft im Norden Irlands. Ein ähnliches Schreiben ging auch an die bewaffneten Gruppen der anderen Seite im Konflikt.

Als eine Ursache des Konflikts hat Máiread Maguire die fehlenden Mitbestimmungsmöglichkeiten der nordirischen Bevölkerung identifiziert. Die jetzige Staatsform der Demokratie empfindet sie als von oben verordnet, als hierarchisch strukturiert, jedoch ohne reale Möglichkeit, sich zu den drängenden Fragen des täglichen Lebens zu äußern: zur Wohnsituation, zu Arbeitsmöglichkeiten oder zu Umweltproblemen. Daher haben die Peace People in den Nachbarschaften Gemeinschaften von etwa 3000 Menschen organisiert, die diese Themen diskutieren. Auf diesem Wege können die beteiligten Nachbarschaften ihre tatsächlichen Entscheidungen in die Politik einbringen, ohne sich an nationalistischen Haltungen orientieren zu müssen. Die Illusion, über nationale oder religiöse Zugehörigkeit repräsentiert zu sein, weicht der Möglichkeit, die eigenen Vorstellungen einbringen zu können.

Angst abzubauen gehört für Maguire zu den wichtigen Maßnahmen gegen Gewalt. Zu Beginn ihres öffentlichen Lebens hat sie selbst Angst gehabt, gibt Máiread Maguire zu. Weniger die Angst, daß ihr etwas zustoßen könnte, als die Angst, mit den Erwartungen, die an sie gerichtet wurden, nicht umgehen zu können. Sie, die Mutter von fünf Kindern, hat diese Angst überwunden und engagiert sich heute nicht nur für gewaltfreie Lösungen im nordirischen Konflikt, sondern auch für Menschen- und Bürgerrechte in anderen Teilen der Welt als Voraussetzung für einen dauerhaften Frieden. In diesem Zusammenhang steht ihr Eintreten für die burmesische Oppositionspolitikerin Aung San Suu Kyi und den 1995 hingerichteten nigerianischen Schriftsteller und Menschenrechtsaktivisten Ken Saro-Wiwa. Nach einer Reise nach Burundi erklärte sie 1995, daß die Kirchen angesichts ethnischer Konflikte versagt haben. Doch Voraussetzung für diese Arbeit ist es, bei sich selbst den Wandel herbeizuführen – die schwierigste Aufgabe, so Máiread Maguire. Die schmerzhafte und demütigende Erkenntnis, wie weit wir selbst von wahrhaft gewaltfreiem Handeln entfernt sind, mache die Brüche in uns selbst deutlich, an denen es zu arbeiten gelte. Doch Versöhnung zur Überwindung der innerlichen Entfremdung ist für sie nur mit einer spirituellen Haltung, dem Bewußtsein einer göttlichen Präsenz möglich. Máiread Maguire sieht den Wert des Gebets nicht so sehr in einem Gespräch mit Gott, sondern vielmehr darin, daß der Geist der Wahrheit zum Menschen spricht. Denn »wenn unsere Gewaltfreiheit nur in einer Form erleuchteten Eigeninteresses wurzelt, oder von nichts anderem ausgeht als einer hochkultivierten Sensibilität oder Anständigkeit oder aus einem liebenswürdigen Charakter, dann fürchte ich, daß sie zusammenbrechen wird, wenn sie – was sicher ist – großem Widerstand begegnet oder angedrohtem sofortigem oder gewalttätigem Tod.«

Um diese Herausforderung im Interesse des Überlebens der Menschheit auch im kommenden Jahrtausend zu bestehen, sei Gemeinschaft notwendig: die gegenseitige Unterstützung in den Bemühungen darum, wirkliche Friedensstifter zu werden.

Literatur
Marie-Pierre Bovy, Hildegard Goss-Mayr, Máiread Maguire, Sulak Sivaraksa. *Reconciliation: Reflections on the occasion of the 75th Anniversary of the International Fellowship of Reconciliation.* Reihe: Patterns in Reconciliaion 1. Alkmaar: International Fellowship of Reconciliation 1994.

Dorothee Sölle

Weltzugewandte Mystikerin des Protestantismus

»Wir brauchen eine andere politische Spiritualität. Es ist die Eigenart der Gewalt, daß sie uns an sich gewöhnt und zugleich die Hoffnung ins Exil treibt. Vor unseren Augen zerfallen die Erinnerung an ein anderes Leben und die Bilder von ihm. Die Gerechtigkeit – als der wichtigste Name für Gott, den die jüdischen und christlichen Traditionen artikuliert haben – und ihre Handlungskonsequenz, die Solidarität, sterben in unserem Land.«

Nach Hoyerswerda, Mölln und Solingen scheint Dorothee Sölle skeptischer geworden zu sein als zu Beginn ihrer schriftstellerischen Tätigkeit, besonders Anfang der 70er Jahre, als sie sich gegen den Vietnamkrieg einsetzte. Zu Zeiten der Bewegung gegen die Stationierung neuer Atomraketen in Europa, als Dorothee Sölle für ihre Beteiligung an Blockaden in Mutlangen gerichtlich wegen Nötigung belangt wurde, schrieb sie noch:

»Woran sollen wir einen Engel erkennen
außer daß er Mut macht, wo Angst war
Freude, wo nicht mal mehr Trauer wuchs
Einspruch, wo Sachzwang herrschte
Abrüstung, wo Terror glaubwürdig drohte
Fürchte Dich nicht, der Widerstand wächst.«

Sie klagt nun schon ein Leben lang die Gleichgültigkeit, die persönliche und politische Apathie an, versucht wachzurütteln und die Trennung zwischen einer mystischen Erfahrung Gottes und widerständigem Handeln zu überwinden. Das Denken der Theologin und Schriftstellerin und ihr politisches, gesellschaftliches Handeln gehören zusammen.

Dorothee Sölle wurde 1929 in Köln geboren. Sie studierte Theologie, Philosophie und Literaturwissenschaft in Köln, Freiburg und Göttingen. 1959 schloß sie ihre Promotion ab, 1972 ihre Habilitation. Es folgte Lehrtätigkeit in den USA und in Hamburg. Seit 1960 ist Dorothee Sölle als Schriftstellerin tätig. Ihr außerordentlich umfangreiches Werk bezieht immer wieder Stellung für die Frauen, die Entrechteten, die Schwachen und zu aktuellen Fragen von Krieg und Frieden, Gerechtigkeit und Solidarität. Angesichts des skandalösen Schweigens der Kirchen, wo Stellungnahme gefordert wäre, angesichts von Frömmigkeit, die Verantwortliche nicht benennt, sucht Sölle nach einer theologischen Sprache, die dem Leiden gerecht wird. Frieden im Sinne von Schalom, der über die bloße Abwesenheit von sichtbarer direkter Gewalt hinausgeht, als zentraler Aspekt christlichen Glaubens ist für sie der Gegenstand theologischen Denkens.

Dorothee Sölle will die Verklärung von Machtverhältnissen und Unrechtsstrukturen, von Wirtschaftsbeziehungen und politischer Wahrheit mit religiöser oder philosophischer Begrifflichkeit nicht wiederholen: Sie fordert eine sozialwissenschaftliche Beschreibung der Verhältnisse. Sie will dies jedoch mit dem christlichen Glauben reflektieren, »dem Meer des sprachlosen Todes Land abgewinnen.« Etwa 25 Jahre später beschreibt Sölle ihre Spiritualität als eine mystische, jedoch immer auf die soziale Realität bezogene, frei von weltverleugnenden esoterischen Moden. »Mich persönlich hat weder die Kirche, die ich eher als Stiefmutter erlebte, noch das geistige Abenteuer einer nachaufklärerischen Theologie zu dem lebenslangen Versuch, Gott zu denken, verlockt. In keiner der beiden religiösen Institutionen Kirche und wissenschaftliche Theologie bin ich beruflich verankert oder gar beheimatet. Es ist das mystische Element, das mich nicht losläßt. Es ist, um es vorläufig und einfach zu sagen, die Gottesliebe, die ich leben, verstehen und verbreiten will.«

Folgerichtig waren daher ihre Aktionen: der aufsehenerregende Besuch in Nordvietnam 1972, die bereits erwähnte Beteiligung an gewaltfreien Aktionen der Friedensbewegung der 80er Jahre, die Wahlbeobachtung in Nicaragua 1984, ihre Unterstützung einer gemeinsamen linken Liste mit der PDS zur Bundestagswahl 1990 und ihr Eintreten gegen den mörderischen Rassismus im Deutschland der 90er Jahre, den der Straße wie auch den der Politiker und Beamten.

Dorothee Sölles Auseinandersetzung mit der herrschenden, männlich bestimmten Wirklichkeit begann in ihrer Jugend mit der Entdekkung und Analyse des Ausmaßes der Nazi-Verbrechen. »Das menschliche Leiden, konkret wahrgenommen, zerstört alle Unschuld, alle Neutralität, alles ›ich war es nicht, ich konnte nichts dafür, ich habe es nicht gewußt‹. Es gibt angesichts des Leidens keinen dritten Ort, jenseits der Opfer und der Henker.«

Dann sah sie in Vietnam, daß die mörderische Menschenverachtung nicht vorbei ist. Sie erschrak über die politische Gleichgültigkeit, aber auch über ihre eigene Unfähigkeit, sich mitzuteilen und Unterstützung gegen den Krieg bei denen, die in Deutschland politische Entscheidungen tragen, zu gewinnen. Für Sölle führte »Vietnam die Geschichte von Auschwitz weiter: daß die Menschen es – wie damals – mit sehenden Augen nicht sahen und mit hörenden Ohren nicht hörten.«

In der Welt der Reichen wird auch Gott zu einem »Gott der Apathie« gemacht – ein leidfreies Christentum hat den Tod Christi theologisch dazu benutzt, den reibungslosen Ablauf der Ausbeutung zu garantieren in der Lehre, »daß Christus genug für uns getan habe, so daß unser Leiden für die Verwirklichung des Heils nicht mehr notwendig sei.« Folge ist nach Sölle, daß Beten als Ansprache Gottes bereits ein subversiver Akt in der Industriegesellschaft ist, in dem Menschen eine Sprache finden, mit der sie Wünsche, Schmerz und Glück ausdrücken.

Doch ist es notwendig, das Leiden anderer an der sozialen und politischen Unterdrückung ernst zu nehmen und nicht als fremdes Leid abzutun, um sich in die Lage zu versetzen, Veränderungen herbeizuführen: »Wir können das Leiden (...) schrittweise zurückdrängen und aufheben. Aber auf all diesen Wegen stoßen wir an Grenzen, die sich nicht überschreiten lassen. Nicht nur der Tod ist eine solche Grenze, es gibt auch Verdummung und Desensibilisierung, Verstümmelung und Verwundung, die nicht mehr rückgängig gemacht werden können. Die einzige Form des Überschreitens dieser Grenzen besteht darin, den Schmerz der Leidenden mit ihnen zu teilen, sie nicht allein zu lassen und ihren Schrei lauter zu machen.«

»Gott hat keine anderen Hände als die unseren«, schrieb Dorothee Sölle einmal und wagt als Mystikerin den Gedanken zu denken, daß der christliche Gott nicht nur die Menschen liebe, sondern auch ihrer handelnden Liebe bedarf. Friedenshandeln gehört für die Frau, die auch die Friedensbewegung wegen ihres Mangels an politischer Spiritualität und ihrer Gewöhnung an die strukturelle Gewalt der postmodernen Gesellschaft kritisiert, zu den vorrangigen Aufgaben. In ihrem Buch »Gewalt: Ich soll mich nicht gewöhnen« schreibt sie provozierend, daß sie nicht gewaltfrei sei. Denn der erste Schritt aus einer naiven Ablehnung der Gewalt und damit aus der Gewalt selbst ist nach ihrer Ansicht die Erkenntnis, durch die eigenen Lebenszusammenhänge an Zerstörung gefesselt zu sein. Der zweite Schritt ist die Gewißheit, daß Gewalt unterbrochen werden kann. Indem der Zwangsläufigkeit der Gewaltzusammenhänge ein klares Nein entgegengesetzt wird, etwa durch gewaltfreie Aktion, gelingt es, »das Netz für Augenblicke zu zerreißen, den Wind der Freiheit für Augenblicke zu spüren«.

Nicht ein Ende aller Konflikte ist ihr Ziel, sondern eine zeitweise Unterbrechung der Gewalt, wie sie Jesus Christus bei seiner Verhaftung vorgelebt hat. Grundlage dafür ist eine Ichstärke, eine spirituelle Kraft, die es erlaubt, auf Gewalt zu verzichten und das Risiko einzugehen, den Konflikt mit gewaltfreien Mitteln anzugehen. Hierzu gehört auch, daß die Mittel, die eingesetzt werden, um Gottes Werk zu vollenden, selber keine Gewalt beinhalten und so dem Ziel der Gewaltfreiheit nicht widersprechen. Dorothee Sölle knüpft bei diesen Gedanken an die urchristlichen Traditionen an, einer Fortsetzung der Pax Christi gegenüber der staatlichen Pax Romana, einem Frieden durch militärische Macht und Unterdrückung, und an franziskanische Modelle der Gewaltunterbrechung. Ihr Ziel ist es, heute der Gewöhnung an den Tod zu widerstehen.

Literatur

Dorothee Sölle, *Leiden.* Kreuz Verlag, Stuttgart 1973.

Dorothee Sölle, *Gott denken: Einführung in die Theologie.* Kreuz Verlag, Stuttgart 1990.

Dorothee Sölle, *Es muß doch mehr als alles geben: Nachdenken über Gott.* Verlag Hoffmann und Campe, Hamburg 1992.

Dorothee Sölle, *Mutanfälle.* Verlag Hoffmann und Campe, Hamburg 1993.

Dorothee Sölle, *Gewalt: Ich soll mich nicht gewöhnen.* Patmos Verlag, Düsseldorf 1994

Sölle, Dorothee. *Mystik und Widerstand: du stilles Geschrei.* Verlag Hoffmann und Campe, Hamburg 1997.

Desmond Tutu

Unparteilich, aber nicht neutral

»Es gibt einige bemerkenswerte Menschen, die glauben, daß niemand jemals Gewalt anwenden darf, selbst nicht gegen das schrecklichste Vergehen. Solche absoluten Pazifisten glauben, daß das Evangelium des Kreuzes es verbietet, daß irgend jemand das Schwert erhebt, wie gerecht die Sache auch immer sei. Ich bewundere solche Menschen sehr, muß aber bedauernd bekennen, daß ich aus weniger edlem Material gemacht bin.«

Bischof Desmond Tutu, 1984 mit dem Friedensnobelpreis für seinen gewaltfreien Einsatz gegen das Apartheidregime in Südafrika geehrt und nach der Demokratisierung seines Landes elf Jahre später zum Vorsitzenden der Wahrheitskommission ernannt, zeigte großes Verständnis für den bewaffneten Kampf des Afrikanischen Nationalkongresses für eine Befreiung der schwarzen Bevölkerungsmehrheit. Lange von den weißen Machthabern der Demagogie bezichtigt, setzt er sich heute für den Zusammenhalt des Landes und eine Aussöhnung der Bevölkerungsgruppen ein.

Desmond Mpilo Tutu wurde 1931 als Kind einer methodistischen Familie im südafrikanischen Transvaal geboren, die bald nach ihrem Umzug nach Johannesburg zum anglikanischen Glauben übertrat. Wie sein Vater wurde er zunächst Lehrer, legte das Lehramt jedoch nieder, als Apartheid-Gesetze im Erziehungssystem wirksam wurden, die schwarze Schüler benachteiligten. Theologische Studien folgten und als Dreißigjähriger wurde er von der anglikanischen Kirche zum Priester geweiht. Seit er 1976 Bischof im unabhängigen Bergkönigreich Lesotho wurde, verstummte seine regierungskritische Stimme nicht mehr. 1978 wurde er zum Generalsekretär des Südafrikanischen Kirchenrates berufen – wie die Presse zu sagen pflegt »auf den Feuerstuhl unter den kirchlichen Ämtern«, in einer »Arena, die die Engel zittern ließ«. Hier hatte er das Forum, von dem er zum Boykott des Apartheid-Regimes aufrufen und die Rassentrennung verurteilen konnte. Seiner kirchlichen Karriere tat das keinen Abbruch: Tutu wurde 1984 anglikanischer Bischof von Johannesburg, knapp zwei Jahre später wurde er zum Erzbischof von Kapstadt, d. h. zum Oberhaupt der anglikanischen Kirche im südlichen Afrika gewählt.

Der körperlich kleine Mann, dem zweimal der Paß entzogen wurde, sieht sich selbst als Quälgeist, der sich durch Direktheit und Sinn für Humor charakterisieren läßt. Während Desmond Tutu noch Ende der 80er Jahre die US-Regierung oder auch die Evangelische Kirche in Deutschland wegen ihres Schweigens zur südafrikanischen Politik kritisierte, verlagerte sich seine Arbeit immer stärker auf die Vermittlung und Ermöglichung von Verhandlungen mit der verbotenen Befreiungsbewegung Afrikanischer Nationalkongreß (African National Congress, ANC). Anfang 1987 traf er selbst mit ANC-Vertretern zusammen, die er durch die südafrikanische Politik in den bewaffneten Kampf gedrängt sah. Für diesen Kontakt mit »Terroristen« wurde er von der Regierung scharf kritisiert. Doch Tutu erwiderte, daß »die Moralität der meisten Weißen zur Gewalt sowohl selektiv als auch den eigenen Zielen verpflichtet« sei. In einer Situation, in der das legale Recht nicht mit dem moralisch Richtigen übereinstimme und die Bevölkerung durch strukturelle Gewalt unterdrückt werde, sei »es notwendig, Gott statt der menschlichen Autorität zu gehorchen«.

Tutu versteht seine kirchliche Position gleichzeitig als eine politische. Er gewinnt an Autorität und Überzeugungskraft dadurch, daß er sich ganz den Fragen von Gerechtigkeit und Wahrheit widmet, sich jedoch aus jeglicher Parteipolitik heraushält und sich auch nicht dafür benutzen läßt. Den ihm unterstellten Priestern untersagte er vor einigen Jahren die Mitgliedschaft in politischen Parteien, warb aber 1995 für eine möglichst breite Beteiligung an Wahlen. »Engagierte Theologie kann nicht neutral sein. Sie ist eine mit Leidenschaft betriebene!« lautete einer seiner Wahlsprüche.

Obgleich er den gewaltfreien Widerstand der schwarzen Bevölkerung gegen die Apartheidspolitik etwa durch Boykott-Maßnahmen bewunderte und die internationale Politik zur Unterstützung dieser Bestrebungen aufforderte, äußerte Tutu auch Zweifel an der Wirksamkeit von Gewaltfreiheit in der damaligen Situation: »Ich bin theologisch konservativ und traditionell. Die vorherrschende Haltung meiner Kirche zur Gewaltfrage ist diese: alle Gewalt ist schlecht – die Gewalt eines ungerechten Systems wie der Apartheid und die Gewalt derjenigen, die es umstürzen wollen. Darum haben wir *necklacing*[1] und Autobomben ebenso verurteilt wie Gewaltanwendungen der Regierung oder der Sicherheitsorgane. Das heißt jedoch nicht, daß die vorherrschende Tradition der Kirche nicht widerwillig zugibt, daß in gewissen Situationen Gewalt notwendig ist.« Tutu beruft sich auf Dietrich Bonhoeffers Beteiligung am Hitler-Attentat, warnt aber davor, daß fehlende Unterstützung für gewaltfreie Versuche einen Bürgerkrieg heraufbeschwören könnte.

Die heutige Situation nach der Abschaffung des Apartheid-Systems in Südafrika vergeicht Tutu gerne mit dem Auszug der Israeliten aus Ägypten: es sei keine einfache Zeit, und Zweifel am Versöhnungsprozeß müßten zugunsten einer Überwindung der in der Gesellschaft vorhandenen Gewalt zurückgestellt werden. Hoffnung gebe es durch den Glauben daran, daß auch Menschen, die Monströses verbrochen haben, zur Änderung fähig sind. Versöhnung sei aber nur im Zusammenhang mit Wahrheit erreichbar und nicht durch staatliche Verordnung, da nur die Opfer vergeben können.

Als Vorsitzender der Wahrheitskommission, die die Verbrechen der Vergangenheit aufzuklären versucht, nach rechtzeitigem Geständnis jedoch auch eine Amnestie in Aussicht stellt, zeigte sich Tutu als Unparteilicher. Als der regierende ANC eigene Mitglieder von der öffentlichen Anhörung ausnehmen wollte, drohte Tutu mit dem Rücktritt: »Wir bemühen uns, zur Wahrheit vorzudringen, um dieses Land zu heilen.« Desmond Tutu glaubt zwar nicht, daß Südafrika ein Patentrezept für den Frieden hat, aber ist doch zuversichtlich, daß es Hoffnung ausstrahlen könnte für Menschen in Konfliktregionen wie Nordirland oder Ruanda.

Literatur

»Gott ist nicht neutral«, in: Süddeutsche Zeitung, Magazin 7. Februar 1997.

Hendrik J. v. Pieterse (Hg.), *Desmond Tutu's Message.* Deutscher Studien Verlag, Weinheim 1996.

Desmond Tutu u.a., *Kap der besseren Hoffnung?* J. Horlemann Verlag, Bad Honnef 1994.

Desmond Tutu, *Gott segne Afrika. Texte und Predigten des Friedensnobelpreisträgers.* Rowohlt Verlag, Reinbek 1984.

1. Eine Lynchmordmethode in den südafrikanischen Townships.

Giasuddin Ahmed

Revolution der Herzen

Sein Vater wollte den 16jährigen Jungen nicht mehr in das Haus der Familie lassen, weil er den Imam einer Moschee kritisiert hatte. Seine Mutter verhinderte jedoch den Familienausschluß des jungen Giasuddin Ahmed. Im Wohnheim des College war er seit einiger Zeit mit den Schriften von Marx und Mao in Berührung gekommen und mit Freunden, die auf den Kampf gegen die Bourgeoisie setzten und sich davon die Befreiung des damaligen Ostpakistan versprachen.

Ostpakistan, das heutige Bangladesh, war bis 1971 die östliche Staatshälfte Pakistans. Bei der Teilung Indiens 1947 war dieser muslimische Teil Bengalens zu Pakistan gekommen, strebte jedoch bald in zunehmendem Maße nach Unabhängigkeit. Giasuddin Ahmed, 1952 geboren, erlebte Ende der 60er Jahre die Diskussionen über gesellschaftliche Utopien, die ihn sehr prägten.

1970 brach er sein gerade begonnenes Studium ab, weil der Befreiungskrieg gegen Pakistan begann. Giasuddin floh nach Indien, um sich der Unabhängigkeitsbewegung anzuschließen. Doch trotz seines Traumes von einem selbständigen Bangladesh schreckte er von der Brutalität des Krieges zurück und begann, als Freiwilliger in Flüchtlingslagern im indischen Westbengalen zu arbeiten. Hier war Giasuddin für die Verteilung von Essensrationen zuständig und lebte selbst unter extrem einfachen Bedingungen. Mit nur einer Schlafmatte und einem Satz Kleidung fühlte er sich frei und zufrieden. Noch vor Ende des Befreiungskrieges kehrte der 18jährige aus Sehnsucht nach seiner Mutter zurück nach Hause. Unter großen Gefahren überquerte er die Grenze.

Hoffnungslosigkeit bestimmte damals das Denken vieler junger Leute. »In dieser Zeit wurde ich vom Allmächtigen inspiriert. Ich gewann an innerer Kraft. In meiner Umgebung begann ich, junge Menschen dazu zu bewegen, ihr Leben wieder in die Hand zu nehmen. Ich gab mich meinen Gebeten noch mehr hin. Dann verstand ich, daß Beten tatsächlich wirkt.« Diese Erfahrung wurde für Giasuddin im Laufe seines Lebens zur Grundlage seines Friedensengagements. Angelerntes Wissen könne der Menschheit nicht aus ihrer gegenwärtigen Krise helfen, werde sogar zu Unterdrückung und Menschenrechtsverletzungen mißbraucht. In dieser Situation sei es notwendig, sich um Weisheit zu bemühen: »Ich muß mich selbst erkennen. Ich muß meinen Schöpfer und meine Mitmenschen kennen.« Wenn Menschen zu wahren Vertretern Allahs, Gottes werden, d. h. sich mit anderen Menschen identifizieren und Eigenschaften wie Güte, Vergebung und Gerechtigkeit praktizieren, dann erst seien sie bereit, wirksam gegen soziale und strukturelle Gewalt vorzugehen.

Dennoch setzte Giasuddin nach der Gründung des unabhängigen Staates von Bangladesh im Jahre 1971 sein Studium fort, das er 1975 als Magister der englischen Literatur abschloß. Danach arbeitete er 17 Jahre lang als Englischlehrer an verschiedenen Schulen. Bereits in seinen letzten Studienjahren wurde er Teil einer islamischen Gruppe, deren Mitglieder – ohne sich von den anderen Religionsgemeinschaften in Bangladesh abzugrenzen – den Islam studierten, ihre Erkenntnisse miteinander besprachen und sie in die gesellschaftliche Praxis umzusetzen versuchten. Als Lehrer wurde er von verschiedenen Organisationen gebeten, zu Themen wie Islam und Gewaltfreiheit zu sprechen. Giasuddin sah sich veranlaßt, sich ausführlicher mit dieser Frage zu beschäftigen. Im Jahre 1988 gründete er mit Angehörigen anderer Religionen die Organisation *Sampreeti* (dt.: Freundschaft) und wurde deren Vorsitzender.

Gesellschaftliche Praxis steht für Giasuddin im Vordergrund: »Persönlich glaube ich nicht daran, meine Überzeugung verteidigen zu müssen. Als Muslim glaube ich, daß die Praxis des Islam im wirklichen Leben in allen Bereichen und in Zusammenarbeit mit allen Menschen den Glanz der Gewaltfreiheit widerspiegeln wird.« Immer mehr Bücher oder Organisationsgründungen würden die Jugend nur frustrieren, denn an praktischem Handeln und der Umsetzung spiritueller Ideale fehle es heute, meint Giasuddin. Seit 1992 widmet er sich ganz der Arbeit in der Graswurzelorganisation Sampreeti.

Sampreeti veranstaltet gemeinsame Bildungsprogramme von Muslimen, Buddhisten, Christen und Hindus und versucht so »kommunalen Tendenzen« entgegenzuwirken, d. h. der Gewalt zwischen Angehörigen unterschiedlicher Religionsgemeinschaften[1]. Doch Friedensarbeit wäre sinnlos im Kontext von Bangladesh, wäre sie nicht mit wirtschaftlichen Programmen verbunden. Einkommen schaffende Maßnahmen sollen z. B. insbesondere auch den Frauen eine stärkere Beteiligung am wirtschaftlichen Leben des Landes ermöglichen. Sampreeti greift auf die Religion, die in Südasien tief verwurzelt ist, zurück, um die materielle und spirituelle Entwicklung der Menschen zu fördern. Giasuddin hat sich befremdet über die Tatsache geäußert, daß religiöse Führer ihr Wissen »aufgrund mangelhafter Auffassungsgabe, auf falschem Glauben beruhender Interpretation oder fehlender Spiritualität« mißbrauchen. Gerade die Urteilssprüche gegen Frauen in einigen Gegenden Bangladeshs seien Beispiele dafür. Daher gehören Fortbildungen in Friedenserziehung und Gespräche, zu denen sie Geistliche, Lehrer und Dorfräte einladen, zum Programm der Organisation.

Die spirituellen Grundlagen der Friedensarbeit kultivieren, für Güte eintreten, auf familiärer Ebene Austausch praktizieren, wohlmeinende Menschen in der Gesellschaft organisieren und weiterbilden – so lauten Giasuddins Empfehlungen für eine islamische Praxis der Gewaltfreiheit. Hinzu kommt das soziale Engagement: »Geh zu den Armen. Lebe mit ihnen. Arbeite an den Graswurzeln. Kenne die Probleme der Armen, hilf ihnen, ihr Leben aufzubauen, ermutige sie und mache ihnen ihre eigene Kraft bewußt.« Giasuddin ist davon überzeugt, daß ein Erwachen der Menschen an der Basis schließlich auch die Intellektuellen und Reichen dazu bewegen wird, für den Schutz grundlegender Menschenrechte und für die Wahrung von Gerechtigkeit einzutreten.

Um diese Grundsätze leben zu können, sind Überzeugung und spirituelle Kraft notwendig. Giasuddin zitiert den Koran:

»Nicht gleich sind die gute und die schlechte Tat. Wehre mit einer Tat, die besser ist, da wird der, zwischen dem und dir eine Feindschaft besteht, so, als wäre er ein warmherziger Freund. Aber dies

1. Unter »Kommunalismus« versteht man in Südasien die Trennung verschiedener religiöser Gruppen (engl.: *community*), die ihre eigene Identität in z.T. gewalttätiger Abgrenzung zu anderen durchzusetzen versuchen.

wird nur denen verliehen, die geduldig sind, ja es wird nur dem verliehen, der ein gewaltiges Glück hat.« (Sure 41, 34-35)

Ein Mensch, der dies erreicht habe, meint Giasuddin, sei wirklich frei und mit dieser Kraft könne die Gewalt in »einer stillen, aber mächtigen Revolution der Herzen« beendet werden. Auch wenn dieses Ziel sehr fern erscheint, hat Giasuddin heute mehr begründete Hoffnung als zu Zeiten des bengalischen Befreiungskrieges: »Menschliches Handeln ist nicht vergeblich. Frieden zu suchen ist Frieden zu erlangen. Frieden ist heute nicht überall verwirklicht, aber er ist möglich. Da ist Licht.«

Mohammed Arkoun

Kritischer Humanist des Islam

»Ich rede von konkreten Dingen. Ich bin kein Intellektueller in einem Wolkenkuckucksheim, sondern verlange, daß die Rechte der kritischen Vernunft zur Politik erhoben werden.«

So charakterisiert sich der seit drei Jahrzehnten in Europa lehrende Prof. Mohammed Arkoun, der 1928 in Taourint-Mimoun in der Großen Kabylei Algeriens geboren wurde. Weil es diese von ihm verlangte Politik jedoch nicht gebe, werden kritische Schriften in der muslimischen Welt nicht gelesen, und auch in Europa sei das Interesse daran, den Islam anders als in gerade gängigen Kategorien wahrzunehmen, gering. Daher sei es notwendig, sich beständig für Freiheit einzusetzen.

Von 1950 bis 1954 studierte Mohammed Arkoun in Oran und Algier, später an der Sorbonne in Paris. 1969 erwarb er den Doktortitel. Im Verlaufe seiner Lehr- und Forschungstätigkeit in Lyon, Paris, Los Angeles, Rom, Leuwen, Princeton und Amsterdam arbeitete er sowohl zur islamischen Tradition als auch zu Problemen moderner muslimischer Gesellschaften. Beides gehört für Prof. Arkoun zusammen. Zur Erneuerung der muslimischen Gesellschaften sei es notwendig, sich kritisch mit Methoden der modernen Linguistik und Kulturanthropologie mit den klassischen Texten des Islam auseinanderzusetzen. »Denn die Muslime von heute kennen ihr eigenes Denken selber nicht, wissen nichts von ihrer eigenen Zivilisation in der wichtigen Zeit vom siebten bis zum 13. Jahrhundert, als das arabische Denken sogar für die Europäer den geistigen und kulturellen Bezugsrahmen bildete.«

Das Verhältnis zwischen Europa und der muslimischen Welt sieht Mohammed Arkoun bis heute vom Kolonialismus geprägt. Tiefe Spuren habe die Kolonialherrschaft im Nahen Osten und in Nordafrika vor allem durch die Bildung von Nationalstaaten hinterlassen, in denen Eliten herrschen, die von der breiten Bevölkerung nicht getragen werden und die ihr auch nicht die Sicherheit bieten können, die sie versprechen. Prof. Arkoun kritisiert daher das Modell des Nationalstaates als ungeeignet insbesondere für die mediterranen muslimischen Gesellschaften, in denen die Entwicklung einer bürgerlichen Gesellschaft durch die Kolonisierung unterbrochen wurde. Gleichzeitig kritisiert er den Westen und besonders die europäischen Staaten, daß sie sich mit den Regierungen, die nach der Unabhängigkeit dieser Staaten entstanden sind, arrangiert haben und sie künstlich stützen. Aus Sorge um wirtschaftliche (Erdöl) und geopolitische Interessen (Israel) arbeite der Westen mit Diktaturen, die die Menschenrechte verachten, gut zusammen, lasse demokratische Bewegungen, die an das islamische Erbe dieser Gesellschaften anknüpfen, jedoch unbeachtet.

Daher sei es kein Wunder, daß eine überwiegend junge Bevölkerung in Nordafrika oder im Nahen Osten den Islam als letzte Zuflucht ansehe. Islam sei für sie Ausdruck einer Hoffnung, trotz der europäischen Übermacht am politischen Geschehen teilzuhaben. Diese Bewegung verwende den Islam jedoch überwiegend als Quelle politischer Slogans, ohne sich aber mit den theologischen oder spirituellen Inhalten der Religion auseinanderzusetzen. Islam wird zur Mythologie, indem das Zeitalter seiner Gründung als Ort der Wahrheit und Gerechtigkeit hochstilisiert wird. Für eine kritische Auseinandersetzung mit den Werten, die von der Urzeit des Islam bis heute an gesellschaftliche Akteure gebunden seien, werde weder von den westlich gestützten Regimen noch im Westen selber Raum gelassen.

Durch diese Analyse der gegenwärtigen Situation ist Mohammed Arkoun bedeutsam für die Entwicklung gewaltfreien Denkens im Islam. Seine Arbeit – motiviert von dem Wunsch, Wege zur Befreiung aufzuzeigen – setzt sich immer wieder mit der Gewaltfrage auseinander und beschreibt Methoden, diese vor dem Hintergrund islamischen Denkens zu verstehen. Denn für Mohammed Arkoun bedeutet Menschsein grundsätzlich das Vorhandensein von Konflikten und Machtwillen. Der Koran sei existentielles Wort, d. h. er spiegele den Umgang mit diesen Realitäten, jedoch auch mit der Hoffnung als »existentieller menschlicher Dimension« wider. Aus diesem Grunde stünden Texte nebeneinander, die einerseits von einer tiefen pazifistischen Haltung zeugen, andererseits unerträgliche Gewalt beschreiben. Arkoun sieht das unter anthropologischen Gesichtspunkten als allgemein menschliches Problem, denn »die Gewalt besteht immer neben dem Heiligen.«

Während die europäische Moderne Säkularismus und Laizismus gefördert habe – also die Trennung der religiösen Sphären von der Politik –, sei es nun notwendig, daß eine Politik betrieben werde, die religiöse Werte pflegt: »Suche nach Sinn heißt Mithineinnehmen der geistlichen, der inneren, der den Menschen gestaltenden Werte, die der Person Heiligkeitscharakter geben.« Dabei setzt Mohammed Arkoun immer noch große Hoffnungen auf Europa, den Ort, wo Meinungsfreiheit und kritische Diskussion heute faktisch möglich seien. Europa habe die Verantwortung dafür, den Diskurs wieder herzustellen, zu untersuchen, warum es zu den Konflikten zwischen der abendländischen und der muslimischen Welt gekommen ist, warum der Humanismus versagt hat.

Die Möglichkeit der Befreiung der muslimischen Gesellschaften von europäischer Vorherrschaft und einheimischen Diktaturen schätzt Mohammed Arkoun unter den gegebenen Machtverhältnissen realistischerweise als gering ein. Ohne eine umfassende Revolution werde es wohl nicht gehen. Denn die entstehende Zivilgesellschaft, von der eine Demokratisierung ausgehen könnte, wird von den Regierungen vor allem als bedrohlich angesehen.

Doch er denkt dabei nicht nur an die Befreiung der Muslime. Auch für das christliche Europa liege in einer breiteren öffentlichen Wahrnehmung der Vertreter und Vertreterinnen des liberalen Islam z. B. in Nordafrika eine Chance: »Es gibt einen solchen islamischen Humanismus, er existiert. Wer spricht von ihm? Wer erteilt einer Stimme das Wort, um dies auszudrücken? So könnten wir einen neuen Raum öffnen für Solidarität, die uns hilft, die Geschichte der nächsten Jahrzehnte gemeinsam zu bewältigen.«

Literatur

Mohammed Arkoun, »*Für eine Kritik der islamischen Vernunft*« Interview in: Die Zeit, Nr. 29, 10.7.1987.

Mohammed Arkoun, »*Qui est dangereux, l'Islam ou l'Occident?*« in: Alternative Non Violentes: Violence et Non-Violence en Islam, Nr. 83, 1992.

Stiftung Entwicklung und Frieden (Hg.), *Entwicklung, Kulturen, Frieden: Visionen für eine neue Weltordnung; Gespräche und Standpunkte.* Stiftung Entwicklung und Frieden, Bonn 1996.

Farid Esack

Stimme der Toleranz und des Dialogs

Farid Esack saß mit einem befreundeten Christen in seinem Zimmer und diskutierte die politische Lage. Es war Abend und während seiner Studienjahre in Pakistan. Die beiden bekamen Besuch von Haji Bhai Padia, dem Führer der Tablighi-Gemeinschaft[1], der sich Esack seit seiner Jugend zugehörig fühlte. Bhai Padia forderte Esacks Gast, den engagierten Christen, sehr zum Entsetzen von Farid Esack auf, das islamische Glaubensbekenntnis auszusprechen. Esack, für den das Eintreten für Gerechtigkeit entscheidend war und ist, geriet in Konflikt mit dem konservativen Weltbild seiner Organisation.

»Oh ihr, die ihr glaubt, wenn ihr Gott unterstützt, unterstützt Er euch und festigt eure Schritte« (Koran 47,7). Dieses Koranwort begleitete Farid Esack durch seine schwierige Kindheit in Südafrika und war ihm Motivation genug, Gott bei seinem gerechten Kampf auf der Seite der leidenden Bevölkerung zu unterstützen – Esacks Ausweg aus der Unterdrückung durch die Politik der Apartheid. So trat er bereits als neunjähriger Junge der internationalen islamischen Erneuerungsbewegung Tablighi Jama'ah bei und blieb zehn Jahre in dieser Organisation. »Gott unterstützen« bedeutete für ihn wie für andere in diesen Kreisen damals »Gottes Religion unterstützen«. Diese Weltsicht, entstanden in einer Situation, in der Religion ein wichtiger Faktor im

1. Internationale islamische Erneuerungsbewegung, besonders in Südasien.

Überlebenskampf entwurzelter Bevölkerungsgruppen war, kam erst mit der oben geschilderten Schlüsselszene in Pakistan ins Wanken.

Farid Esack wurde 1958 als sechster Sohn einer alleinerziehenden Fabrikarbeiterin im südafrikanischen Wynberg geboren. 1961 wurde das von der Familie bewohnte Viertel zum »weißen« Wohngebiet erklärt, weshalb sie zwangsweise in eine farbige Township in der Kapprovinz umsiedeln mußten. Dort wuchs Farid Esack in großer Armut auf und schloß seine Schulausbildung in einer christlich geführten Schule ab. 1968 wurde er zum ersten Mal von der südafrikanischen Polizei wegen Teilnahme an Protesten verhaftet. Als Kind half er beim Bau einer neuen Moschee in der Siedlung, was ihn zu seinem Entschluß inspirierte, anschließend für acht Jahre nach Pakistan zu ziehen, um die islamische Religion zu studieren.

Die Erfahrung, Teil einer unterdrückten Minderheit zu sein, aber auch die einer solidarischen Gemeinschaft, die die Grenzen von Religionsgemeinschaften überschreitet, beeinflußten ihn, bevor er Südafrika verließ. In Pakistan kam Farid Esack dann mit christlichen Organisationen in Kontakt, die gegen das Elend in den Außenbezirken von Karachi angingen. Besonders beeindruckte ihn das Engagement einer Gruppe junger pakistanischer Christen mit dem Namen »Breakthrough« (Durchbruch), die ihn in seiner eigenen Religiosität herausforderten. Der Austausch mit ihnen, schreibt er Jahre später, trug viel dazu bei, seinen eigenen Glauben als Muslim zu stärken und zu erhalten – in einer Zeit, in der er an derselben Hochschule studierte wie manche derjenigen, die später die Taliban in Afghanistan anführen sollten. Viele Mitglieder der Muslimischen Studentenvereinigung, der Esack angehörte, waren für ihn jedoch eher Beispiel dafür, daß die vollkommene Identifikation mit dem Islam dennoch nicht sicherstellt, daß der Glaube das eigene Innere berührt.

In dieser Zeit formte sich Esacks eigener Zugang zum Islam: »Ich glaube, es gibt einen Weg zwischen dem entmenschlichenden Fundamentalismus und versteinertem Traditionalismus. Das ist der Weg eines radikalen Islam, der sozialer Gerechtigkeit, persönlicher Freiheit und der Suche nach dem Transzendenten jenseits aller institutionalisierten religiösen und dogmatischen Konstruktionen verpflichtet ist. Ein Islam, der uns herausfordert, unseren Glauben nach persönlichen und sozialen Kategorien zu untersuchen.« Nach seiner Rückkehr nach

Südafrika 1982 als islamischer Theologe entwickelte er diese Gedanken im Austausch mit anderen weiter und gründete 1984 die Organisation »Call of Islam« (Ruf des Islam), die sich dem politischen Ausdruck des Islam in bezug auf Befreiung von der Apartheid, Geschlechtergleichheit, Umweltfragen und religiöser Pluralität verpflichtete. Als Koordinator dieser Organisation arbeitete er in einer Reihe von Netzwerken mit, die auf die Abschaffung der Apartheid hinwirkten, und trat mit anderen religiösen Organisationen in Austausch. Dieses Interesse am interreligiösen Dialog brachte ihn in Kontakt mit der Weltkonferenz der Religionen für den Frieden, an der er seither in verschiedenen nationalen und internationalen Funktionen mitwirkte. Mit weiteren Studien islamischer und christlicher Theologie in England und Deutschland vertieft er seit 1990 seine wissenschaftlichen Kenntnisse. Dennoch hat er weder seine publizistische noch seine politische Tätigkeit aufgegeben – Nelson Mandela ernannte ihn im befreiten Südafrika zum Kommissar für Geschlechtergleichheit. Denn in einer Zeit, in der ein großer Teil der muslimischen Jugend auf der Suche nach der aktuellen Bedeutung ihrer Religion ist, will Esack die Stimmen für Toleranz und Menschenrechte stärken.

Farid Esack bezeichnet die Verantwortung, zum Unrecht nicht zu schweigen als *fard kifayah* als eine jener islamischen Pflichten, die einer Gemeinschaft auferlegt sind, wie z. B. die Gebete bei einer Beerdigung. Er wehrt sich jedoch gegen die Trennung von persönlicher und gesellschaftlicher Moral: »Wir haben gelernt, daß die persönliche Überzeugung vom Guten das Wesentliche ist: wenn ich fromm bin und ein Leben frei von (unmoralischen) Taten lebe, dann werde alles um mich herum gut werden. Die Wahrheit ist, daß meistens diese Taten nur Auswüchse oder Folgen eines ganzen Systems von Ausbeutung und Unrecht sind. Persönliche Moral in diesem System oder ohne das System und seine Verfechter in Frage zu stellen, macht wenig Sinn.«

Ebensowenig islamisch sei es, schnell die Beziehung zu gesellschaftlichen Gruppen abzubrechen, die das Unrecht in der Gesellschaft stützen. Im Koran werde darauf hingewiesen, daß in diesem Falle der Charakter der Beziehung geändert werden müsse, »weil wir die Pflicht haben, uns mit ihnen einzulassen – ein Einlassen auf die Auseinandersetzung.« Allerdings werde damit keine blinde Reaktion befürwortet, die durch die ungerecht Handelnden geprägt werde. Muslime haben die Freiheit der Wahl, ihr Handeln im Vertrauen auf Gott selbst zu bestimmen, wie der Prophet Mohammed nach seinem Mißerfolg in der Stadt Taif zeigte. So niedergeschlagen er wegen seiner brutalen Vertreibung durch die Bürger von Taif auch war, er übernahm die Verantwortung für seine eigenen Gefühle und richtete sein weiteres Verhalten nach anderen Maßstäben aus. Esack verweist auf diese Episode aus dem Leben des Propheten und betont die individuelle Freiheit, sich der gesellschaftlichen Verantwortung zu stellen.

Um das leisten zu können – Esack betont immer wieder seine eigene Unvollkommenheit angesichts dieser Ansprüche –, ist es notwendig, sich den Zugang zu sich selber, zu den eigenen heilenden Kräften zu erhalten, wie der Prophet, der für lange Perioden in die Einsamkeit ging, um mit sich und Gott allein zu sein, damit er sich nicht selbst zerstöre. Dann ist es möglich, die unserer kapitalistisch-wissenschaftlich geprägten Welt eigene Trennung der Menschen voneinander, die Unfähigkeit, eigene und fremde Gefühle wahrzunehmen und zu kommunizieren, zu überwinden, um dort zuzuhören, wo Unterstützung notwendig ist. Denn gegenseitige Solidarität statt urteilender Selbstgerechtigkeit sei nötig, um die eigene Integrität als Mensch zu erhalten, so betont Esack.

Literatur

Farid Esack, Qur'an, Liberation and Pluralism: An Islamic Perspective of Interreligious Solidarity Against Oppression. Oneworld, Oxford 1997.

Farid Esack, »Esack's Corner«, ständige Kolumne in: As-Salamu 'Alaykum. Muslim Peace Fellowship, Nyack, New York, Nov. 1995 – 1998.

Khan Abdul Ghaffar Khan

Diener Gottes

»Ich gelobe in Ehrlichkeit und Wahrhaftigkeit, ein wahrer Diener Gottes zu werden. Ich werde meinen Besitz, mein Leben und meinen Wohlstand für die Freiheit meiner Nation und meines Volkes opfern. Ich werde niemals an Spaltung, Haß oder Eifersucht in meinem Volk teilhaben und werde auf der Seite der Unterdrückten gegen die Unterdrücker stehen. Ich werde nicht Mitglied irgendeiner anderen rivalisierenden Organisation werden, noch werde ich in einer Armee dienen. Ich werde allen legitimen Befehlen meiner Vorgesetzten immer Folge leisten. Ich werde im Einklang mit den Prinzipien der Gewaltfreiheit leben. Ich werde allen Geschöpfen Gottes gleichermaßen dienen und mein Ziel wird es sein, Freiheit für mein Land und meine Religion zu erlangen. Ich werde mich immer darum bemühen, das zu tun, was richtig und gut ist. Ich werde niemals irgendeine Belohnung für meinen Dienst verlangen. Mein ganzes Bemühen soll sein, Gott zu gefallen, nicht Zurschaustellung oder Gewinn.«

Jedes Mitglied der sogenannten Khudai Khidmatgar, der »Diener Gottes«, hatte dieses Gelübde unterschrieben. Organisator der Gruppe, die in den 30er Jahren gegen die britische Kolonialregierung im Nordwesten Indiens vorging, war der muslimische Pathane Abdul Ghaffar Khan.

Im Jahre 1890 wurde Abdul Ghaffar Khan als Angehöriger des Volksstammes der Pathanen geboren, die große Teile von Afghanistan und die Nordwest-Provinz von Britisch-Indien bewohnten. Während das benachbarte Afghanistan nach innerer Einigung bereits 1919 unabhängig wurde, blieben die Pathanen Teil der strategisch wichtigen Nordwest-Provinz des Kolonialreichs. Sein älterer Bruder war schon früh in der Politik der Unabhängigkeitsbewegung engagiert. Doch Abdul Ghaffar Khan ging andere Wege. Bereits als Jugendlicher entschloß er sich, Gott durch soziale Reformen und Bildungsarbeit zu dienen. 1929 gründete er die Khudai Khidmatgar als Unterorganisation einer bereits seit 1926 bestehenden lokalen politischen Partei. Die Khudai Khidmatgar gewannen immer stärker eigene Bedeutung, während sich die Khan-Brüder in den folgenden Jahren der Politik des Indischen Nationalkongresses zuwandten.

Als bekannt wurde, daß unter den muslimischen Pathanen eine mit gewaltfreien Mitteln aktive Gruppierung entstanden war, regte sich nicht nur bei den Engländern Erstaunen. In ganz Indien waren die Volksstämme der Grenzregion und ganz besonders die Pathanen für ihre Wildheit und Zügellosigkeit bekannt. Sie galten als immer bewaffnet, grundsätzlich zu Gewalttaten bereit und kaum kontrollierbar. Zwar gab es auch in der gewaltfreien Bewegung Mahatma Gandhis einige Muslime, doch war bislang keine sich auf den Islam gründende gewaltfreie Bewegung bekannt geworden. In der nun entstandenen pathanischen Befreiungsbewegung verpflichteten sich ihre Mitglieder, Gewaltfreiheit nicht nur als politische Taktik, sondern als Lebensprinzip zu befolgen. Dabei nutzte Abdul Ghaffar Khan durchaus erfolgreich kulturelle Ideale der Tapferkeit und Aufopferung, um die Mitglieder der Gruppe zu motivieren. In einem Gespräch mit einem Muslim antwortet er auf Kritik: »Er kritisierte mich stark und sagte, daß ich den Geist des Islam unterminiere, wenn ich den Pathanen Gewaltfreiheit predige. Ich sagte ihm, er wisse nicht, was er sage und daß er das nicht sagen würde, wenn er mit eigenen Augen die wunderbare Transformation gesehen hätte, die die Idee der Gewaltfreiheit inmitten der Pathanen bewirkt hat und die ihnen eine neue Vision von nationaler Solidarität gegeben hat. Ich zitierte Absätze und Verse aus dem Koran, um die große Bedeutung aufzuzeigen, die der Islam dem Frieden beimißt. Er ist sein zentraler Kern. Ich zeigte ihm weiterhin, daß die größten Persönlichkeiten in der islamischen Geschichte eher durch ihre Entbehrungen und ihren Verzicht bekannt wurden als durch ihre Brutalität.«

Abdul Ghaffar Khan, der wegen seiner gewaltfreien Organisationsfähigkeit auch »Grenz-Gandhi« genannt wurde, begründete den Einsatz für das Wohl aller Kreaturen und für die Freiheit der Unterdrückten spirituell – wie Gelübde und Name der Organisation zeigen – mit dem Bemühen, Gott zu gefallen und zu dienen. Hier kommt eine mystische Haltung des Islam zum Ausdruck, die im zentralen Asien immer wieder formuliert und durch Wanderprediger in den indischen Subkontinent getragen wurde: handeln, um Gott zu gefallen. Auch ein entbehrungsreicher asketischer Lebensstil gehört zum kulturellen Erbe der mystischen Dichter und Prediger der Region.

Die Khudai Khidmatgar, auch »Rothemden« genannt, waren hierarchisch organisiert. Bemerkenswert ist jedoch in ihrem Gelübde die Einschränkung, daß sie zwar den Anordnungen ihrer Vorgesetzten Folge leisten würden, jedoch nur den legitimen. Ein Jahr nach ihrer Gründung hatte die Organisation bereits 500 Mitglieder. Im Jahr 1930 begann Gandhi seine wohl wichtigste Kampagne, den Salzmarsch, mit dem er über die Entlarvung ungerechter kolonialer Gesetze die Engländer dazu bewegen wollte, der politischen Selbstbestimmung Indiens zuzustimmen. Parallel dazu fanden Aktionen gegen Alkoholläden und Streiks statt. Besonders viel Unterstützung fand die Bewegung in der pathanischen Provinzhauptstadt Peschawar. Abdul Ghaffar Khan organisierte mit den Rothemden den Widerstand, sprach unermüdlich auf Kundgebungen und wurde schließlich in der zweiten Aprilhälfte verhaftet.

Die Verhaftung des Badschah Khan, wie Abdul Ghaffar von Freunden genannt wurde, löste einen Sturm der Entrüstung und weitere Demonstrationen aus, die die Kolonialtruppen mit Gewalt beenden wollten. Pathanische Frauen beteiligten sich an den Aktionen und stellten sich den Soldaten entgegen. Am 23. April 1930 verweigerten mit indischen Soldaten besetzte Eliteregimenter den Befehl der Kolonialverwaltung, weiterhin in die unbewaffnete Menge zu schießen – und wurden abgezogen. Die Khudai Khidmatgar übernahmen die Herrschaft in Peschawar und errichteten innerhalb weniger Tage eine parallele Verwaltung mit eigenem Steuersystem. Neun Tage dauerte die kurze Erfahrung der Freiheit – dann setzte unter eilig herbeigerufenen weißen Truppen eine große Repressionswelle ein. Abdul Ghaffar Khan blieb lange im Gefängnis und durfte auch nach seiner Freilassung zunächst nicht in seine Heimatregion zurück. 1936 schrieb Gandhi im Vorwort zu einer Biographie des pathanischen Freiheitskämpfers: »Herr Abdul Ghaffar Khan scheint ein wirklicher Fakir[1] zu sein. Ich sehe diesen Charakterzug in den Briefen, die er aus dem Gefängnis schrieb. Von Tag zu Tag wurde seine Selbstverleugnung größer und das Gedenken an Gott in seinem Herzen tiefer.«

Gandhi, der die Nordwestprovinz besuchen wollte, erhielt erst 1938 eine Genehmigung dafür. Zu dem Zeitpunkt waren die Khudai Khidmatgar vor allem durch ländliche Unterstützung auf beinahe 100 000 Mitglieder angewachsen. Dementsprechend bemühte sich die Organisation in wachsendem Maße auch um soziale Reformen. Dies verschaffte den Khudai Khidmatgar eine starke Basis, den Indischen Nationalkongreß in seinen Verhandlungen für die Einheit Indiens zu unterstützen. Nur widerstrebend wurde die Nordwest-Provinz bei der Teilung des Subkontinents Teil von Pakistan.

Noch in den Monaten vor der Unabhängigkeit Indiens, als Anfang 1947 Unruhen zwischen Hindus und Muslimen in vielen Gebieten In-

1. D. h. ein muslimischer Mystiker und Asket, H.B.

diens Menschenleben forderten, beteiligte sich Abdul Ghaffar Khan an Aktionen, Frieden im Land herzustellen. Aus Bihar und Bengalen, wo er mit Gandhi und anderen Aktiven der gewaltfreien Bewegung zu Fuß von Dorf zu Dorf zog, wird berichtet, daß Abdul Ghaffar Khan durch seine Körpergröße wie auch durch seine Authentizität beeindruckte. Er erinnerte die Politiker der Muslim League[2], daß es ihre Pflicht als Muslime sei, Toleranz zu verbreiten. An Gandhi schrieb er, daß er Politik zu verabscheuen beginne, wenn im Namen von Religion Haß verbreitet werde. In Patna, der Hauptstadt von Bihar, sagte er auf einem interreligiösen Treffen: »Indien erscheint heute als ein Inferno der Verrücktheit. Mein Herz weint, wenn ich sehe, wie unsere Häuser von uns selbst angezündet werden. Heute sehe ich Finsternis über Indien herrschen und meine Augen wenden sich vergeblich zu allen Seiten, um Licht zu erblicken.«

Nach der Teilung des Subkontinents in Indien und Pakistan verlor Abdul Ghaffar Khan schnell seine herausragende politische Bedeutung. Die Khudai Khidmatgar wurden von der pakistanischen Regierung verfolgt, und Abdul Ghaffar Khan, der Zusammenarbeit mit Indien und mit den Hindus bezichtigt, mußte noch einmal für 15 Jahre ins Gefängnis. Er starb am 21. Januar 1988 und wurde auf eigenen Wunsch in Afghanistan beigesetzt.

Literatur

Joan V. Bondurant, *The Conquest of Violence: The Gandhian Philosophy of Conflict.* Princeton University Press, New Jersey 1958.

Narayan Desai, *The Fire and the Rose.* Navajivan Publ. House, Ahmedabad 1995.

Glenn D. Paige, Chaiwat Satha-Anand und Sarah Gilliatt (Hgg.), *Islam and Nonviolence.* Centre for Global Nonviolence Planning Project, Honolulu 1993.

Robert C. Johansen. *»Radical Islam and Nonviolence: A Case Study of Religious Empowerment and Constraint Among Pashtuns«*, in: Journal of Peace Research, Vol.34, Nr.1, 1997, S.53-71.

Pyarelal, *Mahatma Gandhi. The Last Phase.* Vol.I, Book Two. Ahmedabad: Navajivan Publ. House 1956.

2. Politische Partei vor allem der muslimischen Großgrundbesitzer, die im Gegensatz zum Indischen Nationalkongreß und unter der Führung von M.A.Jinnah ein unabhängiges Pakistan anstrebte und durchsetzen konnte.

Fatema Mernissi

Grenzen überwinden

»Man kann nicht länger die Einbildungskraft verbieten, die Freiheit, nachzudenken oder sich etwas vorzustellen, denn sie ist der Ort der Erfindungen, die Quelle des Reichtums im elektronischen Zeitalter! Hier muß die große Kulturdebatte stattfinden, die anzunehmen und vor allem zu lösen die Muslime gefordert sind.« Fatema Mernissi hat diese Kulturdebatte eingeleitet mit ihren Schriften, ihren Vorträgen und vor allem mit ihrer ständigen Bereitschaft zum Dialog – in Europa wie auch in ihrer Heimat Marokko. Sie wurde damit zur bekanntesten Wissenschaftlerin, Schriftstellerin und Feministin des nördlichen Afrika.

Fatema Mernissi wurde 1940 in eine wohlhabende bürgerliche Familie geboren, die in der Altstadt, der Medina der marokkanischen Königsstadt Fès wohnte. Dort wuchs sie im Harem der Großfamilie, dem abgeschlossenen Raum der Frauen und Kinder, auf – eine Erfahrung, die sie in ihrem Buch »Der Harem in uns« beschreibt und die ihr Denken bis heute beeinflußt. Ihr Vater stand der nationalistischen Bewegung nahe, die die Unabhängigkeit Marokkos von Frankreich und Spanien erreichen wollte. Daher gehörten Polygamie und Sklaverei in ihrer Familie der Vergangenheit an und Bildung wurde als Ideal hochgehalten. Fatema Mernissi lernte zunächst in einer Koranschule, besuchte dann die Schule und studierte später als eine der ersten 37 Frauen des Landes zunächst an der Universität von Rabat, dann in Paris und Massachusetts. Heute ist sie Professorin für Soziologie in Rabat und seit 1973 Beraterin der UNESCO zur Situation muslimischer Frauen.

Zu den Vorbildern ihrer Kindheit gehört Scheherazade, die Geschichten erzählende Prinzessin aus Tausendundeiner Nacht. »In unserem Teil der Welt gilt Scheherazade als eine mutige Heldin, und sie ist eine unserer wenigen weiblichen mythischen Gestalten. Scheherazade ist eine große Strategin und mitreißende Denkerin, die ihre psychologische Kenntnis der Menschen nutzt, um sie zu beflügeln und zu ermutigen.« Witz, Phantasie und Erzählkunst gehören auch zu den Eigenschaften, die Fatema Mernissi auszeichnen und mit denen sie die Rechte der Frauen erstreiten sowie Modelle für ein Überleben der arabischen Gesellschaften aufzeigen will.

Die Grenzen des familiären Harems, die kulturelle und politische Bedeutung von Grenzen überhaupt, beschäftigen Fatema Mernissi seit ihrer Kindheit. Zwar war die Auffassung der Frauen, von denen sie als heranwachsendes Mädchen umgeben war, widersprüchlich in bezug auf den Harem. Doch boten ihre Mutter und eine geschiedene Tante Modelle für Widerstand gegen diese Institution. Am stärksten hat der Schleier, den städtische Frauen in Marokko in ihrer Jugend langsam abzulegen begannen, für Fatema Mernissi symbolische Bedeutung erlangt. Im Gegensatz zu einer islamischen Tradition, die die Würde und politische Stellung der Frau durch das Tragen des Schleiers betont, sieht sie im modernen Schleierzwang das Bestreben krisengeschüttelter Systeme, die Frauen unsichtbar und stumm zu machen.

Doch Schleier sieht Fatema Mernissi nicht nur in der arabischen Welt am Werk. Berühmtestes Beispiel war für sie die Berliner Mauer, manifester Ausdruck des »Eisernen Vorhangs« – und »Vorhang« wird im Arabischen mit dem gleichen Wort übersetzt wie Schleier. Die Ausgrenzung von Flüchtlingen wie auch rassistisches Denken in Deutschland sind nach ihrer Auffassung ähnliche Phänomene von Grenzziehungen. Diese Grenzen werden zum eigenen Schutz errichtet, um Stabilität und Sicherheit zu gewährleisten.

Mit dem Fall der Berliner Mauer und dem Ende der sozialistischen Diktaturen in Osteuropa, analysiert Fatema Mernissi, verbanden sich für viele Menschen Hoffnungen darauf, daß die Rechtfertigung politischer Gewalt ein Ende haben und ein neues Zeitalter der Demokratisierung anbrechen würde. Doch bereits wenige Monate später zerbrachen diese Hoffnungen am Golfkrieg, gerechtfertigt von der Instanz, die am meisten mit den Werten der Freiheit und Selbstbestimmung verbunden wurde, den Vereinten Nationen. Menschen, die von Diktaturen in der Ausübung ihrer Freiheit eingeschränkt worden waren, erkannten, daß der Westen trotz gegenteiligen Bekenntnisses zur Demokratie auch weiterhin mit den undemokratischen Regimen des Nahen Ostens zusammenarbeiten und diese stützen würde. Die Grenzen der Freiheit wurden wieder enger gezogen. Besonders die arabischen Frauen bekamen dies zu spüren.

Ineffektive und leistungsschwache Systeme verschafften sich in der Folge des Golfkrieges von 1991 mit der Zurückdrängung des Status von Frauen und von Minderheiten und durch die Behinderung der Entwicklung einer zivilen Gesellschaft neue Legitimität, meint Mernissi. Doch »indem sie Konflikte verschleiern, schneiden sie sich selbst von den Wurzeln der Vitalität und Kreativität ab.« Hier Alternativen aufzuzeigen, begreift Fatema Mernissi als ihre Aufgabe.

Das Wort, der Dialog sind ihr dabei wichtige Instrumente. Mit Worten, sie »siebenmal im Mund umzudrehen«, experimentierte sie bereits als Kind. Als Gelehrte, die ihre Studierstube verläßt und mit den Menschen auf dem Markt oder in den Geschäften das Gespräch sucht, entdeckte sie anscheinend vertraute Konzepte neu. Statt dem Machterhalt dienenden Interpretationen von Koran, Hadith (der Überlieferung aus dem Leben des Propheten Mohammed) und der Tradition zu folgen, suchte sie nach dem Kontext der Offenbarungen, nach deren tieferem Sinn zur Herstellung von Gerechtigkeit und belebte damit eine Methode, die bereits in der Blütezeit der muslimischen Gesellschaften entwickelt, jedoch in der Folgezeit in den Hintergrund gedrängt worden war: Wenn Offenbarungen vor ihrem historischen Hintergrund interpretiert werden, erhalten sie eine Bedeutung, die weit über ihren Wortlaut hinausgeht. Die islamische Tradition auf ihre befreiende Bedeutung zu untersuchen und daraus Motivation zur Bewältigung der Gegenwartsprobleme zu gewinnen, dies hat Fatema Mernissis Denken zum Vorbild weit über die feministische Bewegung hinaus gemacht.

Den Islam sieht sie als dynamische Religion, die im Spannungsverhältnis zwischen individueller Freiheit und gesellschaftlicher Sicherheit ein Gleichgewicht herzustellen versucht. Dabei stehen individuelle Leidenschaft und Laune, im weiteren Sinne das ungezügelte Interesse der einzelnen Person dem Interesse der Gemeinschaft gegenüber. Doch gesellschaftlicher Friede ist im Islam von »rahma« geprägt, von Barmherzigkeit, Sensibilität und Zärtlichkeit, d. h. von gegenseitiger Verantwortung. Die Angst, daß in den nachkolonialen Gesellschaften des Nahen Ostens diese Qualität durch wirtschaftliche und politische Abhängigkeit verloren geht, verleite viele dazu, individuelle Freiheiten einschränken zu wollen. Fatema Mernissi fordert die politischen Eliten dieser Länder daher dazu auf, ihre Angst zu überwinden und Grenzüberschreitungen zuzulassen.

Dabei sind die am meisten Betroffenen, die Frauen, ihr Hauptanliegen. »Sie sind bereit für den Kreuzzug, sie haben immer gewußt, daß die Zukunft in der Zerstörung der Grenze liegt, daß das Individuum geboren ist, um respektiert zu werden, daß der Unterschied bereichernd ist.« Sie unterrichtet Frauen, die in der marokkanischen Gesellschaft immer noch weitgehend zum Schweigen verdammt sind, in kreativem Schreiben, wie in der von ihr inspirierten Schreibwerkstatt Femme Maghreb 2002. Oder sie organisiert die Computervernetzung. In Rabat hat sie ein Notrufzentrum für Frauen gegründet, die Opfer von Gewalt geworden sind, und sie ist Mitinitiatorin einer unabhängigen Menschenrechtskommission.

Doch Fatema Mernissi benennt auch die Verantwortlichen in westlichen Regierungen und Banken, die für den Fortbestand von Regimen verantwortlich sind, die Menschenrechte mißachten: »Der Westen hat sehr schöne Ideen, und er hat nun die Gelegenheit, uns zu zeigen, daß er wirklich weiter fortgeschritten und ethischer als der Rest der Menschheit ist.« Davon, ob östliche und westliche Staaten die Verantwortung für Demokratisierung und Geschlechtergleichheit annehmen, hänge die Zukunft der arabischen Gesellschaften ab. Eine Vision, einen Traum zu haben, das sei die Voraussetzung der Befreiung – Fatema Mernissi hat dies bereits im Harem ihrer Kindheit gelernt.

Literatur

Fatema Mernissi, *Die Angst vor der Moderne. Frauen und Männer zwischen Islam und Demokratie.* Deutscher Taschenbuch Verlag, München. 1992.

Fatema Mernissi, *Der Harem in uns. Die Furcht vor dem anderen und die Sehnsucht der Frauen.* Herder Verlag, Freiburg, Basel, Wien 1994.

Fatema Mernissi, *Der politische Harem. Mohammed und die Frauen.* Herder Verlag, Freiburg, Basel, Wien, 1992.

Hinduismus

Sunderlal Bahuguna

Umweltaktivist, Barfußjournalist und wandernder Weiser

»Uns wird immer wieder erklärt, daß die armen Leute den Ruin der Wälder betreiben, indem sie die Felder ausdehnen und Holz verfeuern. Sicherlich tun sie das auch, aber wo sollen sie hingehen, was sollen sie essen? Schließlich sind ja auch sie auf eben dieser Erde geboren worden. Aber wie gering sind doch ihre Bedürfnisse im Vergleich zu jenen großen Industrien, aus denen meistens nicht Produkte zum Überleben der Menschen, absolut notwendige Produkte, sondern Luxusgegenstände hervorgebracht werden.«

Dieses Zitat beschreibt Anliegen und Spannungsfeld, in dem Sunderlal Bahuguna tätig ist. Zusammen mit dem Sozialarbeiter Chandi Prasad Bhatt und den Frauen der Bergdörfer, die die Bewegung getragen haben, wurde Bahuguna vor allem in den 70er und 80er Jahren durch die Chipko-Bewegung in Indien und international bekannt. Sie setzte sich für den Schutz der Himalaja-Wälder vor einem ungebremsten Raubbau ein und konnte gesetzliche Änderungen, die die Bewirtschaftung der Bergwälder regeln sollen, durchsetzen.

Sunderlal Bahuguna wurde 1927 als Sohn eines Forstbeamten und Bauern in eine Brahmanen-Familie geboren. Seine Eltern lebten in einem Dorf im Distrikt Tehri-Garhwal in der nordindischen Himalaja-Region Uttarakhand. Bereits 1940 wurde Bahuguna als Anhänger Gandhis in der Unabhängigkeitsbewegung aktiv. Bald begann er, durch journalistische Arbeit für die Unabhängigkeit Indiens einzutreten. Seine Fähigkeit, die Anliegen der Bewegungen, in denen er selbst aktiv war, schnell und auf gut verständliche Weise zu beschreiben, seine Recherchen, die ihn auch immer wieder in abgelegene Gebiete brachten, haben ihm einmal den Titel »Barfußjournalist« – wohl in Anlehnung an die Barfußärzte des revolutionären China – eingebracht.

1948 begegnete er Jayaprakash Narayan (s. S.95), dem er sich in den 50er Jahren im Zusammenhang mit den Landschenkungskampagnen anschloß (s. S. 88). 1956 heiratete er Vimala, die ebenfalls zusammen mit Jayaprakash Narayan aktiv war. Beide zogen nach Uttarakhand zurück und gründeten den Navajivan Ashram (dt.: Ashram für neues Leben), in dem sie Kinder aus den umliegenden Bergdörfern unterrichteten und von wo aus sie soziale Aufbauarbeit begannen. Sie trugen die Kampagnen der Gandhi-Bewegung für dörfliche Autonomie in die Berge und engagierten sich gegen den unkontrollierten Verkauf von Alkohol.

Als nach dem indisch-chinesischen Krieg von 1962 verstärkt am Ausbau des Verkehrsnetzes zur Grenze gearbeitet wurde, erschloß sich der natürliche Reichtum von Uttarakhand auch für die Industrie des Flachlandes. Der Zugriff auf die Bergwälder hatte schon bald erste Auswirkungen auf das ökologische Gleichgewicht der Region und weitere Teile Nordindiens: in der Regenzeit rutschten entwaldete Berghänge in die Quellflüsse, deren Flußbett sich anhob, was wiederum zu verheerenden Überschwemmungskatastrophen führte. Den Dörfern wurde mit der Vernichtung der Wälder, die Brenn- und Baustofflieferant waren, die das Vorhandensein von Wasserquellen sicherstellten und den Boden regenerierten, die Existenzgrundlage entzogen. Dies wirkte sich besonders auf die Frauen aus, die für Wasser und Holz immer weiter laufen mußten. Deshalb war es nicht verwunderlich, daß zuerst die Frauen unruhig wurden und sich gegen den Kahlschlag organisierten. Die Chipko-Bewegung entstand (s. S. 164). Sunderlal Bahuguna verlieh ihr in den Städten und politischen Zentren im Ausland eine Stimme.

1974 führte Bahuguna einen Hungerstreik durch, um die Absage der jährlichen Versteigerungen von Waldrechten an private Pächter zu bewirken, doch setzte er sich gleichzeitig für die Waldarbeiter ein. Anfang 1977 fastete er erneut, »um die Kraft lokaler Arbeiter zu wekken«. In seiner Ansprache im Anschluß an das Fasten, die den Titel trug »Der Waldarbeiter – Vorbote des neuen Lebens in den Bergen«, verglich er die Arbeiter mit den mythologischen Helden Rama und Lakshmana: »Waldarbeiter, euer Pfeil und Bogen sind Säge, Axt und Transportvorrichtung für Baumstämme. Kommt mit ihnen ausgestattet, damit der Dämon der Armut und der Arbeitslosigkeit getötet wird.«

Die Bildung von Waldarbeiterkooperativen und eine Abschaffung des Kontraktorsystems[1], unter dem die Arbeiter tätig sind, hielt Bahuguna damals noch für Forderungen, die bei Erfüllung auch die Probleme des Waldschutzes lösen würden.

Bereits kurze Zeit später änderte er seine Haltung angesichts der ökologischen Bedeutung der Wälder für ganz Nordindien und wandte sich gegen jegliche kommerzielle Waldnutzung, einschließlich einer Bewirtschaftung durch lokale Kleinindustrien. Diese Ansicht vertrat er auf langen Fußmärschen durch Uttarakhand und auch durch die gesamte indische Himalaja-Region von Kashmir im Westen bis Kohima im Osten von 1981 bis 1983. Diese Wanderungen dienten gleichzeitig dazu, die Aufmerksamkeit der Medien zu erlangen, die Ideen der Bewegung in den Bergdörfern zu verbreiten und Erfahrungen aus der Situation vor Ort zurückfließen zu lassen. Bahuguna verstand sich durchaus als in der Tradition alter indischer Weiser seit Buddha stehend, die ihre Lehren zu Fuß verbreiteten.

Auf solchen Veranstaltungen übermittelte Bahuguna die Botschaft über Handzettel, vor allem aber durch Lieder und Gedichte in volkstümlicher Sprache an die Bevölkerung. Dabei bediente er sich einer Sprache, die an die in Indien altbekannten Mythen und Epen anknüpfte und die die Bedeutung des Waldes für die indische Kultur unterstrich. Zum Beispiel gebrauchte er das Bild des alle Bitten erfüllenden Wunschbaums, der bei der Schöpfung entstanden ist und Überfluß, Reichtum und Glück verspricht, um die herausragende Bedeutung der Bäume für die Wirtschaft der Bergregionen deutlich zu machen.

Über das Sprechen in Symbolen hinaus findet er klare analytische Worte: »Chipko ist ein Aufstand gegen die Ausschlachtung der Natur und ein Versuch, die Werte der Waldkultur wieder einzusetzen, indem Spiritualität zur Leitschnur für Wissenschaft und Technologie zum Wohle aller Lebewesen gemacht wird.« Das Nachdenken über Indien als Waldkultur in Abgrenzung zur Stadt- oder Dorfkultur ist in diesem Jahrhundert durch den bengalischen Literaturnobelpreisträger Rabindranath Tagore inspiriert worden. In diesem Sinne äußerte Sunderlal Bahuguna das Ziel, die Trennung von Objekt- und Subjektwelt –

1. Nach diesem System wird das Recht, in einem Gebiet Bäume zu fällen, an einen Kontraktor verkauft, der Waldarbeiterkolonnen anmietet.

Umwelt und Mensch – als Ursache der Zerstörung aufzuheben: »Die Chipko-Bewegung ist der Versuch, die Harmonie von Selbsterkennen und Wissenschaft zu einem Bestandteil der Lebensweise der Menschen im Überlebenskampf werden zu lassen.«

Daher richtete sich Sunderlal Bahugunas poetischer Protest in zunehmendem Maße gegen ein Entwicklungsmodell, das auf wachsender Produktion von Gütern beruht und die ungehemmte Ausbeutung der lebenswichtigen Ressourcen zur Folge hat, um die Bedürfnisse einer Luxus-Kultur zu erfüllen. In diesem Sinne setzte Sunderlal Bahuguna seinen Protest gegen die Zerstörung der Umwelt im Himalaja fort und unterstützte die gewaltfreie Bewegung gegen das große Staudamm-Projekt in Tehri. 1989 erhielt er den Alternativen Nobelpreis.

Literatur

Hagen Berndt, *Rettet die Bäume im Himalaya.* Quorum Verlag, Berlin 1987.

Vinoba Bhave

Brachte das Heilige in die Politik

»Ich nenne mich einen Lehrer, und ich bin nie zufriedener als dann, wenn ich mich dem Studium und dem Unterrichten widmen kann. Es ist eine so friedliche und befriedigende Lebensweise, daß ich wohl hundert Jahre alt werden würde, wenn ich dabei bliebe. Aber ich mußte sie aufgeben und an die Öffentlichkeit gehen, weil Indien in Gefahr ist.«

Mitte 1948, wenige Monate nach dem gewaltsamen Tod Gandhis, trafen sich die Mitarbeiter der von ihm gegründeten Organisationen, um sich zusammenzuschließen und neu zu orientieren. Die Ratlosigkeit vieler Anhänger Gandhis darüber, wie in einem unabhängig gewordenen Indien weiter für Gerechtigkeit gearbeitet werden könnte, war groß. Erst drei Jahre später, als Vinoba Bhave mit der *Bhudan*-, d. h. Landschenkungs-Kampagne an die Öffentlichkeit trat, konnte sie überwunden werden. Vinoba Bhave hatte das Anliegen identifiziert, das die gewaltfreie Bewegung Indiens über ein Jahrzehnt lang faszinieren und ihr Richtung geben konnte: die Landfrage.

Vinoba Bhave wurde 1895 in Gagoda im Bundesstaat Maharashtra geboren, zog aber bald wegen eines Stellenwechsels seines Vaters nach Baroda, wo er seine Schulbildung erlangte. Im Alter von zehn Jahren faßte er den Entschluß, sein Leben spirituellen Zielen zu widmen und nicht zu heiraten. Schon früh beeindruckten ihn die Biographien alter indischer Weiser, besonders die des Buddha, des Mystikers Ramdas und des Philosophen Shankaracarya, die in der Blütezeit ihres Lebens Haus und Familie verließen, um sich dem geistigen Leben zu widmen. Sehr zur Betrübnis seiner Mutter, die sein Interesse für religiöse Literatur unterstützte, verbrannte Vinoba eines Tages seine Zeugnisse, da er sich doch nirgends bewerben wollte.

Seinen Traum vom Studium des klassischen Sanskrit und der darin abgefaßten Literaturen machte er 1916 wahr, indem er nach Varanasi (Benares) zog. Später schrieb er, daß er Varanasi von den drei Orten, die ihn anzogen, auswählte, weil er die anderen von dort leicht erreichen könnte: den Himalaja, in Indien Symbol für den Aufenthaltsort der Asketen und Weisen, und Bengalen, das für seine revolutionären Bewegungen bekannt war. Als Vinoba jedoch in Varanasi ankam, hörte er dort mit großem Interesse von einer provozierenden Rede Gandhis, die der kurz zuvor aus Südafrika Zurückgekehrte vor wenigen Wochen gehalten hatte. Vinoba nahm den Briefwechsel mit Gandhi auf und besuchte ihn schließlich in seinem Ashram in Ahmedabad, nachdem ihn dieser ermahnt hatte, daß innere Klarheit nicht durch Worte, sondern nur im Leben erreicht würde.

Vinoba, so von Gandhi mit einer Koseform seines eigentlichen Namens Vinayak genannt, blieb in Gandhis Ashram und erledigte mit großer Hingabe alle ihm auferlegten Arbeiten. In einem Brief an Vinobas Vater, der ihn lieber Französisch und Ingenieurswissenschaften studieren sehen wollte, schreibt Gandhi: »Ihr Vinoba ist bei mir. Bereits in so jungem Alter hat Ihr Sohn eine Entwicklung seiner Geistesschärfe und inneren Freiheit durchgemacht, wie ich sie nur nach vielen Jahren erreichen konnte.«

Doch bereits im folgenden Jahr erbat sich der junge Mann ein Jahr Urlaub, um sein Literaturstudium zu beenden und Zeit für körperliche Ertüchtigung zu haben. Gandhi bezog sich auf diese Zeit, als er 1940 begründete, warum er Vinoba als ersten »individuellen *Satyagrahi*«[1] ausgewählt hatte: »Er trat in den Ashram beinahe bei seiner Gründung ein (...) Um sich besser vorzubereiten, nahm er ein Jahr Urlaub, um weiter Sanskrit zu studieren. Genau zu der Stunde, in der er den Ashram ein Jahr zuvor verlassen hatte, kehrte er zurück (...) Er hat sich an allen einfachen Arbeiten im Ashram, vom Wege kehren bis zum Kochen beteiligt. Obwohl er ein wunderbares Gedächtnis hat und von Natur aus ein Studierender ist, hat er den größten Teil seiner Zeit dem Spinnen gewidmet und es so perfektioniert wie kaum ein anderer. Er geht davon aus, daß allgemeines Spinnen die zentrale Tätigkeit ist, die die ländliche Armut beheben wird (...) Er hat jede Spur von Unberührbarkeit aus seinem Herzen entfernt (...) Wie alle Mitarbeiter und Mitarbeiterinnen glaubt er, daß stille konstruktive Arbeit mit zivilem Ungehorsam im Hintergrund wirkungsvoller ist als die bereits dicht bevölkerte politische Bühne. Er glaubt daran, daß gewaltfreier Widerstand ohne tiefes Überzeugtsein von der und Praktizieren der konstruktiven Arbeit unmöglich ist.«

Für Vinoba, der täglich mindestens eine Stunde dem Studium vor allem religiöser Literatur, aber auch historischer und wirtschaftspolitischer Texte widmete und bis ins hohe Alter hinein erfolgreich mehr als zehn indische, asiatische und europäische Sprachen erlernte, waren die von Gandhi beschriebenen praktischen Tätigkeiten ein Beitrag zu seiner spirituellen Vervollkommnung. Unterbrochen von mehreren Gefängnisaufenthalten für die Beteiligung an Aktionen zivilen Ungehorsams, um die ihn Gandhi gebeten hatte (»Dein Ruf ist für mich Befehl wie der Ruf des Todes«), leistete Vinoba den größten Teil der Jahre 1921 bis 1951 Aufbauarbeit im Wardha-Distrikt in Zentralindien. Er bezeichnete sich selbst als Arbeiter für Reinigungstätigkeiten, Feldarbeit, Handarbeit und andere als sozial niedrig angesehene Beschäftigungen. Gleichzeitig übte er sich als Nicht-Handelnder im spirituellen Sinne, als jemand, der sich innerlich von den Früchten seiner Arbeit losgelöst und damit eine höhere Freiheit erreicht hat. Sein Kommentar zur Bhagavadgita, den in diesem Jahrhundert sicherlich einflußreichsten hinduistischen Text, legt dieses Ziel und den Weg dahin auf ein-

1. *Satyagrahi:* die Person, die zivilen Ungehorsam leistet, von *Satyagraha* = Beharren auf/Festhalten an der Wahrheit.

drucksvolle Weise dar. In seiner Fähigkeit, die Bedeutung traditioneller religiöser Konzepte für die heutigen Probleme mit Einsicht, Humor und überzeugender Authentizität herauszuarbeiten und sie dadurch für die Gegenwart bedeutsam zu machen, liegt das Ansehen begründet, das Vinoba in der indischen Bevölkerung erlangt hat. Er brachte das Heilige, für das in der indischen Gesellschaft eine tiefe Sehnsucht fortlebt, in den Alltag der Menschen und in die Politik zurück.

Im April 1951 kam Vinoba auf dem Weg zu einer Konferenz durch die Dörfer Telenganas, einer Region im heutigen Bundesstaat Andhra Pradesh, wo Polizei und Armee gerade kommunistisch geführte Unruhen niedergeschlagen hatten. Zuvor hatten Landlose unter Führung der KP eine Reihe von Großgrundbesitzern gewaltsam enteignet und das Land neu verteilt. Vinoba verstand die Ereignisse in Telengana als eine Herausforderung an seine Vorstellungen von Gewaltfreiheit. Er versuchte, der Bevölkerung zu vermitteln, daß kein Teil der Gesellschaft auf Dauer in einer Atmosphäre der Angst und Zerstörung leben könne. Die erste Reaktion war Skepsis über diese vordergründig ein ungerechtes System stützende These, doch dann gab der Erfolg Vinoba recht: Ein Grundbesitzer stellte ihm Land zur Verteilung an die Besitzlosen zur Verfügung.

So begann die Bhudan-Kampagne, für die Vinoba – einem Gelübde entsprechend – zusammen mit anderen zu Fuß durch ganz Indien zog. Er verlangte, von den Landbesitzern als deren sechster Sohn angenommen zu werden, um dadurch einen entsprechenden Anteil am Boden zur Verfügung gestellt zu bekommen. Im Zusammenhang mit der Landschenkungskampagne gründete Vinoba Bhave 1957 die *Shanti Sena* (dt.: Friedensarmee), die mit gewaltfreien Mitteln in Unruhegebieten Frieden schaffen sollte (s. S. 159f.). Einige Jahre später entwickelte sich aus der Bhudan-Kampagne mit der *Gramdan-* (Dorfschenkungs-) Bewegung ein Programm, das Elemente kollektiver Verwaltung der Produktion mit der Schaffung basisdemokratischer, nach dem Konsensprinzip auf Dorfebene entscheidender Institutionen verband. Vinoba hatte mit den Bhudan- und Gramdan-Kampagnen kreative Instrumente geschaffen, die Indien in Bewegung brachten, neue Formen der Selbstorganisation schufen, aber dennoch nach knapp zwei Jahrzehnten an Dynamik verloren. Zwar hatten bis 1970 fast 100.000 Dörfer Indiens die Gramdan-Verpflichtungen unterschrieben, und es war, selbst wenn unfruchtbares oder unbrauchbares Land abgezogen wurde, immer noch mehr verteilt worden als durch staatliche Landreformen. Doch zeigte sich an vielen Stellen, daß dies keine wirklichen Veränderungen der Machtstrukturen mit sich gebracht hatte. Vinobas Ziel waren harmonische Beziehungen im Dorf gewesen – der Gedanke an Klassenkämpfe war damit nicht vereinbar. Er hatte keine Erwartungen an den Staat und setzte ausschließlich auf Veränderungen von unten. Dabei ignorierte er jedoch Prozesse wie z. B. die zentralisierte Industrialisierung auch der Landwirtschaft, den immer weiter vordringenden Staatsapparat und die Korruption der Verwaltung, die die Erfolge der Bewegung in Frage stellten.

Vinoba erkannte, daß der Höhepunkt seiner gesellschaftlichen Verantwortung überschritten war. Ab 1966 stellte er Engagement für die gröberen – die politischen – Dinge deutlich zugunsten der »feinen Dinge«, also der spirituellen Entwicklung zurück. Sein Schweigejahr von Dezember 1974 bis Dezember 1975 fiel genau in die Zeit, als Premierministerin Indira Gandhi den Ausnahmezustand ausrief und viele Oppositionelle gerade aus der gewaltfreien Bewegung verhaften ließ. Daß er Indira Gandhis Politik nicht wie andere ausdrücklich verurteilte, wurde ihm in der Folgezeit von vielen Gandhianern übelgenommen.

Vinoba zog sich immer mehr in seinen Ashram in Paunar, ganz in der Nähe von Wardha, zurück. Wenige Tage nachdem er einen Herzinfarkt gut überstanden hatte, starb er dort am 15. November 1982. Wie bei einem indischen Heiligen, der seine Pflicht in der Welt getan hat, beschleunigten seine Weigerung, Wasser, Speise und Medikamente zu sich zu nehmen, das Ende. Sein Selbstverständnis spiegelt sich in den Worten: »Ich bin ein Mensch einer ganz anderen Welt. Meine Welt ist rein. Mein Anspruch ist, daß ich Liebe habe. Die Erfahrung dieser Liebe mache ich immerfort. Ich habe keine (Lehr-)Meinungen, ich habe Ideen.«

Literatur

Vinoba Bhave, *Dritte Macht. Grundzüge einer spirituellen Politik.* Aus d. Engl. v. Rolf Hinder. Verlag Hinder und Deelmann, Gladenbach 1974.

Vinoba Bhave, *Gespräche über die Gita.* Übers. v. Hema Amantharaman, Irene Köpfer, Rolf Hinder. Verlag Hinder und Deelmann, Gladenbach 1974.

Mahatma Gandhi

»Meine Experimente auf dem politischen Gebiet sind nun nicht nur in Indien bekannt, sondern auch in gewissem Maße in der ›zivilisierten‹ Welt. Für mich sind sie nicht viel wert; und der Titel Mahatma[1], den ich dadurch erlangt habe, deshalb noch weniger. Oft hat mich dieser Titel geschmerzt; ich erinnere mich an keinen Moment, in dem er mir geschmeichelt hätte. Von meinen Experimenten im spirituellen Bereich, die nur ich kenne, berichte ich jedoch gerne. Denn aus ihnen habe ich die Kraft geschöpft, die mir meine politische Arbeit ermöglicht. Wenn diese Experimente wirklich spirituell sind, dann kann es keinen Raum für Eigenlob geben. Sie können nur zu meiner Demut beitragen. Je mehr ich über meine Vergangenheit nachdenke, desto mehr spüre ich meine Grenzen.«

Mahatma Gandhi schrieb dies in der Einleitung zu seiner Autobiographie. Er war immer der Überzeugung, daß das, was einem Menschen möglich ist, alle anderen auch könnten. Diese Aussagen sollten nicht als Bescheidenheit eines großen Mannes, der sich seiner Größe bewußt war, abgetan werden – hierin liegt ein Zugang zu Gandhis Denken. Der Titel seiner Autobiographie, die sich durch große Offenheit auszeichnet, ist »Experimente mit der Wahrheit«. Sie erklärt den Charakter seines Handelns und seine Entscheidungen, die als politische Taktik nicht immer verständlich waren, vor einem anderen, dem spirituellen Hintergrund.

Mohandas Karamchand Gandhi wurde am 2. Oktober 1869 in Porbandar im heutigen Bundesstaat Gujarat geboren wurde. Sein Vater Karamchand hatte nicht viel an formaler Bildung erhalten, war jedoch hoher Verwaltungsbeamter in verschiedenen kleinen Fürstentümern. Er war bekannt für seine Unbestechlichkeit, Unparteilichkeit und Zivilcourage. Gandhis Mutter Putlibai hat ihren Sohn durch ihre tiefe Religiosität, er sagte sogar einmal »Heiligkeit« beeindruckt. Sie war intelligent und gut informiert über politische Angelegenheiten. Die Diskussionen, die sein Vater mit Angehörigen verschiedener Religionsgemeinschaften in Gujarat führte, interessierten den Heranwachsenden und ließen in ihm Respekt für andere religiöse Auffassungen wachsen. Doch insgesamt,

1. *Mahatma*: einer, der eine große Seele hat; H.B.

schrieb Gandhi später, habe er in seiner Jugend keinen lebendigen Glauben an Gott gehabt, sondern eher zum Atheismus tendiert.

Nachdem er im Alter von 13 Jahren mit der gleichaltrigen Kasturba verheiratet worden war, nahm diese Ehe einen Großteil seiner, insbesondere sexuellen, Aufmerksamkeit in Anspruch. Als drei Jahre später sein kranker Vater, für dessen Pflege er immer zuständig gewesen war, starb, befand er selbst sich bei Kasturba. Dies erfüllte ihn mit tiefer Scham und wurde zu einer Schlüsselerfahrung, die ihn sein ganzes Leben lang über Sexualität und andere körperliche Freuden (z. B. schmackhaftes Essen) nachdenken ließ. Später kam er zu der radikalen Auffassung, daß diese körperlichen Gelüste ihn von seiner eigentlichen Aufgabe ablenken würden, nämlich dem Dienst an Gott, der sich im Dienst an den Menschen manifestiert. Das *Brahmacharya*[2]-Gelübde sexueller Enthaltsamkeit, das Gandhi 1906 ablegte und bis zu seinem Lebensende durchhielt, verstand er im ursprünglichen Wortsinn als den Versuch, alle Sinne zu kontrollieren für das Streben zum Brahman, also zu Gott, zur Wahrheit: »Wenn meine Gewaltfreiheit wirklich ansteckend sein soll, muß ich größere Kontrolle über meine Gedanken erlangen.«

In seiner Jugend machte Gandhi auch erste Experimente mit Fleischkonsum. Seine Familie gehört zur hinduistischen Gemeinschaft der Vaishnavas, die strenge Vegetarier sind. Ein älterer Schulfreund überredete den jungen Gandhi dazu, heimlich Fleisch zu essen. Es schmeckte ihm zunächst zwar nicht, doch hatte er die Überzeugung gewonnen, daß Fleischgenuß, wie die Engländer ihn betreiben, auch die indische Gesellschaft stärker machen würde, und fühlte sich verpflichtet, diese Reform mitzutragen. Da er jedoch dabei seine Mutter belügen mußte, um sie nicht zu verletzen, beendete er sein Experiment. Seine bewußte Entscheidung für eine vegetarische Lebensweise traf er allerdings erst während seiner Studienjahre in England. Wahrheitssuche – das Leitmotiv seines Lebens – schloß für Gandhi Lüge und später auch Heimlichkeit aus. Bereits als Jugendlicher war er überzeugt, daß das offene und radikale Bekenntnis zu eigenen Fehlern, die Bereitschaft, sich der Kritik für sein Verhalten auszusetzen, d. h. das Übernehmen von Verantwortung für sich und sein Tun ein unabdingbarer Schritt zur Läuterung und zur Versöhnung sind. In seinem öffentlichen Leben hat Gan-

2. Wörtlich: mit dem Brahma/mit Gott wandeln.

dhi damit seine politischen Mitstreiter, denen diese Offenheit auch der britischen Kolonialverwaltung gegenüber manchmal taktisch ungeschickt erschien, erstaunt.

Im Verlaufe seines dreijährigen Jura-Studiums in London kam Gandhi mit Mitgliedern der Theosophischen Gesellschaft in Kontakt und hatte Gelegenheit, sich mit kritischen Gedanken des ausgehenden 19. Jahrhunderts und mit den Haupttexten der Weltreligionen – besonders der hinduistischen Bhagavadgita, der Lehre des Buddha und der Bergpredigt – auseinanderzusetzen. Nach zwei Jahren erfolgloser Versuche, sich in seiner Heimat Gujarat und in Bombay als Anwalt zu etablieren, nahm er das Angebot an, einen indischen Geschäftsmann in Südafrika in einem Rechtsstreit zu vertreten. Bereits einige Tage nach seiner Ankunft wurde er trotz des Besitzes einer gültigen Fahrkarte und seiner Weigerung, das Weißen vorbehaltene Abteil zu verlassen, gewaltsam auf den Bahnsteig gesetzt und machte so erste Erfahrungen mit der Rassentrennung.

Diese Situation und seinen Entschluß, dem Konflikt nicht auszuweichen, sondern die Ungerechtigkeit grundsätzlich anzugehen, bezeichnete Gandhi später als die Geburtsstunde seines wichtigsten Konzepts, des *Satyagraha*: »Seine ursprüngliche Bedeutung ist Festhalten an der Wahrheit; darum: Kraft der Wahrheit. Ich habe ihn auch Kraft der Liebe oder Seelenkraft genannt. In der Anwendung von Satyagraha entdeckte ich im frühesten Stadium, daß Wahrheitssuche nicht zuläßt, dem Gegner Gewalt zuzufügen, sondern daß er mit Geduld und Sympathie von seinem Irrtum abgebracht werden muß. (...) So kam es, daß die Lehre Verteidigung der Wahrheit bedeutet, nicht indem dem Gegner Leid zugefügt wird, sondern indem man selbst leidet.«

Satyagraha und Gewaltfreiheit waren für Gandhi zwei eng miteinander verflochtene Konzepte. Er erkannte, daß menschliches Leben immer in Gewalt verwickelt ist und daß daher das Bekenntnis zur Gewaltfreiheit bedeutet, sich von Empathie und Liebe geleitet um eine Befreiung aus dieser Gewaltbeziehung zu bemühen. Folgende »Axiome« stellte er für Gewaltfreiheit auf: »1. Gewaltfreiheit schließt eine so umfassende Selbstläuterung ein, wie sie nur menschenmöglich ist.
2. Für jeden Menschen entspricht die Stärke seiner Gewaltfreiheit genau seiner Fähigkeit – nicht seinem Willen –, Gewalt auszuüben.
3. Gewaltfreiheit ist ausnahmslos der Gewalt überlegen, das heißt die

einer gewaltlosen Person zur Verfügung stehende Macht ist stets größer als jene, die er besäße, wenn er Gewalt anwendete. 4. Bei Gewaltfreiheit gibt es nicht so etwas wie Niederlage. Das Ziel der Gewalt ist in jedem Falle Niederlage. 5. Das letzte Ziel der Gewaltfreiheit ist in jedem Falle Sieg – wenn sich ein solcher Begriff bei Gewaltfreiheit anwenden läßt. In Wirklichkeit gibt es da, wo es keine Vorstellung von Niederlage gibt, auch keine Vorstellung von Sieg.«

Nachdem Gandhi im Jahre 1915 nach Indien zurückgekehrt war, inzwischen durch den Erfolg seiner politischen Arbeit in Südafrika berühmt geworden und von *Rabindranath Tagore*[3] mit dem Namenszusatz »Mahatma« – einer, der eine große Seele hat – bedacht, schloß er sich der Unabhängigkeitsbewegung an. Er bekam bald Gelegenheit, seine Erfahrungen mit Satyagraha zugunsten von Indigo-Bauern, die durch überhöhten Pachtzins verarmt waren, im indischen Kontext anzuwenden. Er wurde verhaftet, wegen Unruhestiftung vor Gericht gestellt und freigesprochen, obwohl er sich selbst schuldig erklärte. In den folgenden Jahren gelang es Gandhi bald, der Unabhängigkeitsbewegung eine Massenbasis zu verschaffen und sie zu einen. Als jedoch 1919 eine Kampagne zivilen Ungehorsams zu Ausschreitungen führte und Soldaten der Kolonialarmee in Amritsar ein Massaker an friedlich versammelten Menschen verübten, brach Gandhi die Kampagne ab – er meinte, die Bevölkerung hätte den Sinn von *Satyagraha* nicht richtig verstanden.

In den folgenden Jahren widmete er sich ganz den konstruktiven Programmen: dem Aufbau einer neuen Gesellschaft in Indien, besonders durch die Förderung der heimischen Textilindustrie und des Handwerks (vor allem das des Spinnens und Webens), durch Programme zur Abschaffung der Unberührbarkeit und durch Einleitung von Bildungsprogrammen vor allem in ländlichen Regionen. Beeinflußt von Tolstoi und Ruskin[4] hatte er bereits in Südafrika Gemeinschaften gegründet, die seine Prinzipien der Gewaltfreiheit im Alltag zu leben

3. Rabindranath Tagore (1861-1941), bengalischer Dichter, erhielt 1913 den Nobelpreis für Literatur.
4. Leo Tolstoi (1828-1910), russischer Dichter, Erzieher und Sozialreformer. John Ruskin (1819-1900), englischer Kritiker der sozialen Verhältnisse im Zeitalter der Industriellen Revolution; sein Buch »Unto This Last« war inspiriert von Mt 20,1-16.

versuchten und sich in diesem Prozeß gegenseitig unterstützten. Obwohl er nach der Lektüre von Ruskins Schrift »Unto This Last« die Erkenntnis gewonnen hatte, daß das Leben des Ackerbauern und Handwerkers »das eigentlich gute Leben« ist, verließ er erst nach dem Salzmarsch 1930 und nach seinem Rückzug aus der Kongreßpartei Ende 1934 seinen Ashram in Ahmedabad und zog nach Wardha in Zentralindien, wo er 1936 den Sevagram-Ashram gründete.

Der Salzmarsch von Ahmedabad nach Dandi am Indischen Ozean gehört zu Gandhis wichtigsten Satyagraha-Aktionen. Nach der Ablehnung eines Forderungskatalogs an den britischen Vizekönig, der größere Autonomie für Indien zum Ziel hatte, beschloß Gandhi, zusammen mit anderen Bewohnern des Ashrams nach Dandi zu marschieren, um dort aus Meerwasser Salz zu gewinnen und damit symbolisch das koloniale Salzmonopol zu brechen. An anderen Orten wurden Salzdepots durch gewaltfreie Aktionen gestürmt. Die Aktion stellte den ersten Schritt in Richtung politische Unabhängigkeit Indiens dar. Das ganze Jahr über fanden landesweit Streiks und Boykotte statt, obwohl Gandhi bereits inhaftiert war und erst nach den einseitigen Unabhängigkeitsfeierlichkeiten im Januar 1931 entlassen wurde. Die Aufhebung der Unberührbarkeit der Kastenlosen, die er »Harijans«, Kinder Gottes, nannte, wurde in den folgenden Jahren zum Arbeitsschwerpunkt, der ihm den erbitterten Widerspruch des politischen Führers der Kastenlosen Bhimrao Ambedkar[5] einbrachte. Dieser kritisierte, daß Gandhi zwar die Benachteiligungen der Kastenlosen aufheben, das Kastensystem insgesamt jedoch nicht in Frage stellen wollte. Zum Bruch kam es über die Frage gesonderter politischer Vertretung für die Kastenlosen, die Gandhi ablehnte, um die Einheit der Hindus nicht zu gefährden.

Nach Jahren der Stagnation in den Verhandlungen um die vollkommene Unabhängigkeit des Landes begann Gandhi 1941 die letzte große Kampagne mit Aktionen des »individuellen Satyagraha« und führte sie 1942 mit der »Quit India«-Bewegung fort. Als die Situation 1946 eskalierte und es zu indischen Terrorakten und darauf folgenden Massakern an der indischen Zivilbevölkerung kam,

5. Bhimrao Ambedkar (1891-1956) war politischer Führer der Unberührbaren Indiens, rief diese 1950 zum Übertritt vom Hinduismus zum Buddhismus auf; s. Tworuschka 1994, S. 143-147.

bald darauf auch zu Unruhen zwischen Hindus und Muslimen, wurde Gandhi trotz seines hohen Alters noch einmal aktiv, um Frieden zu stiften. Seine Fastenaktionen und Fußmärsche durch Unruhegebiete konnten die Lage nur zeitweise und an einigen Orten beruhigen. Sein Engagement für die Aussöhnung zwischen Hindus und Muslimen veranlaßte radikale Hindus dazu, seine Ermordung zu planen. Am 30. Januar 1948, ein halbes Jahr nach Indiens Unabhängigkeit, starb Gandhi unter den Schüssen eines Attentäters in Delhi auf dem Wege zu einer Gebetsversammlung.

Literatur

Mahatma Gandhi, *Die Lehre vom Schwert und andere Aufsätze aus den Jahren 1919-1922.* Verlag Rolf Kugler, St. Georgen 1990.

M.K. Gandhi, *Sarvodaya.* Verlag Hinder und Deelmann, Gladenbach 1975.

M.K. Gandhi, *Satyagraha in South Africa.* Navajivan Publishing House, Ahmedabad 1928.

M.K. Gandhi, *Eine Autobiographie oder die Geschichte meiner Experimente mit der Wahrheit,* hrsg. von Rolf Hinder, übers. von Fritz Kraus, Verlag Hinder und Deelmann, Gladenbach 1975.

Gandhi-Informations-Zentrum (Hg.), *My Life is My Message. Das Leben und Wirken von M.K. Gandhi.* Verlag Weber, Zucht & Co, Kassel 1988.

Michael Blume, *Satyagraha: Wahrheit und Gewaltfreiheit, Yoga und Widerstand bei Gandhi.* Verlag Hinder und Deelmann, Gladenbach 1987.

Narayan Desai, *Bliss Was It To Be Young With Gandhi: Childhood Reminiscences.* Bharatiya Vidya Bhavan, Bombay 1988.

Erik H. Erikson, *Gandhis Wahrheit.* Suhrkamp, Frankfurt 1978.

Richard Gregg, *Die Macht der Gewaltlosigkeit.* Gladenbach 1984.

Beate Jahn, *Politik und Moral.* Verlag Weber, Zucht & Co, Kassel 1993.

Romain Rolland, *Mahatma Gandhi.* Erlenbach-Zürich 1923.

George Woodcock, *Der gewaltlose Revolutionär – Leben und Wirken Mahatma Gandhis.* Verlag Weber, Zucht & Co, Kassel 1983.

Jayaprakash Narayan

Humanist und Analytiker

»Meine Welt liegt in Trümmern. Ich fürchte, ich werde es nicht mehr erleben, daß sie in der mir verbleibenden Lebenszeit wieder zusammengefügt wird«, schrieb Jayaprakash Narayan, in Indien meist nur mit seinen Initialen kurz J. P.[1] genannt, am 21. Juli 1975 in sein »Gefängnistagebuch«. Ohne große Sentimentalität blickte der Gründer der Sozialistischen Partei Indiens und spätere Aktivist für gewaltfreien Widerstand auf sein politisches Leben zurück, das mit seiner Verhaftung durch Premierministerin Indira Gandhi 1975 ein vorläufiges Ende fand.

Jayaprakash Narayan wurde 1902 im heutigen Bundesstaat Bihar im Norden Indiens geboren. Bereits als Schüler fühlte er sich zur Unabhängigkeitsbewegung hingezogen. Kurz bevor er 1922 das Land für sechs Jahre verließ, um in den USA Soziologie zu studieren, traf er auf Gandhi. Da er sich dem Prinzip der Nichtzusammenarbeit mit den Briten verpflichtet fühlte, nahm er kein Stipendium an und mußte seinen Lebensunterhalt durch harte Arbeit, u. a. auf den Obstplantagen in Kalifornien, verdienen. Hier kam er in Kontakt mit marxistischen Gedanken. Dies führte dazu, daß er sich wieder von der Bewegung Gandhis distanzierte und sich nach seiner Rückkehr nach Indien dem Indischen Nationalkongreß und Jawarharlal Nehru anschloß. Noch während des Unabhängigkeitskampfes entwickelte er sich vom revolutionären Marxisten zum demokratischen Sozialisten und gründete schließlich die Sozialistische Partei. Wegen Mitwirkung an Sabotageakten gegen die britische Kolonialregierung saß er mehrfach in britischen Gefängnissen. Ab 1953 wandte er sich desillusioniert von der Parteipolitik ab und beteiligte sich aktiv an Vinoba Bhaves Landschenkungskampagne (s. S. 88).

In diesem Zusammenhang übernahm J. P. die Aufgabe, die von Vinoba nach einer Idee Gandhis gegründete *Shanti Sena*, eine gewaltfreie Friedensarmee, zu organisieren und zu leiten (s. S. 159f.). Ganz besonders weckten die Unabhängigkeitsbestrebungen der kleinen portugiesischen Kolonie Goa in Südindien sein Interesse, wo er 1961 einer von der indischen Regierung favorisierten und schließlich auch durchgeführten militärischen Lösung mit einem gewaltfreien Einmarsch zuvorkommen wollte. Narayan analysierte und kritisierte den Mißerfolg seiner eigenen Bewegung und versuchte ein Jahr später im Grenzkrieg zwischen Indien und China durch einen Friedensmarsch von Delhi nach

1. J. P. ist die Abkürzung der beiden Bestandteile seines Vornamens **J**aya**p**rakash.

Peking auf eine Einstellung der Kampfhandlungen hinzuwirken. Der Marsch wurde jedoch von den chinesischen Behörden an der Grenze aufgehalten. J. P. mußte erkennen, daß Frieden auf gewaltfreie Weise weniger über spektakuläre Aktionen als vielmehr durch langfristige Aufbauarbeit erreichbar ist. Aus diesem Grunde mobilisierte er die Shanti Sena, in den folgenden Jahren im unruhigen Nordosten Indiens tätig zu werden. Die Friedensaktivisten erwarben in der Bevölkerung bald soviel Vertrauen, daß Rebellen ethnischer Minderheiten in dieser Region bereit waren, an den Verhandlungstisch zu kommen. Im Chambal-Flußtal, einer Region im Zentrum Indiens, trug Narayans Initiative und Mitarbeit wesentlich dazu bei, daß der Konflikt mit bewaffneten Räuberbanden, ein Ergebnis sozialen Zerfalls, friedlich beigelegt werden konnte. Einige der ehemaligen Räuber begannen sogar, sich für Projekte gegen soziale Benachteiligung zu engagieren.

Als Ende der 60er Jahre auch innerhalb der gewaltfreien Bewegung Zweifel an der langfristigen Wirksamkeit der Land- und Dorfschenkungskampagnen entstanden, folgte Narayan dem Ruf von Aktivisten in den besonders verarmten Muzzaffarpur-Distrikt im Bundesstaat Bihar. Dort waren Mitarbeiter der sich auf Gandhi berufenden Sarvodaya-Bewegung von kommunistischen Rebellen bedroht worden, die der wachsenden Unzufriedenheit der Landbevölkerung Ausdruck verliehen. Narayan blieb in der Region, um der Gewalt gegenzusteuern, erkannte jedoch auch, daß die verarmten Bauern selbst in den durch die Dorfschenkungsbewegung erfaßten Dörfern kaum Veränderungen ihrer Situation erfahren hatten und jetzt in revolutionärer Gewalt den letzten Ausweg aus ihrer hoffnungslosen Lage sahen. Hier revidierte Narayan Vinoba Bhaves Auffassung, daß es im unabhängigen Indien keinen Platz für »negativen« *Satyagraha*[2], d. h. zivilen Ungehorsam gegen den Staat gäbe. Indien müßte nun, da es unabhängig ist, aufgebaut werden, meinte Vinoba. Auch der Vorstellung Vinobas, daß Klassen-Auseinandersetzungen mit dem Ziel harmonischer Beziehungen im Dorf nicht vereinbar wären, setzte Narayan entgegen, daß zunächst einmal die vernachlässigten Bedürfnisse der Dorfbevölkerung ernst genommen werden müssen.

2. Zu *Satyagraha* vgl. S. 92, 179. Unter positivem Satyagraha verstand Vinoba Bhave die konstruktive Arbeit an sozialer Gerechtigkeit.

Weitverbreitete Korruption und Preistreiberei führten zum allgemeinen Vertrauensverlust in die indische Regierung und lösten Anfang der 70er Jahre in Bihar eine Studentenbewegung aus, die sich schnell ausbreitete und ganz Indien erschütterte. Premierministerin Indira Gandhi sah sich im Juni 1975 gezwungen, den Ausnahmezustand auszurufen. Bereits Anfang 1974 traten die Studenten an Narayan mit der Bitte heran, die Führung der Bewegung zu übernehmen. Nach einigem Zögern willigte er ein. Seinem Ziel, die Regierung zu Fall zu bringen, folgte ein Teil der gewaltfreien Bewegung jedoch nicht, obwohl Narayan versicherte, daß es ihm nicht darum ginge, sich in Parteipolitik einzumischen. Auf einer großen Kundgebung, die am 5. Juni 1974 in Patna, der Hauptstadt von Bihar, stattfand, hielt er eine programmatische Rede, die eine große Ausstrahlung hatte. Während selbst zum Erstaunen der Organisatoren immer mehr Menschen auf dem Versammlungsplatz zusammenströmten, äußerte er in einem später zum Slogan gewordenen Satz, daß dies wahrhaftig der Beginn einer »totalen«, d. h. alle Lebensbereiche umfassenden, Revolution sei. Er forderte die Studenten auf, in die Dörfer zu gehen, ihr Leben zu verändern und sich zusammen mit den Bauern zu organisieren. Die Ausrufung des Ausnahmezustandes unterbrach die Dynamik dieser Bewegung, die Indien von unten her zu verändern begann. J. P. erholte sich nicht mehr von den Gesundheitsschäden, die er sich im Gefängnis zugezogen hatte. Gerade noch erlebte er das Ende des Ausnahmezustands 1977 und die Bildung eines breiten Bündnisses der Oppositionsparteien, dessen Zustandekommen auf seinen Einfluß zurückzuführen ist. Sein Versuch, wieder an die Bewegung von 1974/75 anzuknüpfen, gelang ihm nicht mehr: Jayaprakash Narayan starb am 8. Oktober 1979.

Jayaprakash Narayans politisches Engagement war volksnah und humanistisch begründet, jedoch weitgehend ohne Bezug auf religiöse oder spirituelle Kategorien. Dennoch wurde sein Wirken in den letzten drei Jahrzehnten seines Lebens als selbstverständlicher Teil der *Sarvodaya*-Bewegung[3] gesehen, mit ihren sich auf Gandhis und Vinobas Denken beziehenden spirituellen Wurzeln. Er widmete sich einer

3. *Sarvodaya*, dt.: Wohlfahrt für alle; der Begriff wurde von Gandhi im Zusammenhang mit der Übersetzung von Ruskins Buch »Unto This Last« geprägt (s. S. 93f.).

sozialwissenschaftlichen Beschreibung und Erklärung gesellschaftlicher Ereignisse, konnte jedoch durchaus Vinobas Verdienste auf spirituellem Gebiet würdigen. In einem Gespräch mit den Bewohnerinnen des Frauen-Ashrams in Paunar über Spiritualität sagte er 1971, daß er als Jugendlicher die Bhagavadgita[4] gelesen und ihm dies Motivation für sein Engagement gegeben habe. Später sei er dann Atheist geworden, habe aber schließlich eine rein materielle Begründung menschlicher Existenz nicht als ausreichend empfunden. Aus den Aufzeichnungen im Gefängnistagebuch wird deutlich, daß J. P. sich in seinen letzten Jahren wieder mit hinduistischer Philosophie und Ethik auseinandersetzte.

Menschen, die mit ihm zusammengearbeitet haben, berichten von seiner zutiefst humanistischen Grundhaltung, die eine spirituelle Ausstrahlung hatte. Wie ein indischer *Karmayogi*, ein Wahrheitssucher durch praktisches Handeln, sagte J. P.: »Wenn jemand auf selbstlose Weise seine Arbeit tut, dann ist das bereits Gebet.« Seine Vision vom Zusammenleben in den Dörfern Indiens beschrieb er so: Für eine auf Gewaltfreiheit basierende Gemeinschaft ist das Gefühl, daß »wir und ihr eins sind, notwendige spirituelle Voraussetzung«.

Literatur

Jayaprakash Narayan, *From Face to Face.* Sarva Seva Sangh Prakashan, Varanasi 1971.

Jayaprakash Narayan, *Prison Diary 1975.* Popular Prakashan, Bombay 1977.

Jayaprakash Narayan, *Towards Total Revolution.* Bde. 1-4. Popular Prakashan, Bombay 1978.

Hagen Berndt, »*Indiens gewaltfreie Bewegung nach Gandhi*«, in: Friedolin-Sondernummer »Gandhi und die gewaltfreie Revolution«. ARGE, Graz 1993.

Kushwant Singh, »*JP the Man*«, in: The Sky Darkens over India. London 1975.

4. Die Bhagavadgita ist ein heiliges Buch der Hindus, das immer wieder kommentiert wurde, in diesem Jahrhundert auch von Mahatma Gandhi und Vinoba Bhave.

Aung San Suu Kyi

Liebevolle Güte als Grundsatz politischen Handelns

»Heilige, wird gesagt, sind Sünder, die sich weiterhin bemühen. Daher sind freie Menschen diejenigen Unterdrückten, die fortfahren sich zu bemühen und die sich in diesem Prozeß dazu befähigen, Verantwortung zu übernehmen und diejenigen Disziplinen hochzuhalten, die eine freie Gesellschaft schaffen. Unter den grundlegenden Freiheiten, die Menschen anstreben, damit ihre Leben erfüllt und unverkrampft werden, ragt Freiheit von Furcht gleichermaßen als Mittel und als Ziel hervor. Ein Volk, das eine Nation mit starken demokratischen Institutionen gegen staatliche Willkür aufbauen will, muß erst lernen, den eigenen Geist von Apathie und Furcht zu befreien.«

Aung San Suu Kyi, die von Juli 1989 bis Juli 1995 unter Hausarrest stand und auch nach ihrer Freilassung weiterhin vom birmanischen Militärregime überwacht wird, hat keine Angst davor, daß ihr das Schicksal vieler ermordeter, gefolterter oder »verschwundener« Demokraten in Birma widerfahren könnte. Furcht, glaubt sie, ist eine Gewohnheit, von der sie sich durch ihre langjährige Erfahrung im Ausland freimachen kann. Furcht geht mit Haß einher, und deshalb kann Furcht mit *metta*, liebevoller Güte, begegnet werden. Indem so Vertrauen geschaffen und die eigene Unsicherheit sowie die der Mitmenschen bekämpft wird, kann Versöhnung geschehen.

Als Tochter des Freiheitshelden General Aung San, Autor eines demokratischen Verfassungsentwurfes und Mitbegründer der birmanischen Armee, ist Aung San Suu Kyi nicht ganz zufällig in die Politik gelangt. Doch nachdem ihr Vater in ihrem zweiten Lebensjahr, und noch vor der Unabhängigkeit Birmas aus britischer Kolonialherrschaft, ermordet wurde, ging sie zunächst ganz andere Wege. Die 1945 geborene Frau studierte in Delhi und Oxford Politologie und Wirtschaftswissenschaften, arbeitete von 1969 bis 1972 bei den Vereinten Nationen in New York und heiratete 1972 den Tibetologen Michael Aris, mit dem sie zeitweilig im Himalaja-Königreich Bhutan lebte. Erst 1988 kehrte Aung San Suu Kyi nach Birma zurück, um ihre sterbende Mutter zu pflegen, und geriet in den Strudel der sich gerade entwickelnden Demokratiebewegung.

Schon wenige Wochen nach ihrer Ankunft erlebte sie mit, wie die Militärregierung auf die wachsenden Rufe nach Demokratie einzugehen schien, dann aber alle Hoffnungen der Bevölkerung mit dem Massaker am 8. August 1988 zunichte machte, als sie auf mehrere tausend gewaltfreie Demonstranten schießen ließ. Am 26. August 1988 erklärte Aung San Suu Kyi öffentlich ihren Eintritt in die Politik. Als Grundprinzipien ihrer politischen Tätigkeit nannte sie in einer von einer halben Million Menschen besuchten Kundgebung Gewaltfreiheit, Wiederherstellung der Menschenrechte und Einführung der Mehrparteiendemokratie. Sie sah sich in die Fußstapfen ihres Vaters treten.

Die von Aung San Suu Kyi mitbegründete Nationale Liga für Demokratie (NLD), deren Vorsitz sie bald übernahm, gewann trotz massiver Behinderungen durch die Militärregierung bei den Wahlen am 27. Mai 1990 mehr als 80% der Sitze. Doch die Generäle ignorierten das überzeugende Wahlergebnis und ließen das Parlament nicht seine Arbeit aufnehmen. Viele Angehörige der NLD wurden verhaftet oder mußten das Land verlassen. Zu diesem Zeitpunkt befand sich Aung San Suu Kyi bereits unter Hausarrest. Das Angebot der Militärregierung, sie ins Ausland zu lassen, nahm sie nicht an, denn sie wollte ihr Versprechen, den Birmanern auf dem Wege zur Demokratie zu helfen, nicht verraten. Ziviler Ungehorsam heißt für sie, dem Unrecht nicht nachzugeben. In den Jahren ihrer Gefangenschaft orientierte sie sich an Nelson Mandela und Václav Havel als Vorbildern und bot der Regierung immer wieder den Dialog zur Bewältigung der Krise des Landes an, das durch einen internationalen Boykott in die Isolation geraten war. 1991 erhielt Aung San Suu Kyi den Friedensnobelpreis.

Metta, liebevolle Güte, ist für die Pragmatikerin kein sentimentales Konzept, mit dem sie über politische Differenzen hinwegsieht. In der buddhistischen Philosophie gehört *metta* zusammen mit Freigebigkeit, Rechtschaffenheit, Geduld, Nachdruck, Meditation, Weisheit und Gleichmut zu den Wegen zur Befreiung. Für Aung San Suu Kyi, deren Politik mit spirituellen Werten untrennbar verknüpft ist, ist *metta* ein aktiver Grundsatz, der die Voraussetzungen zum offenen Gespräch mit dem politischen Gegner und eine angenehme Atmosphäre des Vertrauens schaffen soll. Es reicht nicht aus, Güte auszustrahlen, weshalb Aung San Suu Kyi betont, wie wichtig es ihr ist, selbst Verantwortung zu übernehmen und konkret zu handeln.

Überhaupt sagt Aung San Suu Kyi von sich, daß sie »fest an Handeln, Anstrengungen und Bemühung glaubt«. Derjenigen Interpretation der *karma*-Lehre, die alles Leid als Schicksal auf vergangene Taten zurückführt und damit unabänderlich erscheinen läßt, widerspricht sie vehement: »Ich glaube, dies ist eine Entschuldigung für Nichtstun und nicht mit unseren buddhistischen Ansichten vereinbar. Wenn das, was jetzt geschieht, das Ergebnis von Vergangenem ist, dann gibt es umso mehr Gründe, sich heute alle Mühe zu geben, die Situation zu verändern.« In ihren Reden, die sie nach ihrer Entlassung aus dem Hausarrest wöchentlich vor ihrem Haus hält, weist sie immer wieder darauf hin, daß sich jeder Mensch selbst um seine Befreiung bemühen muß. Sie will nicht als außergewöhnliche Person herausgehoben werden, sondern andere dazu anregen, Fragen zu stellen und ihr Schicksal trotz der schwierigen Umstände in ihrer Heimat selbst in die Hand zu nehmen.

Wahrheit ist für die Frau, die als Jugendliche dem Vorbild ihres Vaters folgen und in die Armee eintreten wollte, »eine mächtige Waffe«, und Gewaltfreiheit zuallererst eine politische Taktik. Zwar meint sie, daß *ahimsa*, also Gewaltfreiheit ein spirituelles Prinzip ist, das den fünf buddhistischen Geboten (nicht töten, nicht stehlen, nicht lügen, kein sexuelles Fehlverhalten, kein Drogenkonsum) zugrundeliegt. Doch hat sie Gewaltfreiheit im Sinne von »positivem Handeln« eher als eine politische Taktik gewählt, weil sie dies für den geeigneten Weg zu einer stabilen Demokratie in Birma hält. Sie steht zu den Studenten, die nach der gewaltsamen Niederschlagung der Demokratiebewegung den Guerilla-Kampf aufgenommen haben, doch will sie selber politischen Wandel nicht mit Waffen herbeiführen, weil dies die Tradition fortsetzt, daß Macht auf Waffengewalt beruht. In der konkreten Auseinandersetzung mit bewaffnetem Militär zeigte sie immer wieder Mut, zum Beispiel als sie einmal auf eine Einheit schußbereiter Soldaten zuging und das Gespräch suchte.

Aung San Suu Kyi geht in ihrer Beschreibung der Ursachen von Unfrieden und Gewalt noch ein Stück weiter. In vielen Reden und Aufsätzen kritisiert sie die Politik der »Neuen Weltordnung«, die menschliche Entwicklung ausschließlich nach materiellen Kriterien beurteilt und damit die Grundlagen einer zivilisierten Gesellschaft zerstört. Dies steht ihrem Denken entgegen: »Der Buddhismus bezeichnet in der Erforschung der Formen menschlichen Leidens die Gier und Lust – also Leidenschaft, sich einem zügellosen Verlangen hinzugeben – als erste von zehn Unreinheiten, die einem ruhigen, zufriedenen Geisteszustand im Wege stehen (...) Freundlichkeit, Mitleid, Sympathie und Gleichmut verstehen die Buddhisten als ›göttliche‹ Charaktereigenschaften, die Not lindern helfen und Glück unter allen Lebewesen verbreiten. Das größte Hindernis für diese edlen Empfindungen ist nicht so sehr Haß oder Wut als vielmehr ein verbissener Geisteszustand, ein auf engstirnigen Egoismus ausgerichtetes Dasein.« Sie fordert wirtschaftliche, politische und soziale Institutionen, die im Dienste des Menschen arbeiten, eine Kultur, die menschliche Bedürfnisse berücksichtigt, und eine echte Beteiligung der Menschen an sozialen und politischen Transformationsprozessen. Aung San Suu Kyi widerspricht Politikern, die Demokratie und Menschenrechte als westliche Einflüsse und im Gegensatz zum asiatischen Entwicklungsweg verwerfen. Armut, sagt sie, wird sich nicht durch materielle Unterstützung bekämpfen lassen. Nur eine Beteiligung an der Macht, das Vermögen der Völker, ihre Freiheit und Sicherheit selbst zu bestimmen, wird Frieden, Stabilität und Einheit nähren können.

Literatur

Aung San Suu Kyi, *»Die Fallen der modernen Zivilisation«,* in: die tageszeitung, 22. Mai 1993.

Aung San Suu Kyi, *»Eine Kultur des Friedens und der Entwicklung.* Ansprache bei einem Treffen der Weltkommission für Kultur und Entwicklung in Manila am 21. November 1994«, in: Südostasien, Jahrg.11, Nr. 1, 1995, S. 4-8.

Aung San Suu Kyi, *Freedom from Fear.* Penguin, London 1995.

Aung San Suu Kyi, *»Opening Keynote Address by Aung San Suu Kyi read on Video to the NGO Forum on Women«* Beijing 1995.

Aung San Suu Kyi, *The Voice of Hope.* Penguin, London 1997.

Dalai Lama XIV.

Weisheit und Mitgefühl

»Wenn wir wirklich etwas für die Freiheit und die Gerechtigkeit tun wollen, dann ist es am besten, wenn wir dies ohne Wut und ohne Feindseligkeit tun. Mit innerer Ruhe und einer aufrichtigen Bereitschaft können wir dreißig, vierzig Jahre lang hart arbeiten. Ich glaube, daß durch mein eindeutiges Bekenntnis zur Gewaltlosigkeit, das auf einem echten Glauben daran beruht, daß alle Menschen Schwestern und Brüder sind, einige positive Resultate erzielt worden sind.«

Der XIV. Dalai Lama, geistiges und weltliches Oberhaupt der Tibeter, lebt heute schon seit fast 40 Jahren im indischen Exil. Inzwischen wurde er zu einem der populärsten Vertreter des Buddhismus im Westen. Auf sein Land Tibet beziehen sich die spirituellen Träume vieler buddhistisch beeinflußter Europäer und Nordamerikaner. Der Dalai Lama nutzt dieses Interesse, um für Unterstützung für die Rechte der von China unterdrückten Tibeter zu werben, doch hat er nie Illusionen über die Widersprüchlichkeit der tibetischen Realität genährt. Er weiß, daß das gesellschaftliche und politische System Tibets vor dem chinesischen Einmarsch 1950 und der vollkommenen Besetzung 1959 hoffnungslos veraltet und korrumpiert war, daß die tibetische Wirtschaft einer dringenden Erneuerung bedurfte und daß sich die Zeiten auch für das zentralasiatische Hochland unwiederbringlich geändert haben. In diesem Sinne ist er der Auffassung, daß die chinesische Besetzung zumindest den positiven Effekt hatte, daß die Tibeter sich mit der Welt auseinandersetzen und neue Lebensformen entwickeln mußten.

Der als Tulku, d. h. als Wiederverkörperung seines Vorgängers, des XIII. Dalai Lamas und in einer langen Kette von Existenzen des Bodhisattva Avalokiteshvara[1] verehrte Dalai Lama wurde 1935 als Sohn einer Kleinbauernfamilie im Nordosten Tibets geboren. Der tibetisch-

1. Ein Bodhisattva ist ein Anwärter auf die Buddhaschaft, der seine Erlösung zugunsten der Erlösung der Menschheit zurückgestellt hat. Der Bodhisattva Avalokiteshvara wird als Bodhisattva des Mitgefühls und der liebevollen Hinwendung besonders in Tibet und China verehrt.

buddhistischen Tradition entsprechend machte sich etwa vier Jahre nach dem Tod des XIII. Dalai Lama (gest. 1933) ein Suchtrupp von Mönchen aus der Hauptstadt Lhasa auf, folgte Zeichen und Weissagungen, um die Wiederverkörperung des Dalai Lama zu finden. Im Dorfe Taktser begegneten sie dem zweijährigen Lhamo Thöndup, der aus einer Reihe mitgebrachter Utensilien zielsicher die des verstorbenen Dalai Lama aussuchte. Das Kind siedelte in ein nahegelegenes Kloster über, trat jedoch aufgrund politischer Hindernisse erst im Sommer 1939 die dreimonatige Reise nach Lhasa an. Im folgenden Jahr wurde er als geistiges Oberhaupt der tibetischen Buddhisten eingesetzt und wenig später als Novize ordiniert. Er erhielt den Ordensnamen Tenzin Gyatso. Die Regierungsgeschäfte blieben zunächst auch weiterhin in der Hand von Regenten, die gleichzeitig die Tutoren des heranwachsenden Dalai Lama waren. Dieser widmete sich seiner Ausbildung, insbesondere dem Studium buddhistischer Schriften, der Philosophie und der Debattierkunst. Das Kind wuchs einsam im Potala-Palast, dem im 17. Jahrhundert vom V. Dalai Lama erbauten Regierungssitz heran, begann sich für Technik und Naturwissenschaft zu interessieren und bekam bereits als Jugendlicher die Intrigen in der tibetischen Regierung mit.

Im November 1950, als chinesische Truppen bereits die westlichen Provinzen Tibets eingenommen hatten und deren Einmarsch nach Lhasa bevorstand, wurde die frühzeitige Einsetzung des Dalai Lama als politisches Oberhaupt Tibets beschlossen. Offensichtlich sollte dies zu einer Stabilisierung des Landes beitragen. Dennoch setzte die Volksrepublik China die Errichtung einer parallelen chinesischen Verwaltung in Tibet durch und zog im Laufe der Jahre immer mehr Truppen nach Lhasa. In den Provinzen begann sich die Bevölkerung gegen die mit brutaler Repression regierenden Chinesen aufzulehnen und – nicht zuletzt mit der halbherzigen Unterstützung des CIA – bewaffneten Widerstand zu leisten. Der damals 15jährige Dalai Lama setzte sein Studium fort, das er erst 1959 abschloß, nahm vergeblich Kontakt mit den Vereinten Nationen auf und reiste 1954 nach China, um dort mit Mao persönlich die Eigenständigkeit Tibets zu verhandeln. Dieser Versuch des noch unerfahrenen jugendlichen Politikers war genauso vergeblich wie Gespräche mit Jawaharlal Nehru und anderen indischen Politikern bei einer Reise nach

Sikkim[2] und Indien 1956/57. Immerhin durchbrach das moderne Tibet damit zum ersten Mal seine selbstgewählte Politik der Isolation und betrat den Boden internationaler Diplomatie.

Hungersnöte und die unerträglich werdende Repression der chinesischen Volksarmee führten im März 1959 zum tibetischen Aufstand in Lhasa, dessen Niederschlagung nach chinesischen Quellen über 80 000 Menschenleben forderte. Der Dalai Lama, immer mehr unter Druck, seine Politik des Ausgleichs mit China zu rechtfertigen, entkam verkleidet und unter dem Schutz von Rebellen nach Indien. Dort widmete er sich der Organisation und Entwicklung der tibetischen Flüchtlingsgemeinde und dem Aufbau einer Exilregierung im nordindischen Dharamsala. Auf unermüdlichen Reisen durch die ganze Welt wirbt er bis heute – und mit zunehmender Öffnung Chinas zum Westen hin in wachsendem Maße vergeblich – um eine Anerkennung der eigenstaatlichen Rechte Tibets. Zwar hat er 1989 den Friedensnobelpreis erhalten und Ansehen als spirituelle und moralische Autorität erlangt, doch läuft ihm die Zeit in Tibet davon: chinesische Siedlungspolitik und Fluchtwellen haben die Tibeter bereits zu einer Minderheit im eigenen Lande gemacht. Daher fordert der Dalai Lama heute nicht mehr die vollständige politische Unabhängigkeit Tibets, sondern nur ausreichende Garantien dafür, daß tibetische Werte und Kultur erhalten bleiben.

Heute wie in den 50er Jahren sieht sich der Dalai Lama Kritik ausgesetzt, wenn er gegen den bewaffneten Befreiungskampf argumentiert. Angesichts der chinesischen Übermacht gegenüber dem Sechsmillionenvolk der Tibeter und ihrer wirtschaftlichen sowie militärischen Überlegenheit sah und sieht er keinen Sinn in einem Guerillakrieg, der viel Blut vergießen würde. Realistischerweise wollte er sich auch nie auf eine inoffizielle Unterstützung durch die USA, die ihm über den CIA zugetragen wurde, verlassen. Doch zu diesen pragmatischen Überlegungen kommen solche prinzipiellerer Natur: »Praktisch gesehen können wir durch Gewalt etwas erreichen, aber nur zu Lasten des Wohlergehens eines anderen Menschen. In dieser Weise lösen wir vielleicht ein Problem, schaffen aber gleichzeitig ein neues. Die beste Art, Probleme zu lösen, ist die durch menschliches

2. Sikkim: Himalaja-Fürstentum östlich von Nepal, heute indischer Bundesstaat.

Verständnis, durch gegenseitige Achtung (...) Vielleicht stellt sich nicht die volle Befriedigung ein, aber zumindest sind künftige Gefahren gebannt. Gewaltlosigkeit ist ein sicherer Weg.«

Dennoch sind gewaltfreie Handlungen, die in ihrer Konstruktivität der menschlichen Natur am ehesten entsprechen, nicht immer nur sanft. Entsprechend buddhistischem Denken, in dem richtige Intentionen eine große Rolle spielen, schreibt der Dalai Lama: »Am Maßstab des äußeren Handelns läßt sich schwerlich entscheiden, ob ein Handeln gewalttätig oder gewaltlos ist. Es hängt letztlich von der Motivation des Handelns ab. Wenn die Motivation negativ ist, ist das Handeln, auch wenn es nach außen hin sehr verbindlich und freundlich ist, in einem tieferen Sinne sehr gewalttätig. Andererseits sind harsche Maßnahmen und Worte, die aus einer aufrichtigen, positiven Motivation kommen, im Grunde gewaltlos. Mit anderen Worten, Gewalt ist eine zerstörerische Macht. Gewaltlosigkeit ist konstruktiv.«

Ein solches gewaltfreies Handeln ist für den Mann, der Religion und Politik in enger Verbindung miteinander sieht, religiöses Handeln. Sein Anliegen ist, daß Menschen heute ein universelles Verantwortungsgefühl für die Situation des Planeten insgesamt und füreinander übernehmen. Grundlage dafür sind Altruismus und Mitgefühl sowie die Bekämpfung innerer Feinde wie Stolz, Zorn oder Eifersucht – dies nennt er »die wirkliche religiöse Praxis«. Nur so und nicht durch Zwang zur Verantwortung, glaubt er, läßt sich eine Lösung der sozialen, politischen und ökologischen Probleme herbeiführen – eine deutliche Abkehr von den rein materialistischen Modellen, die er bei den Kommunisten Maos während seiner ersten China-Reise noch bewundert und von denen er Impulse auch für Tibets Entwicklung erhofft hatte.

Der Dalai Lama ist bemüht, sein Leben am *Bodhisattva*-Ideal zu orientieren: »Nach buddhistischer Anschauung ist ein Bodhisattva jemand auf dem Weg zur Buddhaschaft, der sein ganzes Leben der Aufgabe widmet, alle anderen Wesen vom Leid zu befreien (...) Das Bodhisattva-Ideal ist deshalb das Streben, in unendlicher Weisheit unendliches Mitgefühl zu üben.« Er glaubt, daß wahres Mitgefühl eine positive Wendung zum Frieden herbeiführen kann und schöpft Hoffnung für ein Wachsen des Weltfriedens aus der Beobachtung, daß selbst mächtige Staaten die Notwendigkeit einzusehen beginnen, die Wahrheit zu achten und den Menschenrechten sowie demokratischen Freiheiten Raum zu geben.

Literatur

Dalai Lama XIV, *Das Buch der Freiheit: Die Autobiographie des Friedensnobelpreisträgers.* G. Lübbe Verlag, Bergisch Gladbach 1992.

Dalai Lama XIV, *Eine Politik der Güte.* Walter-Verlag, Olten/Freiburg 1992.

Dalai Lama XIV, *Im Einklang mit der Welt.* G. Lübbe Verlag, Bergisch Gladbach 1993.

Erich Follath, »*Ozean der Weisheit*«, in: Der Spiegel, Nr. 16, 13. April 1998, S. 108-121.

Maha Ghosananda

Frieden Schritt für Schritt

»Wir müssen den Mut aufbringen, unsere eigenen Tempel zu verlassen und uns in die Tempel der menschlichen Erfahrung zu begeben, Tempel, die erfüllt sind von Leiden. Wenn wir auf den Buddha, auf Christus oder auf Gandhi hören, bleibt uns gar nichts anderes zu tun. Dann werden die Flüchtlingslager, die Gefängnisse, die Ghettos und Schlachtfelder unsere Tempel sein.«

Der Mönch Maha Ghosananda verließ 1978 den Tempel in Thailand, wo er 13 Jahre lang meditiert hatte, um in seine Heimat Kambodscha zurückzukehren. Das südostasiatische Land war Mitte der 60er Jahre in den Vietnam-Krieg hineingezogen worden, hatte seit 1969 unter US-amerikanischer Bombardierung und seit 1975 unter dem mörderischen Regime der Roten Khmer zu leiden gehabt. Mehr als 2 Millionen Menschen, darunter fast alle Intellektuellen und der größte Teil des buddhistischen Klerus fielen dem wahnwitzigen Versuch zum Opfer, eine neue Gesellschaft zu schaffen.

Maha Ghosananda traf in Kambodscha ein, kurz bevor die Roten Khmer durch eine Invasion aus Vietnam in die Wälder getrieben wurden. »Kämpfe nicht mit dem Leiden. Finde deinen eigenen Weg« – diesem Grundsatz buddhistischer Gewaltfreiheit folgte er. Zunächst nahm er Kontakt mit Flüchtlingen in Kambodscha und dann auch mit den in der ganzen Welt verstreuten kambodschanischen Gemeinschaften auf. In den folgenden Jahren des Bürgerkriegs suchte der Mönch das Gespräch mit allen Konfliktparteien. Ziel seiner Bemühungen war und ist bis heute ein dauerhafter Frieden im überwiegend buddhistischen Kambodscha. 1991 unterzeichneten die Kriegsparteien einen Friedensvertrag, der 1993 zu Wahlen unter der Aufsicht der Vereinten Nationen führte. Doch noch hat nur eine begrenzte Normalität den langen Bürgerkrieg ersetzt: immer wieder werden Kämpfe aus entfernten Landesteilen gemeldet, und überall vergrabene Landminen werden noch jahrzehntelang Menschen töten.

Maha Ghosananda wurde 1929 als Sohn von Bauern im Mekong-Delta geboren. Sein Hineinwachsen in die Gemeinschaft der buddhistischen Mönche war typisch für die dem Theravada-Buddhismus – also der ältesten Schule – angehörenden Gesellschaften Süd- und Südostasiens: Als Achtjähriger war er als Tempeljunge im Dorftempel für Handlangertätigkeiten zuständig und hatte dabei Gelegenheit, das Tempelleben näher kennenzulernen. Mit 14 Jahren wurde er als Novize ordiniert. Später studierte der junge Mönch in verschiedenen Universitäten in Kambodscha und in Indien, im Ursprungsland der buddhistischen Lehre. Dort kam er mit dem Gründer der japanischen Nipponzan-Myohoji-Sekte, dem Mönch Nichidatsu Fujii, in Kontakt. Die Nipponzan-Mönche zeichnen sich durch ihre Friedensarbeit und ein aktives Verständnis von Gewaltfreiheit aus.

Nach einigen Jahren in Kambodscha, die er im Umfeld des Oberhaupts der kambodschanischen Mönchsgemeinschaft verbracht hatte, zog Maha Ghosananda 1965 in den Süden Thailands. Dort war in den Waldtempeln eine Bewegung entstanden, die eine strenge meditative Praxis mit sozialem Bewußtsein verband. Einige Jahre später erfuhr er dort vom Kriegsbeginn in seiner Heimat: »Man sagte uns, daß wir nicht zulassen sollten, daß der Krieg in Kambodscha unseren Geist beeinflußte. Wir sollten uns durch ihn nicht in unserer Konzentration stören lassen. Dennoch weinten wir jeden Tag um Kambodscha.«

Den eigenen Geist zu beherrschen, das sieht Maha Ghosananda als das grundlegende, Frieden schaffende Prinzip der buddhistischen Lehre an: »Wenn wir den Geist beherrschen, sind wir frei von allem Leiden. Eine andere Lehre braucht es nicht.« Er befindet sich damit ganz streng in der meditativen Tradition buddhistischer Erneuerung im 20. Jahrhundert, die Achtsamkeit als Verhaltensprinzip in den Vordergrund stellt. »Richtige Achtsamkeit« ist das siebte Element des Edlen Achtfachen Pfades zur Überwindung des Leidens aus der Lehre des Buddha. Hierfür sind eine ganze Reihe von Techniken entwickelt worden, wie zum Beispiel die Konzentration auf den Atem. Thailändische Mönche haben den Edlen Achtfachen Pfad (Richtige Anschauung, richtige Gesinnung, richtiges Reden, richtiges Handeln, richtige Lebensweise, richtiges Streben, richtige Achtsamkeit, richtige Konzentration) in diesem Jahrhundert daraufhin untersucht, welche Möglichkeiten zu sozialer Veränderung er bietet.

»Achtsamkeit und klares Verständnis bilden das Herz der buddhistischen Meditation. Der Frieden wird verwirklicht, wenn wir in jedem unserer Schritte achtsam sind«, sagt deshalb Maha Ghosananda und ist durch sein persönliches Engagement über den Verdacht erhaben, dies nur als individuellen Heilsweg zu begreifen.

Frieden beginnt nach Ghosananda beim Individuum: damit, sich selbst zu lieben, sich selbst zu beschützen, also dafür zu sorgen, selbst glücklich zu sein. Darauf baut liebevolle Güte als Praxis buddhistischer Gewaltfreiheit auf – das Streben danach, keinen Schaden zuzufügen, und sich für das Wohlergehen aller Menschen einzusetzen. In der buddhistischen Tradition wird dafür das Sanskrit-Wort *ahimsa* verwendet.

Gewaltfreiheit ist dabei keineswegs gleichbedeutend mit politischer Naivität. Immer wieder weist Ghosananda darauf hin, daß Mitgefühl und Weisheit zusammengehören. Das im Buddhismus häufig zitierte Prinzip des Mittleren Weges interpretiert er als das Gleichgewicht zwischen Weisheit und Mitgefühl und erzählt dazu folgende Geschichte: Ein Bauer findet eine sterbende Giftschlange, die er, um sie gesundzupflegen, in sein Bett legt. Sobald sie gesund ist, beißt sie jedoch den Bauern, der vom Schlangengift stirbt. »Mitgefühl ohne Weisheit kann großes Leid verursachen.«

Auf der politischen Ebene bedeutet das Zugehen auf die Roten Khmer als die Verantwortlichen für den Völkermord keinen Verzicht auf die Verurteilung ihrer Taten. Mitgefühl und Weisheit entsprechen nach der Überzeugung Ghosanandas den humanitären Bedürfnissen und der politischen Realität. »Es bedeutet, Mitgefühl zu haben, ohne

Zugeständnisse zu machen, und Frieden zu schließen, ohne beschwichtigend zu sein.« Er strebt eine Lösung der Konflikte an, aus der alle Parteien als Sieger hervorgehen. Dazu geht er jedoch seinen eigenen Weg. Zunächst bedeutete das, in die Flüchtlingslager zu gehen, auch in die von den Roten Khmer kontrollierten, um dort für Versöhnung einzutreten und den kambodschanischen Mönchsorden wiederaufzubauen. 1988 wurde Maha Ghosananda zum Oberhaupt der kambodschanischen Buddhisten ernannt.

Seit 1992 hat er jährlich um die Zeit der großen buddhistischen Feste im April/Mai Friedensmärsche (*Dhamma Yietra* – Pilgerfahrt der Rechtschaffenheit/der rechten Lebensführung[1]) durch Kambodscha geleitet, wobei besonders in unsicheren Gebieten Vertrauen in den Friedensprozeß aufgebaut werden sollte. Als zu Beginn eines Friedensmarsches die versammelten Aktivisten unter Beschuß gerieten und nur durch Glück Granatenangriffe überstanden, sagte er die Veranstaltung nicht ab: gerade dies sei der Grund dafür, weiterzumarschieren. Sein Motto, daß der Frieden »Schritt für Schritt« entstehe, ist in Kambodscha zu einem geflügelten Wort geworden. Keine leere Formel, denn »um Frieden zu schaffen, müssen wir erst die Landminen in unseren Herzen entfernen, die uns am Friedenschaffen hindern: Haß, Gier und Täuschung.« Dies ist das Fundament für sein Engagement in der internationalen Kampagne gegen Landminen wie bei den Bemühungen, das weitläufig verminte Kambodscha davon zu befreien.

Literatur

Kim Teng Nhem, »*Walking Slowly towards Peace in Cambodia*«, in: Pilgrim Voices: Citizens as Peacemakers, Hg.: Ed Garcia. Ateno de Manila University Press, Manila 1994, S. 27-41.

Maha Ghosananda, *Wenn der Buddha lächelt.* Herder Verlag, Freiburg i. B. 1997.

1. *Dhamma*: Pflicht, (Natur-) Gesetz, Wahrheit, die rechte Lehre, die (buddhistische) Lehre, Rechtschaffenheit.

Stella Tamang

Lernen mit Kopf, Herz und Hand

»Gewaltfreiheit ist für mich beides, aktiv und passiv. Wenn sie im täglichen Leben praktiziert wird, erscheint sie passiv. Wenn wir sie praktizieren, um damit aktiver Gewalt zu begegnen, dann ist sie aktiv. Im wirklichen Sinne ist Gewaltfreiheit so ruhig, hell und kühl«, sagt die nepalesische Buddhistin Stella Tamang. Die Pädagogin und Aktivistin strahlt diese Ruhe und Selbstsicherheit aus und verbindet beides in ihrem Alltag mit viel Pragmatismus und Organisationsgeschick. Bereits als 22jährige Studentin gründete sie ihre erste Schule, die zunächst vom Erziehungsministerium nicht anerkannt wurde, weil die Ausstattung sehr einfach war – sie mußte die Einrichtung privat finanzieren. Sie setzte ihre Arbeit unbeirrt fort, und als nach knapp einem halben Jahr über fünfzig Kinder am Unterricht teilnahmen, erfolgte auch die offizielle Anerkennung des Schulexperiments.

Stella Tamang, geboren 1954, wuchs in Birma auf und zog erst mit fünfzehn Jahren nach Nepal, in die Heimat ihrer Eltern. Ihr Vater war ein Lama, ein Priester der tibetischen Kagyukpa-Sekte. Durch ihn erhielt sie Einblick in das Denken des Mahayana-Buddhismus, des sogenannten »großen Fahrzeugs« der buddhistischen Lehre, die in Zentral- und Ostasien vorherrscht. Die Umgebung ihrer Jugend in Birma ist jedoch vom Theravada-Buddhismus geprägt, der »Schule der Älteren«, die in Sri Lanka und Südostasien bestimmend ist. Diese vielfältige Erfahrung erleichtert ihr auch heute die überregionale Zusammenarbeit als Mitglied des Exekutivkomitees des Internationalen Netzwerks Engagierter Buddhisten[1].

Unter schwierigen wirtschaftlichen Umständen beendete Stella Tamang in Nepal ihre Schulausbildung, um Medizin zu studieren. Aus finanziellen Gründen wurde nichts aus diesem Traum, so daß sie eine Stelle als Hilfslehrerin annahm, die es ihr erlaubte, in den Morgen- und Abendstunden die Fächer Englische Literatur, Wirt-

1. Das Internationale Netzwerk Engagierter Buddhisten (INEB) wurde 1989 von dem thailändischen Sozialkritiker Sulak Sivaraksa gegründet.

schaftswissenschaften und Pädagogik zu studieren. In diese Zeit fällt ihr Nachdenken über das nepalesische Erziehungssystem. Sie erkannte, daß die herkömmliche Schulausbildung die Probleme, vor denen die einfache Bevölkerung Nepals steht, nicht lösen würde. Das Schulsystem ist eingebunden in ein Modell von Entwicklung, das das lokal vorhandene Wissen nicht beachtet. »Es basiert auf Weisheit, Energie und Kraft von außen – immer ein abhängiges Modell, das die inneren Quellen der Energie und Kraft der Menschen vernachlässigt. Das Resultat solcher fehlgeleiteten Entwicklungsmodelle ist der spirituelle, emotionale, gesellschaftliche und seelische Schaden, der den Menschen zugefügt wird. Ein Schaden, der nicht immer leicht gesehen oder erkannt wird.«

Sie begann, über ein Entwicklungsmodell nachzudenken, das an lokale Traditionen anknüpft und die sozialen Werte der Menschen ernst nimmt. Ihre eigene Situation als Angehörige des buddhistischen Stammes der Tamang, der gegenüber den staatstragenden Hindus eine Minderheit darstellt, machte ihr besonders deutlich, daß Entwicklung nur einer bestimmten Bevölkerungsgruppe zugute kommt. Stellas Ehe mit Parshuram Tamang, dem Vorsitzenden der Vereinigung der Tamang und Generalsekretär der Dachorganisation von 24 nepalesischen Volksgruppen-Verbänden, brachte sie dieser Problematik näher. Die Tamang gehören zu den größten ethnischen Gruppen Nepals, sind aber gleichzeitig am meisten betroffen von Armut und Analphabetismus. Von der Demokratisierung Nepals in den 80er und beginnenden 90er Jahren erhofften sich besonders buddhistische Frauen, deren Religion bzw. Stammestraditionen der Frau traditionell mehr Rechte einräumten als der Hinduismus, eine Anerkennung ihrer Position. Insbesondere war ihnen Scheidung und Besitz erlaubt, und sie konnten Land erben. Doch die neue Verfassung schrieb den Hinduismus als Staatsreligion fest und verschlechterte damit ihren Status. Zusammen mit Angehörigen anderer Religionsgemeinschaften setzen sich die Buddhisten daher für einen säkularen Staat in Nepal ein, der die religiöse und soziale Identität der Stammesbevölkerung respektiert.

In Stella Tamangs eigener, nach einer nepalesischen Prinzessin des 17. Jahrhunderts »Bhrikuti« benannten Schule werden heute etwa 900 Kinder bis zur 10. Klasse unterrichtet. Als Erziehungsziel strebt die

Gründerin »die Veränderung der eigenen Person, der Gesellschaft und der Welt durch die Stärkung menschlicher Werte« an. Deshalb wird Spiritualität und der gegenseitigen Wechselbeziehung verschiedener Menschen und Kulturen im Schulalltag große Aufmerksamkeit geschenkt. Auf vielfältige Weise und mit Kopf, Herz und Hand sollen die Kinder Wahrheit erkunden, erfahren und verstehen. Stella Tamang nimmt den buddhistischen Grundsatz ernst, daß Weisheit notwendig ist, um Wahrheit zu erkennen. Nichts soll geglaubt werden, ohne es zu überprüfen, so die Überlieferung der Worte Buddhas.

Stella Tamang folgt damit der buddhistischen Tradition, die auf die individuelle Verantwortung des Menschen für seine eigene Weiterentwicklung abzielt. Sie verbindet diese Verantwortung jedoch mit der in diesem Jahrhundert besonders in buddhistischen Gesellschaften Südostasiens formulierten gesellschaftlichen Verantwortung und dem Bestreben, Gemeinschaften zu bilden und zu erhalten. Die Kinder, für die sie zuständig ist, lernen nicht nur in der Schule. Natur und gesellschaftliche Umgebung bieten weitere Lernfelder. Außerdem werden ihre Eltern in das Unterrichtsgeschehen eingebunden. Damit dies möglich wird, ist die Bhrikuti-Schule bemüht, den Zugang auch für ärmere Kinder möglich zu machen – durch die Gestaltung des Unterrichts und durch die Kosten.

Doch auch auf diesem Wege können nicht alle Teile der Gesellschaft erreicht werden. Viele Kinder müssen bereits ab ihrem 5. Lebensjahr zum Unterhalt der Familie beitragen und können sich den Zeitaufwand für Schulbildung nicht leisten. In der Stammesbevölkerung besteht Mißtrauen gegenüber einem Bildungssystem, das die Sprache der dominanten Kultur verwendet. Daher haben Stella Tamang und ein wachsender Kreis von Mitarbeitern und Mitarbeiterinnen das Konzept der »Alternativen Bildungszentren« entwickelt, die besonders arbeitende Mädchen ansprechen, weil diese zu den schwächsten Teilen der Gesellschaft gehören.

In diesen Zentren werden Fertigkeiten in traditionellem Handwerk und im Lesen und Schreiben vermittelt. Indem lokale Erfahrungen und Materialien genutzt werden, kann dem Bedürfnis entsprochen werden, am Wohnort Geld zu verdienen. Die Teppichindustrie, Nepals Industriezweig mit dem größten Anteil an Kinderarbeit, ist in den Städten konzentriert, weil sie importierte Wolle verarbeitet. In der Vergangenheit hatte das dazu geführt, daß Mädchen in die Städte vermietet oder verkauft wurden. Internationaler Druck, die Kinderarbeit zu beenden, führte dazu, daß diese Praxis nur im Verborgenen weitergeführt wird. Wenn Mädchen entlassen werden, sind sie oft gezwungen, ihr Auskommen in der Prostitution zu verdienen – die nepalesische Gesellschaft ist stark in den Menschenhandel in die Ballungszentren des indischen Subkontinents verwickelt.

Um dem entgegenzuwirken, konzentriert sich Stella Tamang in den »Alternativen Bildungszentren« in jedem Jahrgang auf *eine* ethnische Gruppe, in deren Sprache sie unterrichten läßt, und auf Teilnehmerinnen aus *einer* Region. Die Förderung von lokaler Produktion kann den Menschen dazu verhelfen, ihre Würde wiederzugewinnen, indem sie den Wert eigener Traditionen neu beurteilen lernen. Diese Erkenntnis ist für Stella Tamang grundlegend für ihre politische Arbeit: auf asiatischer Ebene durch Vorstandstätigkeit im »Programm für einheimisches Wissen«, international durch die Zusammenarbeit mit dem Kinderhilfswerk der Vereinten Nationen UNICEF. Sie sieht ihr Engagement in Zusammenhang mit einem alternativen Entwicklungsmodell für das ganze Land: »Jeder Mensch hat das Recht, in Würde zu leben und stolz auf seine Kultur zu sein. Die Frauen und Kinder der Stammesvölker sind die am stärksten unterdrückten und vernachlässigten Mitglieder der nepalesischen Gesellschaft. Doch ohne ihre Arbeitskraft könnte Nepal sich nicht entwickeln. Wir haben um unser eigenes Überleben gekämpft, und nun helfen wir anderen, die kämpfen.«

Thich Nhat Hanh

Lehrer der Achtsamkeit

Am 4. April 1968 teilte der vietnamesische Zen-Mönch Thich Nhat Hanh mit dem US-amerikanischen Franziskaner Daniel Berrigan das Abendmahl. Ihre Verbundenheit war ein Zeichen für Friedensbemühungen in einer Zeit, als nordamerikanische Truppen in den

Vietnam-Krieg eingegriffen hatten. Beide Männer wurden später von Angehörigen ihrer Glaubensgemeinschaften für die Beteiligung an dieser Zeremonie kritisiert. Am Abend des selben Tages hörten sie einen Vortrag von Hans Küng und erfuhren, daß der Bürgerrechtler Martin Luther King ermordet worden war. King hatte Thich Nhat Hanh zwei Jahre zuvor für den Friedensnobelpreis vorgeschlagen.

Der Zen-Mönch spricht vom »lebendigen Buddha« und vom »lebendigen Christus«, und Bildnisse von beiden stehen auf seinem Hausaltar, weil er sie als seine spirituellen Vorfahren ansieht. Doch Thich Nhat Hanh gibt zu, daß sein Weg zu einer unbefangenen Auseinandersetzung mit dem Christentum weit war. Zunächst erlebte er die christliche Missionierung in der französischen Kolonialzeit und das Verbot buddhistischer Feste durch den katholischen Diktator Südvietnams Ngo Dinh Diem. Doch später wurde die Begegnung mit Christen wie Martin Luther King, den er als Heiligen ansieht, Daniel Berrigan oder den Aktiven des Versöhnungsbundes ausschlaggebend für seine andere Haltung.

Thich Nhat Hanh wurde 1926 mit dem bürgerlichen Namen Nguyen Xuan Bao geboren und trat als 16jähriger in ein Zen-Kloster ein. Anfang der 60er Jahre studierte Thich Nhat Hanh in den USA vergleichende Religionswissenschaften, kehrte jedoch im Krieg 1964 wieder nach Vietnam zurück. In Saigon gründete er die »Schule der Jugend für Sozialen Dienst«, wo er buddhistisches Denken konkret gesellschaftlich umsetzen wollte. In bis zu sechsmonatigen Kursen bereiteten sich junge Männer und Frauen auf soziale Aufgaben in den Dörfern und Slums vor, die insbesondere der sich immer mehr verschlechternden Situation in den ländlichen Gebieten Vietnams Abhilfe schaffen sollten. Thich Nhat Hanh war überzeugt, daß eine demokratische Entwicklung seines Landes nur auf der Grundlage einer sozialen und wirtschaftlichen Entwicklung möglich sein würde. Allerdings wurden die in dieser Schule ausgebildeten Sozialarbeiter und Sozialarbeiterinnen in zunehmendem Maße zur Abmilderung von Kriegsauswirkungen eingesetzt, und 1975, nach der Vereinigung Nord- und Süd-Vietnams wurden ihre Aktivitäten ganz unterbunden. Thich Nhat Hanh, der 1966 vom Internationalen Versöhnungsbund zu einer Vortragsreise in die USA eingeladen worden war, mußte im Exil bleiben. Bereits 1965 hatte die südvietnamesische Regierung sein Buch mit Friedensgedichten verboten. Im gleichen Jahr hatte er den buddhistischen Orden des *Interbeing* (d.h. Verflochtenheit alles Seienden) gegründet.

Thich Nhat Hanh schilderte eindrücklich die Leiden der vietnamesischen Bevölkerung im Krieg und machte so den Begriff *engagierter Buddhismus* auf internationaler Ebene bekannt. Der Trappist[1] Thomas Merton nannte Thich Nhat Hanh seinen Bruder und schrieb: »Er ist zu uns gekommen wie andere vor ihm, um Zeugnis abzulegen vom Geiste des Zen. Deutlicher als andere hat er uns gezeigt, daß Zen kein esoterischer und weltverneinender Kult der inneren Erleuchtung ist, sondern daß Zen einen ungewöhnlichen und einmaligen Sinn für Verantwortung in der modernen Welt besitzt.«

Engagierter Buddhismus ist für Thich Nhat Hanh zuerst die eigene Praxis der Achtsamkeit im täglichen Leben. Daraus entspringt die Kraft für die Arbeit an gesellschaftlichen und politischen Problemen: »Ich bin seit über dreißig Jahren in der Friedensarbeit aktiv. Ich habe gegen Armut, Unwissenheit und Krankheit gekämpft und bin zur See gegangen, um bei der Rettung von Bootsflüchtlingen zu helfen. Ich habe Verwundete aus Kampfgebieten evakuiert, Flüchtlinge wieder in ihre Heimat zurückgeführt, hungrigen Kindern und Waisen geholfen, mich gegen den Krieg ausgesprochen, Friedensliteratur geschrieben und verbreitet, Friedens- und Sozialarbeiter unterwiesen und zerbombte Dörfer wiederaufgebaut. Nur durch die Praxis der Meditation – Innehalten, Beruhigung und tiefe Betrachtung – konnte ich die Quellen meiner spirituellen Energie schützen und nähren und diese Arbeit fortführen.«

Heute lebt Thich Nhat Hanh im Südwesten Frankreichs in einem Kloster namens Plum Village, wo er mit Vietnamesen, Europäern und Nordamerikanern zusammenlebt und Meditation und Achtsamkeit unterrichtet. »Wirklicher Friede muß auf Einsicht und Verstehen basieren. Dafür müssen wir tiefe Reflexion praktizieren – tief jede Handlung und jeden Gedanken in unserem täglichen Leben betrachten. Mit Achtsamkeit, der Praxis des Friedens, können wir anfangen, die Kriege in uns selbst umzuwandeln. Dafür gibt es Techniken. Bewußt zu atmen ist eine.«

1. Trappistenorden = christlicher Mönchsorden.

Wenn wir Achtsamkeit üben, dann finden wir die Ruhe, um im gegenwärtigen Moment zu leben, weder der Vergangenheit nachzuhängen noch bereits die Zukunft zu planen. So wird es möglich, »wirklich da zu sein, um das Leben zu berühren.« Thich Nhat Hanh legt dar, wie dies die Fähigkeit zuzuhören berührt, die Fähigkeit, Glück, Wut, Trauer und tiefe Verletzungen zu erkennen und bewußt mit ihnen umzugehen. Denn für ihn als Buddhisten ist die Energie, die aus Mitgefühl entsteht – nicht die aus Wut hervorgehende, die einzig sichere, die Gesellschaft positiv verändernde. Daher rät er dazu, Achtsamkeit bei allen Handlungen des Alltags zu praktizieren und durch die Beobachtung des Atems oder bei Gehmeditationen zu üben. »Wenn wir Achtsamkeit jeden Tag nähren und den Samen des Friedens in uns und in den Menschen um uns herum bewässern, dann haben wir eine Chance, den nächsten Krieg zu verhindern und die nächste Krise zu entschärfen.«

Achtsamkeit hilft, Mitgefühl für andere zu entwickeln. Am schwierigsten ist es, Mitgefühl für Gegner oder für Menschen, die anderen großes Leid zugefügt haben, zu entwickeln. Thich Nhat Hanh hat daher den buddhistischen Grundsatz der Nicht-Trennung betont, der tiefen Anteilnahme und Verantwortung, auch für abzulehnende Taten anderer. Als er 1975 nach Thailand ging, um bei der Rettung der sogenannten Boat People mitzuhelfen, hörte er von einem Mädchen, das von Piraten vergewaltigt worden war und sich selbst ins Meer geworfen hatte. Thich Nhat Hanh berichtet von der ohnmächtigen Wut und Trauer, die er empfand, als er die Nachricht bekam. Das Prinzip der Nicht-Trennung bedeutet hier, sich sowohl mit dem Opfer als auch mit dem Täter identifizieren zu können. Er schrieb darüber in dem Gedicht »Rufe mich bei meinen wahren Namen«:

»Ich bin das zwölfjährige Mädchen
auf einem kleinen Flüchtlingsboot,
die sich ins Meer wirft,
nachdem sie von einem Seepiraten vergewaltigt wurde,
und ich bin auch der Pirat,
mein Herz ist noch nicht fähig,
zu sehen und zu lieben (...)

Bitte rufe mich bei meinen wahren Namen,
damit ich all meine Schreie und mein Lachen
zur selben Zeit hören kann,
damit ich sehen kann,
daß meine Freude und mein Schmerz eins sind (...)«

Thich Nhat Hanh wurde in dieser Haltung immer dann besonders auf die Probe gestellt, wenn er mit Vietnam-Veteranen – US-Soldaten, die in seiner Heimat gekämpft hatten – Kurse veranstaltete. Einer von ihnen, Claude Thomas, berichtet, wie Thich Nhat Hanh zu ihnen spricht: »Ihr Veteranen, ihr seid das Licht oben an der Kerze. Ihr brennt heiß. Ihr habt die Fähigkeit, durch eure Erfahrung der Welt bei ihrer Umwandlung zu helfen, Gewalt zu verwandeln, den Haß zu verwandeln, die Verzweiflung zu verwandeln. Ihr müßt sprechen.«

Literatur

Thich Nhat Hanh, *Love in Action. Writings on Nonviolent Social Change.* Parallax Press, Berkeley 1993.

Thich Nhat Hanh, *Lebendiger Buddha, lebendiger Christus. Verbindende Elemente der christlichen und buddhistischen Lehren.* Goldmann, Gütersloh 1996.

Thich Nhat Hanh, *The Miracle of Being Awake.* Movement, Dublin o. J. (Pamphlet No. 30).

Fred Eppsteiner (Hg.), *The Path of Compassion. Writings on Socially Engaged Buddhism.* Parallax Press, Berkeley 1988.

Mechthild Müser, *»Der Löwenzahn hat mein Lächeln«*, in: Publik-Forum Journal. Nr. 15, 9.8.1996, S. 50-53.

Claude Thomas, *»Finding Peace After«,* in: Shambhala Sun. Nov. 1993, S. 18-23,62.

II.
Gewaltfreiheit in Alltag und Politik – Stichworte von A bis Z

Auschwitz und Holocaust

Welche Lehre aus »Auschwitz« – der Name dieses größten Konzentrationslagers steht hier symbolisch für die gesamte Vernichtungsmaschinerie der Nationalsozialisten – gezogen werden könne, fragte *Thomas Merton*[1], Vorbild einer ganzen Generation von gewaltfrei Aktiven. Was ihn bei der Reflexion des organisierten Mordens in Auschwitz und der Prozesse gegen die Täter, besonders gegen Eichmann erschütterte, war die Tatsache, daß alles so normal erschien: die Täter waren psychisch gesund, von keinerlei Schuldgefühlen geplagt und folgten bis heute anerkannten Tugenden. Das Mitwirken von ganz gewöhnlichen Menschen, die sich nicht widersetzten, gelegentlich die Mitarbeit am Mord als unangenehm empfanden und trotzdem weitermachten, die Vorteile daraus zogen, manchmal vielleicht auch das Übertreten von Grenzen genossen – all das macht nach Merton die Wiederholung von Auschwitz an anderem Ort zu anderer Zeit denkbar. Er schloß daraus die Notwendigkeit, grundlegende Wahrheiten ernst zu nehmen und diesen entsprechend unangepaßt zu handeln: „Vielleicht besteht in einer Gesellschaft wie der unsrigen die schlimmste Abnormalität darin, total angstfrei, total ›gesund‹ zu sein.“ (Merton 1986)

Eine hinreichende und angemessene Auseinandersetzung mit Holocaust und Auschwitz im Zusammenhang mit gewaltfreier Aktion ist an dieser Stelle nicht möglich. Dennoch soll das Thema nicht übergangen werden, denn allzuleicht könnte dies mißverstanden werden als der Versuch, eine schwierige Problematik zu verschweigen. Denn wie und unter welchen Bedingungen gewaltfreies Handeln nach dem deutschen Faschismus und nach Ausch-

1. Thomas Merton (1915-1968), US-amerikanischer Mönch, 1938 getauft, trat 1941 in ein Trappistenkloster ein. Merton schrieb gegen den Vietnamkrieg, stand in engem Kontakt mit dem Catholic Worker und den Brüdern Berrigan. Seine offenen und selbstkritischen Schriften beeinflußten die gewaltfreie Bewegung in den USA stark.

witz denkbar ist, wurde zu einer der schwersten Herausforderungen für die gewaltfreien Bewegungen und beschäftigte nicht zuletzt das jüdische Nachdenken über Gewaltfreiheit. Es können hier jedoch nur die Hauptlinien des Diskussionsverlaufs aufgezeigt werden. In deren Mittelpunkt steht die Frage: Hätte dem Nationalsozialismus mit gewaltfreien Methoden widerstanden werden können?

Für Juden ist pazifistisches und gewaltfreies Handeln heute ohne Bezug auf Auschwitz nicht denkbar. Jüdisches Zweifeln an Gewaltfreiheit nährt sich aus dem Nachdenken darüber, ob entschiedenerer Widerstand der Juden in Deutschland und Europa die Ermordung der 5 bis 6 Millionen Juden eventuell verhindert hätte, eine Frage, die einen Anklang von Selbstbeschuldigung der Opfer für die an ihnen begangenen Verbrechen hat. Doch die Ablehnung von Gewaltfreiheit und die allgemeine Zustimmung zu militärischen Konfliktlösungsversuchen findet hier Argumente. „Wir können keine freien Entscheidungen treffen, wenn wir uns nicht von dem Gefühl befreien, es das letzte Mal falsch gemacht zu haben", schreibt die jüdische Historikerin Evelyn Wilcock (in Polner/Goodman 1994), Spezialistin auf dem Gebiet des jüdischen Pazifismus in diesem Jahrhundert. Das Bedürfnis, durch eigene Maßnahmen sicherzustellen, daß sich der Holocaust nicht wiederholt, macht es gewaltfreien Ansätzen schwer, nach Auschwitz in der jüdischen Welt Fuß zu fassen.

„Wenn Juden es erlauben, daß der Holocaust ihnen einen Rückzug aus den Friedensbewegungen diktiert, dann könnte unsere Abwesenheit eine Botschaft darüber enthalten, was Judentum bedeutet", fügt Evelyn Wilcock ihren Ausführungen daher hinzu. Sie argumentiert, daß jüdische Gewaltfreiheit gerade deshalb gestärkt werden müsse, weil sie der Identifizierung mit den Mördern entgegenstehe. Die Geschichte des Holocaust zeige, daß der gewaltfreie Widerstand von Minderheiten Juden vor der Vernichtung gerettet habe. Deshalb sei es notwendig und möglich, daß auch Juden selbst ihre gewaltfreie Tradition behaupten.

»Wenn ich ein Jude wäre, der in Deutschland geboren ist (...) würde ich Deutschland als meine Heimat beanspruchen geradeso wie der höchste nichtjüdische Deutsche, und ich würde ihn herausfordern, mich zu erschießen oder in den Kerker zu werfen; ich würde mich weigern, vertrieben zu werden oder mich einer diskriminierenden Behandlung zu unterwerfen.« (Gandhi/Buber 1961)

Mit dieser nach den organisierten Anschlägen auf jüdische Geschäfte und Synagogen vom 9. und 10. November 1938 veröffentlichten Aussage provozierte Mahatma Gandhi eine Reihe entrüsteter Reaktionen in der jüdischen Welt. Gandhi, der seine Stellungnahme nicht ohne Zögern formulierte, verglich den zivilen Ungehorsam der Inder in Südafrika[2] mit der Haltung der Juden in Deutschland und schlug diesen vor, sich in freiwilliger Leidensbereitschaft mit gewaltfreien Mitteln der Verfolgung entgegenzustellen. Gandhi erkannte durchaus die organisierte Gewaltbereitschaft des Hitler-Regimes und schrieb in einer späteren Veröffentlichung, daß Juden, die sich gewaltfrei widersetzten, wenig Chancen hätten, die nationalsozialistische Verfolgung zu überleben (nach Shimoni 1977). Auf Gandhis Artikel reagierten der liberale jüdische Denker Martin Buber, der wenige Monate zuvor nach Israel übergesiedelt war, und der Pazifist Judah L. Magnes[3], deren Briefe Gandhi wahrscheinlich nie erhalten hat, sowie der Journalist Hayim Greenberg und der indische Jude A. E. Shohet, die auch in direkten Austausch mit Gandhi traten. Sie alle machten deutlich, daß die Situation der europäischen Juden sich grundsätzlich unterschied von der der Inder in Südafrika und der Vergleich unzulässig war. Buber glaubte nicht an die Anwendbarkeit von Satyagraha, Gandhis „Kraft der Liebe«, wenn die Täter nicht ein Minimum an moralischem Bewußtsein haben: »Zeugenschaft ohne Zeugnis, unwirksames, unbeachtetes, verwehendes Martyrium, das ist das Los unzähliger Juden in Deutschland (...) Solches Martyrium wird getan; doch wer darf es fordern!« (Gandhi/Buber 1961) Magnes vermißt die reale Möglich-

2. Gandhi organisierte in Südafrika den zivilen Ungehorsam der Inder gegen ihre Diskriminierung.
3. Judah L. Magnes (1877-1948), US-amerikanischer Rabbi und Pazifist; protestierte gegen den Eintritt der USA in den Ersten Weltkrieg; unterstützte später als Kanzler der Hebräischen Universität in Jerusalem eine binationale Staatenlösung für Juden und Palästinenser.

keit des praktischen Erfolges eines von Gandhi skizzierten Satyagraha der Juden in Deutschland.

Gandhis Überlegungen rechnen jedoch die Kosten und möglichen Erfolge gewaltsamen Widerstandes bzw. eines Krieges mit ein, so daß er 1940 schrieb: »Die Sache der Freiheit wird zu einer Farce, wenn der Preis, der für die Freiheit bezahlt werden muß, darin besteht, diejenigen, welche sich der Freiheit erfreuen sollen, in größtem Umfang zu vernichten.« (nach Ebert 1995) Im Jahre 1938 hätte vielleicht noch erfolgversprechend Widerstand geleistet werden können, gegen Hitlers Vorbereitungen von Völkermord und Krieg – jedoch ein Widerstand getragen von nichtjüdischen Deutschen, die nicht verfolgt wurden! Mit Kriegsbeginn und der damit einhergehenden Aussetzung moralischer Normen konnte der bis dahin ohne großen Protest entwickelte Vernichtungsapparat ausgebaut und zu Verbrechen in einem Ausmaß verwendet werden, das uns auch heute noch erschrecken und an gewaltfreien Auswegen zweifeln läßt. Der Friedensforscher Theodor Ebert glaubt jedoch, daß auch ein totalitäres Regime ohne einen verschleiernden Krieg die rassistische Ausrottungspolitik nicht hätte rechtfertigen und aufrechterhalten können (1989, 1995). Ebert bringt Gandhis Befürchtung, daß der Nationalsozialismus militärisch nur durch einen »übertrumpfenden Gegenhitlerismus« zu besiegen sei, mit der atomaren Bedrohung der Menschheit in Verbindung – Atomwaffen seien deshalb legitimierbar geworden, weil nach 1945 militärische Befreiung als einzig strategisches Mittel gegen totalitäre Regime denkbar erschien.

Daß gewaltfreie Aktion gegen nationalsozialistische Politik unter bestimmten Bedingungen Erfolg haben konnte, zeigt die Fluchthilfe für die dänischen Juden. Dänische Politiker hatten den Abtransport der Juden nach der deutschen Besetzung zunächst mit politischen Mitteln zu verhindern gewußt. Als Deutschland jedoch die Gefangennahme der Juden erzwingen wollte, organisierte der dänische Widerstand deren Flucht und ihren anschließenden Transport nach Schweden. Fast die gesamte jüdischen Bevölkerung Dänemarks konnte so gerettet werden. Neben der Standhaftigkeit der dänischen Regierung trugen die große öffentliche Solidarität und die besonders von den protestantischen Kirchen getragene Mobilisierung für die Juden zum Erfolg der Rettungsaktion bei. Ein ähnliches Beispiel ist der gewaltfreie Widerstand des Dorfes Chambon-sur-Lignon in den französischen Cevennen, dessen Einwohner 1942 bis 1945 unter Leitung der protestantischen Pfarrer *André Trocmé* und *Edouard Theis* mehr als 25 000 Juden das Leben retteten.

Die gewaltfreien Proteste der Frauen in der Berliner Rosenstraße im Februar und März 1943 sind ein eindrucksvolles Beispiel dafür, daß gewaltfreier Widerstand gegen den Völkermord auch in Deutschland möglich war. Ende Februar 1943 verhaftete die Gestapo in Berlin Hunderte deutscher Juden, die mit »arischen« Deutschen verheiratet waren oder als Kinder aus sogenannten »Mischehen« hervorgegangen waren. Die nicht-jüdischen Frauen versammelten sich binnen kurzem in der Rosenstraße, wo sie die Inhaftierten vermuteten, ganz in der Nähe des Gestapo-Hauptquartiers. Als sich die Demonstrationen trotz der Drohungen von Polizei und SS nicht auflösten, ließ man die verhafteten Männer wieder frei und stellte die Verfolgung von Menschen aus sogenannten »Mischehen« in Deutschland weitgehend ein. Der Erfolg war auch dadurch bedingt worden, daß sich das NS-Regime zu der Zeit keine Unruhen im Inneren erlauben konnte.

Der Protest der Frauen in der Rosenstraße ist in den Nachkriegsjahren lange unbeachtet geblieben und erst 1968 durch einen Spiegel-Artikel in die öffentliche Aufmerksamkeit gerückt. Ereignisse wie diese, so vermutet der deutschstämmige Südafrikaner Wolfram Kistner, wurden wohl in Deutschland auch deshalb lange nicht diskutiert, weil sie vermuten lassen, daß man dem Nationalsozialismus mit gewaltfreien Mitteln doch mehr als immer angenommen hätte widerstehen können. Doch diese Auffassung war in Deutschland, das nach 1945 in die Abschreckungsstrategien des Kalten Krieges eingebunden wurde, nicht opportun.

Nach Kriegsende sahen es Aktivisten der Gewaltfreiheit als ihre Aufgabe, den schwierigen Weg der Versöhnung nach Auschwitz zu gehen. Die den evangelischen Kirchen nahestehende Organisation Aktion Sühnezeichen/Friedensdienste arbeitet daran, junge Menschen in Freiwilligeneinsätzen zur Aufarbeitung der Vergangenheit zu bewegen und gleichzeitig Sorge dafür zu tragen, daß der Völkermord nicht in Vergessenheit gerät.[4] Eine ganz andere Initiative ging über die Aufarbeitung der Vergangenheit hinaus. Organisiert vom japanischen buddhistischen Orden Nipponzan-Myohoji, der sich weltweit für Frieden einsetzt, fand 1994/95 ein achtmonatiger Friedensmarsch von Auschwitz nach Hiroshima statt, der den Holocaust mit Krieg und Ungerechtigkeit heute in Verbindung setzte. Das Programm der sehr sensibel vorbereiteten Aktion bot neben interreligiösen Gebetsveranstaltungen den aus der ganzen Welt angereisten Aktivisten und Aktivistinnen Gelegenheit, Berichte von Nachkommen von Holocaust-Überlebenden und von Nachkommen von NS-Soldaten zu hören und sich über die eigenen Erfahrungen mit und Arbeit gegen Verbrechen gegen die Menschheit – etwa in Bosnien oder Ruanda – auszutauschen. Hier wurde ansatzweise das versucht, was Friedensforscher wie Gene Sharp oder Theodor Ebert seit Jahren fordern: durch eine Auseinandersetzung mit den Schrecken der Vergangenheit die Möglichkeiten gewaltfreien Handelns gegen totalitäre Regime und Massenvernichtung zu erkunden.

Ernährung und Lebensstil

»Je länger ich Vegetarier bin, desto mehr fühle ich, wie falsch es ist, Tiere zu töten und zu essen. Ich glaube, daß der Verzehr von Fleisch und Fisch ein Leugnen aller Ideale, selbst aller Religionen ist. Wie können wir zu Gott um Barmherzigkeit beten, wenn wir selbst keine Barmherzigkeit haben? (...) Solange Menschen das Blut unschuldiger Kreaturen vergießen, kann da kein Friede, keine Freiheit, keine Harmonie zwischen den Menschen sein. Schlachten und Gerechtigkeit können nicht zusammen wohnen.« (Polner/Goodman 1994)

4. Aktion Sühnezeichen/Friedensdienste versteht ihr Engagement als Sühnearbeit. Ob es nach Auschwitz eine Versöhnung im eigentlichen Sinn geben kann, ist auf jüdischer Seite durchaus umstritten.

Diese Worte des jüdischen Schriftstellers *Isaac Bashevis Singer* drükken die Haltung vieler jüdischer Vegetarier aus. Der amerikanische Mathematiker und Verfechter vegetarischer Lebensweise *Richard H. Schwarz* bezieht sich auf die alttestamentarische Tradition, um nachzuweisen, daß jüdische Religion schon immer fleischlose Kost befürwortet und nur unter bestimmten Bedingungen und notgedrungen den Fleischkonsum erlaubt hat, gewissermaßen als Zugeständnis an die Schwäche des Menschen. Er kann sich auf Aussagen des Rabbi *Abraham Isaac Kook* berufen, der als oberster Rabbi vor der Gründung Israels erklärte, daß jüdische Speiseregeln den Menschen dazu hinführen sollen, Vegetarier zu werden, denn im zukünftigen messianischen Zeitalter würden alle Menschen Vegetarier. Die Prophezeiung des Jesaja, daß »die Wölfe bei den Lämmern wohnen und die Panther bei den Bökken lagern« werden (Jes 11,6-9), weise darauf hin.

Als Gründe für eine vegetarische Lebensweise nach dem Geist religiöser Gesetze führt Schwarz, ebenso wie christliche Befürworter vegetarischer Lebensweise in Europa und Nordamerika, an:

- Fleischkonsum widerspricht dem Gebot, nicht zu töten, das sich auch auf Tiere bezieht (*religiös-moralisches Argument*);
- Fleischkonsum ist weniger gesund als fleischlose Kost und steht damit der Pflicht, den eigenen Körper gesund zu erhalten, entgegen (*medizinisches Argument*);
- Tierproduktion widerspricht dem Gebot, mit Tieren als Teil der Schöpfung vorsichtig und verantwortungsvoll umzugehen (*ethisches Argument*);
- Tierproduktion kostet weit mehr an Ressourcen als die Produktion von Getreide und Gemüse (*ökologisches Argument*);
- Tierproduktion verbraucht Ressourcen, die den Menschen in Regionen mit Nahrungsmittelmangel verlorengehen (*ökonomisches Argument*).

Während das religiös-moralische und das ethische Argument bereits seit langem zur Motivation christlicher Vegetarier – zum Beispiel bei Tolstoi – in Europa gehörten, hat sich seit Anfang der 80er Jahre eine christliche Solidaritätsbewegung zunehmend mit Nord-Süd-Fragen beschäftigt und sich besonders auf die ökologischen und ökonomischen Motive bezogen. Nach den Hungerkatastrophen in Afrika und Südamerika wurde diese Diskussion mit großer Vehemenz in die Evangelischen Kirchentage eingebracht. Innerhalb von einem Jahrzehnt hat dies – in Verbindung mit dem wachsenden Bewußtsein auch für das medizinische Argument – in Deutschland zu einem Umdenken geführt und vegetarische Gerichte zu festen Bestandteilen der Speisepläne in öffentlichen Kantinen und Restaurants gemacht.

Allgemein wird eine vegetarische Lebensweise oft mit asiatischen Kulturen in Verbindung gebracht. So sieht der Gandhi-Schüler *Vinoba Bhave* den Verzicht auf Fleischgenuß als das Ziel hinduistischer Kultur an, als ein verdienstvolles Resultat der Selbstkontrolle früherer Generationen. Heute, da viele Millionen Hindus Vegetarier seien, sollte die Aufgabe des Konsums von Milchprodukten Gegenstand der Bemühungen um einen entwickelten Lebensstil sein. Bhave fügt jedoch hinzu, daß nicht die Wahl der Nahrung, sondern die Menge, die jemand zu sich nimmt, entscheidend sei.

Generell wird bei einer Durchsicht der Werke der Klassiker gewaltfreien Denkens und Handelns deutlich, daß fleischlose Ernährung nicht in dem Maße im Vordergrund des Interesses und der Bemühungen stand wie heute in vielen Kreisen in Mitteleuropa, wo dies als Möglichkeit angesehen wird, an sich selbst etwas zu verändern. Sogar *Mahatma Gandhi*, der aus einer hinduistischen Gemeinschaft stammt, die den Fleischkonsum ablehnt, und der während seines Studiums in England in Kontakt mit Vegetariern kam und zum überzeugten Vegetarier wurde, setzt andere Prioritäten. Gandhi, der in seinen Ashrams (Gemeinschaften) einfache fleischlose Kost durchsetzte, schrieb über das Verhältnis von Ahimsa (Gewaltfreiheit) und vegetarischer Ernährung: »Ahimsa ist nicht Sache der Diätkunde, sie geht darüber hinaus (...) Die Zurückhaltung [bei der Auswahl der Nahrung, H.B.] ist empfehlenswert, sogar notwendig, aber sie berührt nur den Saum von Ahimsa. Ein Mensch kann sich einen breiten Spielraum in Sachen Diät erlauben und doch eine Personifikation von Ahimsa sein und uns unseren Respekt abverlangen, wenn sein Herz vor Liebe überfließt und eines anderen Leid löst und von allen Leidenschaften geläutert ist. Auf der anderen Seite ist einem in Diätfragen stets überängstlichen Menschen Ahimsa äußerst fremd, und er ist ein bedauerlicher armer Teufel, wenn er ein Sklave seiner Selbstsucht und seiner Leidenschaften ist und hartherzig.« (Gandhi-Informations-Zentrum 1988) Kontrolle der eigenen Bedürfnisse sah Gandhi als Voraussetzung für spirituelle Kraft an.

Der südafrikanische Schriftsteller und Aktivist *Farid Esack* weist auf grundsätzlichere Probleme hin, wenn er das islamische Reinheitsgebot für Nahrungsmittel anführt und sagt, daß Verantwortung heute mehr bedeute als nur zu schauen, ob Lebensmittel *halal* (arab.: erlaubt) sind. Es sei notwendig, »zu fragen, wo das Geld dafür landet«. Er hält nur einen Lebensstil, der den Willen betont, weniger zu haben, für vereinbar mit dem Islam. Es gebe keinen anderen Weg, wenn nicht Hungertod und Umweltzerstörung mit eingeplant werden sollen – das islamische Wertesystem bevorzuge Lebewesen vor den materiellen Dingen.

Gandhi und Vinoba wählten ebenso wie Leo Tolstoi ein einfaches, asketisches Leben und versuchten, die von ihnen zum Leben benötigten Produkte selbst herzustellen. Gandhi zog die Erkenntnis, daß das Leben eines Ackerbauern und eines Handwerkers das wahre Leben sei, aus der Lektüre eines Buches von Ruskin (s. S. 93f.). Seine Wahl einer einfachen Lebensweise war auch Zeichen der Solidarität mit der breiten Bevölkerung Indiens, mit der er sich identifizierte. Wie Gandhi entschied sich auch der sizilianische Aktivist *Danilo Dolci*[1] für ein Leben in Armut, um Vertrauen bei der unterdrückten Bevölkerung der süditalienischen Insel zu gewinnen. Doch ging es hier keineswegs um eine romantische Verklärung des einfachen bäuerlichen Lebens mit seinen Beschwernissen.

Die Mitglieder der Arche-Gemeinschaften Frankreichs, die seit 1948 von dem Gandhi-Schüler *Lanza del Vasto*[2] gegründet wurden, versichern sich gegenseitig in ihrem 5. Gelübde zum Thema Armut, »einfach, mäßig und rein zu leben und die Armut zu lieben, um auf diese Weise immer weiter auf dem Weg der Entsagung und der Barmherzigkeit voranzuschreiten.« (1982) Lanza del Vasto, der sich mit christlichen Traditionen des Mittelalters beschäftigt hatte, sah Arbeit als geistige Nahrung an. Gleichzeitig betonte er die »freiwillige Annahme der Arbeit als Anstandsregel und Gewissenspflicht. Den ersten Schritt

1. Danilo Dolci (1924-1997), oft als »Gandhi Siziliens« bezeichnet, wurde bekannt als Sozialaktivist, Erzieher und Dichter.
2. Lanza del Vasto (1901-1981), sizilianischer Abstammung, studierte Philosophie; begegnete Gandhi 1936 und wurde von diesem »Shantidas« (Diener des Friedens) genannt; vielseitige künstlerische und schriftstellerische Tätigkeit; Beteiligung am Larzac-Widerstand.

sollten dabei die Nutznießer des bestehenden Systems tun.« An dieser Stelle wird auch deutlich, warum einfacher Lebensstil und vegetarische Ernährung nicht zu den Hauptforderungen der gewaltfreien Kämpfer für Gerechtigkeit und Befreiung gehörte: die Gefahr, daß dadurch ein ungerechtes System legitimiert wird, war zu groß. Martin Luther King zum Beispiel klagte das Elend der Arbeiter in den USA an, Dolci den Hunger der sizilianischen Kinder.

Auch die buddhistischen Vertreter der gewaltfreien Bewegungen setzen ihre Prioritäten in diesem Sinne. Der siamesische Aktivist *Sulak Sivaraksa*[3] kommentiert das erste buddhistische Gelübde, nichts Lebendiges zu töten, ähnlich wie der Muslim Esack: »Hat man bei der Massenproduktion von Fleisch noch Respekt vor dem Leben der Tiere? Wenn die Menschen in den Ländern, in denen Fleisch gegessen wird, etwas dagegen unternähmen, daß Tiere als Lebensmittel gezüchtet werden, dann wäre das nicht nur mitfühlend den Tieren gegenüber, sondern auch den Menschen gegenüber, die in Armut leben und Korn brauchen, um zu überleben.« (Sivaraksa 1995) In seinen Schriften kritisiert er einen konsumorientierten Lebensstil als buddhistischem Denken entgegengesetzt. Es widerstrebe asiatischen Werten im allgemeinen und speziell buddhistischen, wenn einzelne persönliche Vorteile durch Konkurrenzverhalten erzielten und Konsumverhalten zur Schau stellten.

Hildegard Goss-Mayr sieht Zeichen der Hoffnung auf eine Veränderung in den westlichen Gesellschaften, die vor allem Gegenstand der Kritik der gewaltfreien Bewegungen Afrikas, Asiens und Lateinamerikas sind. Der »Seinsweise des Habens«, des alles Besitzenwollens, einschließlich Gott, steht für sie die »Seinsweise der Armut« gegenüber, der Verwirklichung des Reiches Gottes im Menschen. Dazu gehören die Beschränkung auf die Güter, die einem als Anteil der Ressourcen zukommen, die der gesamten Weltbevölkerung zur Verfügung stehen, und die Wahl eines einfachen Lebensstils. Die lateinamerikanischen Kirchen, die die Theologie der Befreiung entwickelt haben, viele christliche Basisinitiativen in Mitteleuropa und Menschen, die an der Ent-

3. Sulak Sivaraksa (geb. 1933), wichtigster Sozialkritiker Thailands. Mitbegründer des Internationalen Netzwerks Engagierter Buddhisten (INEB) und anderer Organisationen zu Menschenrechten, Entwicklung, Buddhismus. Wiederholte Aufenthalte in Gefängnis und Exil.

wicklung eines Schalom-Diakonats arbeiten, fordern die Amtskirchen heraus, sich in diesem Sinne umzuorientieren.

Eine weitere Eigenschaft des westlichen Lebensstils rückt ins Zentrum der Kritik: Der vietnamesische Buddhist *Thich Nhat Hanh*, der südafrikanische Muslim *Farid Esack* und der nordamerikanische Trappist *Thomas Merton* beleuchten die Eile und Hektik unserer Zeit. Merton betont, daß Aktivismus, sich einer Vielzahl von Projekten zu verschreiben, »die innere Kapazität für den Frieden« vernichtet. Esack beobachtet im Vorbild des Propheten Muhammad den Anspruch, selbst zu einer vollen Person zu werden, die den anderen als Mensch und nicht als »Aktivitäten-Maschine« begegnet. Um diese Kraft zurückzugewinnen, um anderen mit ganzer Aufmerksamkeit zu begegnen, zog sich der Prophet von Zeit zu Zeit aus der Öffentlichkeit zurück. Thich Nhat Hanh glaubt, daß diese hektische Lebensweise das Ergebnis einer Entfremdung von uns selbst ist. Um uns selbst und die Gesellschaft um uns herum zu heilen, sei es notwendig, Achtsamkeit zu praktizieren und in Verbindung mit »dem Samen von Frieden, Zufriedenheit und Glück in uns« zu treten.

Erziehung und Bildung

Kritik an der Unangemessenheit eines westlich orientierten Bildungswesens hat angesichts der Probleme vieler ehemals kolonisierter Gesellschaften zu Antworten aus buddhistischer, islamischer und hinduistischer Sicht geführt.

Für *Mahatma Gandhi* war die Reform des kolonialen Bildungswesens wichtiger Teil des indischen Unabhängigkeitskampfes. Doch er betrachtete Erziehungsfragen viel grundsätzlicher: »Mit Erziehung meine ich eine allumfassende Ausbildung des Besten im Kind und Menschen – Körper, Geist und Seele. Die Fähigkeit zu lesen und zu schreiben ist nicht das Ende der Erziehung, nicht einmal der Anfang. Sie ist lediglich eines der Mittel, mit dem Mann und Frau erzogen werden können. (...) Ich würde die Erziehung des Kindes deshalb damit beginnen, es ein nützliches Handwerk zu lehren und es von dem Moment an zu befähigen, etwas herzustellen, wenn es seine Übungen beginnt.« (Gandhi-Informations-Zentrum 1988) Grundschulen sollten über die Produktion zu ihrem eigenen Erhalt beitragen[1], diese praktische Tätigkeit jedoch auch zum Gegenstand der Untersuchungen und Erörterungen machen. So diskutierten Gandhis Mitarbeiter und deren Kinder anhand des Spinnens von Baumwolle geschichtliche, politische, gesellschaftliche und ökonomische Fragen, berechneten die eigene Leistung und entwickelten ihre Fähigkeit zu meditieren oder zu schweigen.

Erste Experimente in diese Richtung hatte Gandhi bereits in Südafrika in seiner »Tolstoy Farm« genannten Gemeinschaft gemacht. Zwar standen dort auch Unterweisungen in religiöser Literatur auf dem Lehrplan, doch sollte die spirituelle Erziehung der Kinder vor allem durch das Vorbild der Lehrer erzielt werden: »Unter spiritueller Förderung verstehe ich Herzensbildung. Eine rechte und allseitige geistige Entwicklung kann darum nur geschehen, wenn sie gleichen Schrittes mit der Erziehung der körperlichen und spirituellen Fähigkeiten des Kindes einhergeht. Sie bilden ein unteilbares Ganzes.« (Gandhi-Informations-Zentrum 1988) Gandhi hielt Wissen von der Kraft der Seele, von der Wahrheit und von der Liebe für bedeutsamere Erziehungsziele als Alphabetisierung, Faktenwissen oder Kenntnis religiöser Traditionen und Texte.

Gandhis Mitarbeiter und Schüler *Vinoba Bhave*, dessen Denken und Handeln von großer Kenntnis hinduistischen Denkens geprägt war, stellte 1967 fest, daß Bildung nicht auf Schulen und Universitäten begrenzbar sei: »Lernen und Unterrichten sind mit jeder Aufgabe verknüpft. Jede Aufgabe des Menschen sollte von der Atmosphäre des Studiums und der Ausführung durchdrungen sein.« (Bhave 1972) Vinoba beschrieb die Rolle des Lehrenden mit den Sanskrit-Begriffen »Guru«, eines spirituellen Lehrers, der von anderen um Rat in Lebensfragen gebeten wird, und »Acharya«, eines Lehrers, der seine Erkenntnis gut reflektiert hat, und der sich immer weiter

1. Es handelt sich hier nicht um Kinderarbeit, sondern den Versuch, Kinder in das gesellschaftliche Leben einzubeziehen. In Südasien sind Kinder- und Erwachsenenwelt nicht so stark voneinander getrennt wie in Mitteleuropa.

um den eigenen Fortschritt bemüht und das, was er weiß, weitervermittelt. Diese Begriffe charakterisieren die Bedeutung der Lehrer in den Ashram-Schulen, den Internatsgemeinschaften der gewaltfreien Bewegungen Indiens, aber auch in vergleichbaren Projekten der buddhistischen Gesellschaften Süd- und Südostasiens.

Buddhistische Mönche waren traditionell die Vermittler von Bildung in ihren Gesellschaften, haben sich jedoch den veränderten Bedingungen der Modernität weitgehend nicht anzupassen vermocht. Beeinflußt durch den Reformer *Buddhadasa*[2] und angesichts der sozialen Krisen des Landes sind jedoch einige thailändische Mönche aktiv geworden. Einer von ihnen, *Phra Rajvaramuni,* erklärte, daß Erziehung vorrangig das Ziel habe, den Menschen zu einem selbstbestimmten Leben zu führen, ihm aber auch Wege zeigen müsse, gemeinsam mit anderen zu einer gerechten und friedlichen Gesellschaft beizutragen. In seinen Konsequenzen setzt Rajvaramuni auf das buddhistische Prinzip des »kalayanamitta«[3], d.h. durch gute Umgebung, gute Gesellschaft von anderen zu lernen. Die Vermittlung von Weisheit steht dabei gleichberechtigt neben der Entwicklung analytischen Denkens. Dieses Prinzip griff seit 1979 die Kinderdorfschule von Kanchanaburi auf, eine sich selbst versorgende buddhistische Gemeinschaft, die ähnlich wie die indischen Ashram-Schulen betrieben wird.

Daß neben dem befreienden Charakter einer Besinnung auf religiöse Werte deren Betonung auch Gefahren birgt, zeigt die Entwicklung in Sri Lanka. Die Forderung nach einer Erziehung in einheimischen buddhistischen Werten, Sprachen und Traditionen, die nach der Unabhängigkeit der Inselrepublik propagiert wurde, hat den Auftrieb nationalistischer singhalesisch-buddhistischer Gruppen gefördert und letztlich die Grundlagen für den Bürgerkrieg mit der tamilisch-hinduistischen Minderheit gelegt. Die Mönchsorden haben damit der immer mehr verelendenden Bevölkerungsmehrheit nicht gedient. Eine jüngere Generation buddhistischer Mönche in Embili-

2. Buddhadasa Bhikkhu (1906-1993) war wegen seiner sozialreformerischen Gedanken der bekannteste Mönch Thailands; er begründete Waldklöster in Südthailand, von denen viele Impulse für buddhistisches Denken in Südostasien ausgingen.
3. Wörtl.: tugendhafter, guter Freund (Pali).

pitiya im vernachlässigten Süden Sri Lankas begann daher 1987 den Auftrag des Buddha, »für das Wohl der Vielen« tätig zu werden, in die Tat umzusetzen. Neben anderen Projekten standen Bildungsprogramme am Anfang dieser Arbeit, die außer den traditionellen monastischen Lehren sowohl moderne Unterrichtsfächer als auch Methoden sozialer Arbeit beinhalteten.

Danilo Dolci (s. S. 129) initiierte Anfang der 70er Jahre in Sizilien ein Bildungsprogramm, das – christlich motiviert – auf die örtliche Unterversorgung reagierte. In zwangloser Atmosphäre probierten Dolcis Mitarbeiter mit Kindern zusammen neue Bildungsmöglichkeiten aus, verschafften ihnen Zugang zu anderen Lernerfahrungen und stärkten ihre Fähigkeiten zu Gruppenarbeit und friedlichem Zusammenleben. Bei diesen Experimenten im Bildungssektor hielt Dolci, der oft mit Gandhi verglichen wird, beharrlich fest an seiner Vision einer gerechteren Gesellschaft, für die er sich mit dem italienischen Staat, der sizilianischen Mafia und der mit beiden verwobenen katholischen Kirche auseinandersetzen mußte.

Danilo Dolci und Mahatma Gandhi – beide bezogen sich auf *Leo Tolstoi* (s. S. 93), der in den 1860er Jahren auf seinem Gut in Jasnaja Poljana erste pädagogische Experimente mit den Kindern der Landbevölkerung durchführte. Für den christlichen Anarchisten und Mystiker Tolstoi hatte Erziehung kein definiertes Ziel. Sie diente vor allem der Befreiung des Individuums zum kreativen Handeln in der heutigen Gesellschaft. Tolstoi lehnte jeden Zwang und jede äußere Disziplin ab. In einer Situation, in der Chaos als natürlicher Zustand begriffen wurde, erwartete Tolstoi vom Lehrer viel: als Gestalter sollte er weniger erzählen als zuhören, das Gehörte dann verändern, in neue Zusammenhänge setzen und weiterentwickeln.

Tolstoi beeinflußte auch *Martin Buber*, der der Hochschule eine Volkshochschule zuordnen wollte, in seiner pädagogischen Praxis jedoch wenig kreativ blieb, und den Gründer der Summerhill-Schule *A. S. Neill*. Dessen Experimente wurden nicht nur in den gewaltfreien Bewegungen Europas, sondern auch in Indien und Thailand diskutiert, so daß sich die Gründer der oben erwähnten Kinderdorfschule von Kanchanaburi neben buddhistischen Gedanken auf Neill beriefen.

Erziehung im Sinne der genannten gewaltfreien Reformer und Revolutionäre endet nicht mit dem Erwachsenwerden eines Menschen.

Zusammen mit Pädagogen wie dem Brasilianer *Paolo Freire*[4] betonten lateinamerikanische Befreiungstheologen immer wieder die Bedeutung von Bewußtseinsarbeit als Voraussetzung für gesellschaftliche Veränderung. In dem letzten Hirtenbrief vor seiner Ermordung schrieb der salvadorianische Erzbischof *Oscar Romero*[5]: »Die Evangelisierung dieses Volkes unter den gegenwärtigen sozialen und politischen Bedingungen des Landes kann sich nicht damit begnügen, die Tradition einer massiven oder rein moralisierenden Predigt und Anleitung fortzusetzen, sondern muß die persönlichkeitsfördernde Erziehung des Glaubens betonen, die durch kleine Gruppen das Bewußtsein der Menschen weckt, damit sie ihre Umgebung nach den Maßstäben des Evangeliums kritisch sehen.« (1979).

Martin Luther King setzte genau dies in die Praxis um, als er Trainings für gewaltfreies Handeln in die Kirche verlegte: »In mehreren Versammlungen schulten wir die Leute, wie sie sich verhalten sollten. Wir stellten vor dem Altar eine Reihe Stühle auf, die den Bus darstellen sollten. An der Spitze war der Fahrersitz. Dann wählten wir ein Dutzend ›Schauspieler‹ aus und übertrugen jedem eine Rolle für eine Situation, wie sie möglicherweise einmal eintreten konnte. Ein Mann war der Fahrer, die anderen waren weiße und farbige Fahrgäste. In beiden Gruppen gab es höfliche und feindselige Menschen. Im Beisein der übrigen Versammlungsteilnehmer führten die Schauspieler nun eine Szene auf, in der ein Fahrgast beleidigt und geschlagen wurde ... und zum Schluß wurde über alles diskutiert.« (King 1984) Wie in den Rollenspielen bei heutigen Gewaltfreiheitstrainings übten King und seine Mitstreiter ein, wie sie sich bei Provokationen nach Aufhebung der Rassentrennung verhalten würden. Trainings dieser Art haben ihre historischen Wurzeln in den Versammlungen der »Gesellschaft der Freunde« (Quäker)[6].

Narayan Desai, der Sohn von Gandhis Privatsekretär Mahadev Desai, beschreibt programmatisch das Verhältnis von Gewaltfreiheit und Erziehung und bringt es auf den Punkt: »Was ist eigentlich Erziehung?

4. Sein Standardwerk »Pädagogik der Unterdrückten« (1970) machte ihn zum bedeutendsten Volkspädagogen der Gegenwart.
5. Oscar Romero (1917-1980), Erzbischof von San Salvador, ermordet wegen seines Eintretens für die Menschenrechte.
6. Vgl. Friedenskirchen, S. 142f..

Es ist die Akzeptanz des Prinzips der Gewaltfreiheit in der Entwicklung und Förderung menschlicher Möglichkeiten. Was die Erziehung und Bildung bei den Schülern zu erreichen versucht, versucht die Gewaltfreiheit in der Gesellschaft zu erreichen. Man kann sagen, daß die Gewaltfreiheit im weiteren Sinne und in ihrer reinsten Anwendungsart sich kaum von der Erziehung der Gesellschaft unterscheidet. Und daraus folgt die Ähnlichkeit ihrer Methoden.« (Desai 1992)

Frau und Mann

Als Frauen in Südafrika zu einer wichtigen Gebetsveranstaltung am 27. Tag des Fastenmonats Ramadan des Jahres 1994 in die Moschee kamen, hatten Männer bereits den Gebetsraum der Frauen in der ersten Etage belegt. Für die Frauen war ein Zelt aufgebaut worden. Doch damit gaben sich die Frauen nicht zufrieden und besetzten unter Leitung von Shamima Shaikh ihren Raum. Doch blieb Shaikh nicht bei dieser Errungenschaft stehen, sondern forderte, daß Frauen nicht in getrennten Räumen beten müssen. Zusammen mit anderen Frauen und Männern gründete sie eine eigene Gebetsversammlung, in der Geschlechtergleichheit angestrebt wurde. Der Kampf der Anfang 1998 früh verstorbenen Südafrikanerin *Shamima Shaikh* für gleiche Rechte muslimischer Frauen endete nicht mit ihrem Tod. Auf ihren Wunsch hin leitete eine Freundin die Totengebete in ihrer Wohnung – in der Geschichte der muslimischen Welt gibt es nur wenige Beispiele solcher öffentlicher Auftritte von Frauen. Auch bei anschließenden Gebeten in der Moschee und auf dem Friedhof waren Frauen vertreten – das Begräbnis ist in muslimischen Gesellschaften fast immer den Männern vorbehalten.

Es ist wohl kein Zufall, daß gerade in Südafrika, wo der Kampf gegen die Apartheid Menschen für Fragen der Gerechtigkeit sensibilisiert hat, Frauen wie Shamima Shaikh auftreten. Ihr Anliegen teilt und unterstützt ein südafrikanischer Muslim, der für die Gleichberechtigung von Männern und Frauen eintritt: *Farid Esack* (s. S.

70ff.). Er sieht es als notwendig an, daß besonders muslimische Männer ihre apologetische Haltung aufgeben und der Unterdrükkung der Frauen in der muslimischen Tradition ins Auge blicken. Nach seiner Einschätzung sagt die Diskriminierung von Frauen und ihre Entmenschlichung viel darüber aus, wie ernst es Muslime damit meinen, »Zeugen Allahs in Gerechtigkeitsfragen« zu werden: »Muslimische Männer benutzen das Argument, daß der Islam den Frauen bereits vor vierzehnhundert Jahren Rechte gegeben habe, dazu, ihnen in unseren Gesellschaften in der Praxis selbst diese Rechte vorzuenthalten.« (Esack 1997) Bereits die Vorstellung, Frauen Rechte »geben« zu müssen, weist in die falsche Richtung. Für ihn ist eine entscheidende Frage, wie traditionelle und religiöse Texte, allen voran der Koran, gelesen werden können, um patriarchalische Muster zu überwinden, denn es ist nicht nur die falsche Praxis der Muslime, die Frauen diskriminiert, sondern auch das islamische Recht, das sich nicht adäquat entwickelt hat. Esack stellt die gängige Interpretation des Prinzips der Unveränderlichkeit von Tradition und Korantext in Frage: »Beide wirkten innerhalb und waren auch Produkt einer vorgegebenen Gesellschaft, die Allah umgewandelt sehen wollte. Diese Transformation und diese Vision von Freiheit und Gerechtigkeit, verwurzelt in Allahs Willen für alle Menschen ist es, auf die wir zustreben – statt krampfhaft an einem gewohnten Lebensstil festzuhalten, der heute als unabänderlich dargestellt wird.«

In ihren Büchern »Der politische Harem« und »Die Sultanin« versuchte *Fatema Mernissi* (s. S. 78ff.) eine Aufarbeitung der Vergangenheit und eine Neuaneignung der religiösen Tradition. Sie untersuchte den historischen Kontext von Aussagen über das Verhältnis von Frauen und Männern auf seine Beziehung zu den islamischen Quellen und schrieb: »Ich habe einen ›feministischen‹ Propheten gefunden und aus dem Dunkel der Vergangenheit in Erinnerung gebracht.« (Hartmann 1995) Es handelt sich hier durchaus nicht um Apologetik, die frauenfeindliche Traditionen verschleiern will. Mernissi will als Frau mit ihrer Lektüre der islamischen Überlieferungen einen Beitrag zu der Diskussion um die gleichberechtigte Beteiligung von Frauen am gesellschaftlichen Leben leisten. Der Widerstand dagegen ebenso wie gegen die Erkenntnis des reichen Erbes von Frauen in der Tradition und der Gegenwart geht, so Mernissi, von Männern aus, die kritisches, rationales Denken ablehnen und Unterwerfung und Gehorsam fordern. Die muslimische Frauenbewegung hat daher auch große Bedeutung für die gerechte Gestaltung der muslimischen Gesellschaften insgesamt, denn Unterdrükkung freier Meinungsäußerung und unabhängigen Denkens richtet sich gegen alle – Frauen wie Männer.

Die Orthodoxie wende sich gerade deswegen besonders gegen die kritischen Stimmen der Frauen, so Mernissi, weil diese am offensichtlichsten gegen die herrschende Ordnung Widerstand leisten würden. Die pakistanische Gelehrte *Suroosh Irfani* stellt daher mit Befremden fest, daß so wenige muslimische Männer kritisch zu den Menschenrechtsverletzungen der Taliban-Regierung in Afghanistan Stellung nehmen. Sie forderte daher mit großer Dringlichkeit und gemeinsam mit dem pakistanischen Nationaldichter *Muhammad Iqbal*, die Konzepte »Unkritisches Befolgen von Regeln«, »Traditionelle Praxis« und »Wörtliche Interpretation der religiösen Quellen« neu zu hinterfragen: »Ohne die Wiederherstellung von Subjektivität, die diese Herausforderung mit sich bringt, wird ein Großteil der muslimischen Gesellschaft Geisel seiner eigenen internen Taliban bleiben.« (Irfani 1998)

Auch die Sudanesin *Fatima Ahmed Ibrahim*, Gründerin der Sudanesischen Frauenunion und 1964 erste Frau im sudanesischen Parlament, weist darauf hin, daß es höchste Zeit ist, daß Frauen sich ihrer Rechte bewußt werden, daß sie sich an der Interpretation religiöser Texte beteiligen, denn: »Frauen sind keine Entscheidungsträger. Wer ist verantwortlich für diese Situation? Weder Islam noch Christentum, sondern die politischen Regime, die an der Macht sind.« (Ibrahim 1997) Auch Fatima Ibrahim sieht daher immer die Verbindung zwischen der Diskriminierung von Frauen und der allgemeinen Lage der Menschenrechte.

Viele muslimische Frauen- und Menschenrechtlerinnen sind in ihrem Engagement nicht religiös, sondern säkular motiviert – etwa die pakistanische Juristin *Asma Jahangir*, die ägyptische Schriftstellerin *Nawal as-Saadawi*, die Kurdin *Laila Zana* oder die bengalische Autorin *Taslima Nasrin*. Nasrin, die sich offen zu einem nicht-religiösen Humanismus bekennt, ist wegen ihres Eintretens gegen religiöse Intoleranz auf dem südasiatischen Subkontinent der Verfolgung ausgesetzt und mußte ihre Heimat Bangladesh verlassen. Jahangir wendet sich als Gründungsmitglied des Women's Action Forum und als Vorsitzende der pakistanischen Menschenrechtsorganisation gegen die Diskriminierung von Frauen und von Minderheiten. Da sie auch Menschen verteidigt, die aufgrund des Blasphemie-Gesetzes, das sogar die Todesstrafe vorsieht, angeklagt werden, erhielt Asma Jahangir Morddrohungen. Gegen Frauen wie sie wird der Islam als Waffe eingesetzt, um sie an unliebsamen Äußerungen zu hindern.

»Die wichtigsten Anfragen einer entstehenden feministischen Theologie an die herrschende gehen – ikonoklastisch[1] – gegen phallokratische Phantasien an, gegen die Anbetung der Macht. Warum verehren Menschen einen Gott, dessen wichtigste Qualität Macht ist, dessen Interesse Unterwerfung, dessen Angst Gleichberechtigung ist? (...) Warum sollten wir ein Wesen verehren und lieben, das das moralische Niveau der derzeitigen von Männern bestimmten Kultur nicht transzendiert, sondern stabilisiert?« (Sölle 1992) Diese Anfrage der christlichen Theologin *Dorothee Sölle* (s. S. 57ff.) spricht auch die oben beschriebene Situation muslimischer Frauen an. In ihren Gedanken zu einer feministischen Theologie, einer Befreiungstheologie gegen die realen politischen, wirtschaftlichen, intellektuellen, physischen und psychischen Verletzungen und Verstümmelungen von Frauen stellt und erörtert sie die Frage: »Ereignet sich Gott auch bei uns? Im Prozeß der Bewußtwerdung, auf dem Weg aus dem gesellschaftlich verhängten Nicht-Sein heraus, wird die Frage, ob wir Gott brauchen, ausgegraben aus dem Schutt der Tradition. Oft habe ich den Eindruck, daß in den Ängsten und Verzweiflungen von Frauen die Sehnsucht nach Transzendenz dessen, was der Fall ist, am deutlichsten spricht.«

Im Zusammenhang mit dem Konziliaren Prozeß der Kirchen für Gerechtigkeit, Frieden und Bewahrung der Schöpfung formulierte die evangelische Theologin *Elisabeth Raiser* 1990, daß die traditionelle patriarchalische Weltordnung Ursprung der gegenwärtigen Krise sei. Raiser war Vorstandsmitglied der Europäischen Ökumenischen Versammlung in Basel 1989. Sexismus, so Raiser, liegt anderen Problemen wie Ungerechtigkeit, Militarismus und Krieg sowie der Zer-

1. bilderstürmerisch

störung der Umwelt und dem Zugriff auf die weibliche Reproduktionsfähigkeit zugrunde. Daher wollen die Frauen, die im Konziliaren Prozeß mitarbeiten, das Phänomen Sexismus auch auf die Tagesordnung der Kirchen gesetzt wissen.[2]

Ähnliche Aufgaben stellen sich Frauen aus dem hinduistischen Kulturkreis. Sie haben sich kritisch mit der Beziehung Mahatma Gandhis und seiner Frau Kasturba auseinandergesetzt und auch die Rolle der Frauen in der indischen Unabhängigkeitsbewegung untersucht. Der größte Teil der feministischen Bewegung Indiens motiviert sich säkular und ohne großen Bezug auf hinduistische Symbole, grenzt sich sogar ganz bewußt von hinduistischen Praktiken wie Witwenverbrennung und Ausschluß von Frauen der städtischen Mittelschicht aus dem öffentlichen Leben ab. Das Aufleben dieser Praktiken ist für sie Ausdruck der gesellschaftlichen Krise Indiens, die auch zu den Erfolgen hindu-fundamentalistischer Parteien geführt hat. Einige Frauengruppen haben sich kraftvolle Symbole angeeignet, so die mächtige – auch manchmal gewalttätige – Göttin Kali. Sie stellt die weibliche Energie und Kraft (Sanskrit: *Shakti*) dar. Die Rolle der weiblichen Hauptfigur des Heldenepos Ramayana – ihr Name ist Sita – wurde von der Feministin *Bina Agarwal* hinterfragt: mit ihrem Gedicht »Sita, sprich« forderte sie Sita und damit die Frauen auf, in die Öffentlichkeit zu treten und ihren Teil der Realität darzustellen.

In den Ländern des Theravada-Buddhismus[3] Sri Lanka, Birma, Laos, Kambodscha und Thailand gibt es seit mehreren Jahrhunderten keine ordinierten Nonnen mehr. Einer Neugründung des Non-

2. Inzwischen ist durch den Dialog zwischen christlichen Frauen der sog. Ersten und der sog. Dritten Welt im Rahmen der ökumenischen Bewegung deutlich geworden, daß sich weiße westliche Feministinnen – auch in den Kirchen – durchaus nicht immer den herrschenden Denktraditionen ihrer eigenen Gesellschaft entziehen und z. B. deren Rassismus bzw. soziale oder ökonomische Vormachtsansprüche fortführen. Es entstand daher eine breite Bewegung von »Dritte-Welt«-Theologinnen, die ihre eigene Lebenssituation zum Ausgangspunkt ihrer Analysen und Aktionen machten, um an der Erneuerung ihrer Kirche zu arbeiten. Einige wichtige Namen sind: Elsa Tamez (Costa Rica), Julia Esquivel (Guatemala), Aruna Gnanadason (Indien), Virginia Fabella (Philippinen), Marie Therese Porcile (Uruguay), Chung Hyun Kyung (Südkorea).
3. Theravada, die »Schule der Älteren«, die in Süd- und Südostasien vorherrschende Schule des Buddhismus, die sich auf die ältesten in Pali überlieferten Schriften des Buddhismus beruft.

nenordens stehen ordensrechtliche Bestimmungen entgegen, die auch verhindert haben, daß Mahayana[4]-Nonnen in diesen Ländern anerkannt wurden. In Sri Lanka wird den »Upasikas«, ordinierten Laiinnen, die sich wie buddhistische Mönche den Kopf kahlscheren und Roben tragen, mit viel weniger Respekt begegnet als ihren männlichen Glaubensbrüdern. Obwohl sie gerade in den wirtschaftlich rückständigen Gebieten des tiefen Südens der Tropeninsel wichtige Sozialarbeit leisten, während ein großer Teil der Mönche in den Dorftempeln vorwiegend rituelle Aufgaben wahrnimmt, bleibt ihnen öffentliche Anerkennung weitgehend versagt.

Die thailändische Buddhistin *Chatsuman Kabilsingh* legte dar, daß in einer Situation, in der die Modernisierung der Gesellschaften Südostasiens und die Globalisierung sich in ungleich stärkerem Maße auf Frauen auswirken, die Neugründung eines Nonnenordens nicht nur eine Stärkung des Buddhismus im Lande bedeuten, sondern eine wichtige gesellschaftliche Funktion haben könnte. Kabilsingh wendet sich gegen die überlieferte Vorstellung, daß Frauen im Buddhismus nicht in gleicher Weise spirituelle Befreiung erreichen können wie Männer. Diese und andere patriarchalische Vorstellungen des indischen Altertums bewahrten die Herausgeber der Reden des Buddha. Wie auch in Christentum und Islam, so Kabilsingh, sei hier eine kontextkritische Lektüre der Texte notwendig, um die Lehre von ihren Entstehungsbedingungen zu trennen, die der befreienden Haltung der Religion selbst entgegenstehen. Da diese Einschränkungen der Stellung der Frau bis heute mit der Machtverteilung in den buddhistischen Gesellschaften verwoben sind, müssen sich auch buddhistische Organisationen kritischer Untersuchung stellen. Insbesondere hängt die Tradition, Söhne ordinieren zu lassen, um religiöse Verdienste zu erwerben, aber die Töchter gleichzeitig für den Lebensunterhalt der meist armen Familien in die Stadt in Prostitution oder abhängige Arbeit zu schicken, mit der Unmöglichkeit der Nonnenordination zusammen.

4. Mahayana, das »große Fahrzeug«, ist die zahlenmäßig größte Richtung des Buddhismus, die mit verschiedenen Zweigen u. a. in China, Tibet, der Mongolei, Korea, Japan vorkommt. Sie kennt außer dem Palikanon noch andere heilige Schriften.

Die 1987 gegründete Organisation *Sakyadhita*, d. h. Buddhas Töchter, schließt ordinierte und nicht-ordinierte Frauen aus verschiedenen buddhistischen Ländern zusammen, um auf eine Nonnengemeinschaft in den Ländern des Theravada-Buddhismus hinzuarbeiten. Die Beteiligung der Frauen an der Interpretation und Verwaltung des buddhistischen Erbes, die Möglichkeit, Probleme der Frauen, die im Zuge der Modernisierung ihres Landes entstanden sind – Prostitution und andere Formen sexueller Ausbeutung, soziale Unterdrückung, Benachteiligung in der Bildung – buddhistischen Ordensfrauen anzuvertrauen, würde auch dem Buddhismus in diesen Ländern neue Relevanz geben. Gerade im Hinblick auf eigenständige Entwicklungsmodelle wäre dies für die gesamte Gesellschaft von Vorteil.

Friedenskirchen und religiöse Friedensgemeinschaften

Das Christentum hatte als Staatsreligion seit dem 4. Jahrhundert im Römischen Reich eine enge Verbindung zur staatlichen Macht. »Wessen Gebiet, dessen Religion« (lat. »cuius regio, eius religio«) – nach diesem Grundsatz verfuhren die deutschen Landesfürsten spätestens seit dem Dreißigjährigen Krieg. Bereits im 16. Jahrhundert hatten die Reformatoren – besonders auch Martin Luther – den Machtanspruch der Fürsten theologisch gerechtfertigt. In deutlicher Abgrenzung zu dieser Nähe zu den politischen Machthabern gingen kleinere religiöse Gruppen, die sog. »Wiedertäufer«, andere Wege. Was in den Jahrhunderten zuvor bereits die als »Ketzer« verfolgten religiösen Abweichler erlebt hatten, geschah auch ihnen: Wegen ihrer Grundsätze, auf einer bewußten Entscheidung für die Taufe zu bestehen und jeden bewaffneten Dienst für den Staat abzulehnen, wurden sie von den Fürsten und den kirchlichen Obrigkeiten blutig verfolgt. Sie überlebten nur in den Gebieten wohlgesonnener Fürstentümer oder durch Auswanderung nach Polen, Rußland und Nordamerika. Zu diesen »Friedenskirchen« gehören die *Quäker*, die *Mennoniten* und die *Brüdergemeinden*.

Die Quäker, eigentlich »Religiöse Gesellschaft der Freunde«, sind seit ihrer Entstehung (im 17. Jahrhundert in England) konsequent für Gewaltlosigkeit und Gleichberechtigung in allen Lebensbereichen eingetreten. Einige Quäker wanderten aufgrund der Feindseligkeiten nach Nordamerika aus, wo sie das ihnen vom englischen König übertragene Land der nordamerikanischen Urbevölkerung erneut abkauften. Im Gegensatz zu anderen Einwanderern lehnten sie den bewaffneten Schutz ihrer Siedlungen ab. Sie verwirklichten auch innerhalb ihrer Gemeinschaften ein hohes Maß an Gleichberechtigung und den Verzicht auf Hierarchien. Im 18. und 19. Jahrhundert wandten sich die Quäker Nordamerikas mit öffentlichen Aktionen entschieden gegen jegliche Form der Sklaverei und spielten eine maßgebliche Rolle bei deren Abschaffung. Als Friedensinitiative gründeten sie außerdem soziale Hilfsorganisationen (Quäkerspeisung).

Die Quäker, die nur wenige Anhänger in Deutschland haben, sind heute in der Friedensarbeit vor allem durch ihre in London ansässige Organisation »Quaker Peace and Service« tätig. Sie unterstützen weltweit lokale Initiativen für Frieden, insbesondere auch in von ethnischen Konflikten zerrissenen Gesellschaften. Einige Quäker, z. B. der Engländer *Adam Curle*, haben Herausragendes geleistet bei der nicht-offiziellen Vermittlung in politischen Konflikten auf internationaler Ebene.

Der Friedensauftrag ist für alle Friedenskirchen in ihrer Theologie und Glaubenspraxis grundlegend. Allerdings paßten sich manche von den Gemeinden der allgemeinen gesellschaftlichen Entwicklung an. So erklärten etwa deutsche Mennoniten noch vor der Wiedereinführung der allgemeinen Wehrpflicht durch Hitler, daß sie freiwillig auf historische Sonderrechte in bezug auf den Militärdienst verzichten würden.

Seit Ende des Zweiten Weltkriegs ist das friedenskirchliche Engagement wieder neu aufgelebt. Die Mennoniten in den USA schickten Kriegsdienstverweigerer nach Deutschland, die durch ihr Engagement für das bis vor kurzem noch verfeindete Land zum Vorbild für die deutschen Mennoniten wurden. Diese protestierten gegen die Wiedereinführung der Wehrpflicht in der Bundesrepublik und gründeten 1956 das Deutsche Mennonitische Friedenskomitee. Nicht nur durch Unterstützung von Kriegsdienstverweigerern, sondern auch durch Friedenserziehung und praktische politische Friedensarbeit z. B. in den Kriegsgebieten des ehemaligen Jugoslawien setzen sich die Mennoniten unspektakulär, aber qualifiziert für den Frieden ein.

Auch die nordamerikanischen Brüdergemeinden schickten Freiwillige ins zerstörte Deutschland, um einen Beitrag zum Aufbau und zur Versöhnung zu leisten. 1949 gründeten sie den Brethren Voluntary Service, der bis heute weltweit in Versöhnungs- und Friedensprojekten tätig ist.

1957 gründeten die Friedenskirchen der Brethren und der Mennoniten, der Internationale Versöhnungsbund und andere europäische Christen zunächst unter dem Dach des Ökumenischen Rates der Kirchen in Genf den Christlichen Friedensdienst EIRENE, der sich als ökumenische Organisation bis heute in gewaltfreien Projekten in Europa, Afrika, Nord- und Lateinamerika engagiert. EIRENE benennt und analysiert die Gewalt, die direkt und manifest vorhanden ist, aber auch die strukturelle Gewalt und übt partnerschaftliche Solidarität mit den Menschen im Süden, die die Folgen des Kolonialismus zu überwinden versuchen. Um die Zusammenhänge zwischen dem Reichtum im Norden und der Not im Süden zu unterstreichen, sind EIRENE-Freiwillige auch bei den Randgruppen der industrialisierten Gesellschaften tätig.

Der Friedensarbeit der Gemeinschaften protestantischen Ursprungs stehen heute zwei wichtige katholische Bewegungen gegenüber: die »Häuser der Gastfreundschaft« der *Catholic Workers* Bewegung der US-Amerikanerin *Dorothy Day* und die *Arche*-Gemeinschaften des Italieners *Lanza del Vasto*. Beide haben ihren Ursprung in den dreißiger Jahren.

Nach der Veröffentlichung ihrer Zeitschrift »Catholic Worker« am Maifeiertag 1933 veranlaßte der Zustrom von Obdachlosen die Ex-Kommunistin und zum katholischen Glauben konvertierte Dorothy Day, ihr Haus zu öffnen, um das zu praktizieren, wofür sie und der französische Denker Peter Maurin journalistisch gearbeitet hatten. Daraus entstanden die ersten »Häuser der Gastfreundschaft« in US-amerikanischen Städten. *Peter Maurin* baute auf dem Land ebenfalls Catholic Workers-Gemeinschaften auf, die einen katholisch geprägten Sozialismus zu leben begannen. Maurins Motto: »Baue an einer neuen Gesellschaft innerhalb der entleerten alten«. (Vgl. dazu auch S. 38f.)

Der Sizilianer *Lanza del Vasto* besuchte 1936 Mahatma Gandhi in seinem Ashram (s. u.) in Indien. Tief beeindruckt machte er sich nach drei Monaten auf den Rückweg nach Europa, um dort einen Ashram zu gründen, der die indische Institution mit dem christlichen Denken und der gesellschaftlichen Situation in Europa verbinden würde. Verzögert durch den Krieg entstand 1948 die erste Arche-Gemeinschaft in Südfrankreich. Als ein sich an gewaltfreien Prinzipien orientierender »Arbeitsorden« hat die Arche zum Teil Traditionen katholischer Orden aufgegriffen, etwa die hierarchische, patriarchalische Organisation und den langen Prozeß der Eingliederung neuer Gemeinschaftsmitglieder. Allerdings können Männer und Frauen, die einzeln oder als Familien zusammenleben, Mitglieder der Arche sein. Die Arche-Gemeinschaften traten während des Algerienkrieges in die französische Öffentlichkeit, um gegen die Mißhandlung von internierten Algeriern vorzugehen, für Kriegsdienstverweigerer einzutreten und sie auch vor dem Zugriff der Behörden zu verstecken. Außerdem engagierten sie sich gegen Atomenergie und gegen die Ausweitung eines Truppenübungsplatzes auf dem Hochplateau des Larzac. Die Mitglieder der Arche-Gemeinschaft geloben in ihren gemeinsamen Gebeten, zu arbeiten, Gehorsam zu leisten, Verantwortung zu übernehmen, sich um Läuterung zu bemühen, die Armut zu lieben, Wahrhaftigkeit und Gewaltfreiheit zu praktizieren.

Mahatma Gandhis Ashram mit seinen elf bei jedem Gebet wiederholten Gelübden, die ähnliche Punkte wie die Lanza del Vastos ansprechen, stand bei den katholischen Arche-Gemeinschaften Pate. Gandhi war bereits in Südafrika mit anderen Indern in Gemeinschaften zusammengezogen, um den Familien bei Verhaftung der Satyagrahis (der zivilen Ungehorsam leistenden Aktivisten und Aktivistinnen) Schutz und Rückhalt bieten zu können. Nach seiner Rückkehr nach Indien entwickelte er das traditionelle Ashram-Konzept in diesem Sinne weiter. Von alters her hatten in Indien spirituelle Lehrer mit ihren Schülern in sich teilweise selbstversorgenden, gelegentlich auch soziale Aufgaben übernehmenden Gemeinschaften gelebt. Gandhi, für den die spirituelle Entwicklung wichtiger war als seine Experimente auf politischer Ebene, griff dieses Muster auf und machte seine Ashrams zu den Keimzellen des Widerstands gegen die Kolonialregierung, aber auch zu Laboratorien für eine neue Gesellschaft.

Besonders *Vinoba Bhave* arbeitete weiter an diesem Gedanken und gründete auf seinen Fußwanderungen durch Indien an verschiedenen Orten Ashrams, die bis heute ein an geistlichen Prinzipien orientiertes Leben mit konstruktiven Projekten für die Benachteiligten der Gesellschaft verbinden. Einfaches Leben, das Streben nach Selbstversorgung, ein durch Gebetsversammlungen und Gemeinschaftsveranstaltungen gegliederter Tag, gemeinsames Essen, körperliche Arbeit und Handwerk, die Aufhebung der Kastengrenzen, Gleichberechtigung von Mann und Frau, Wertschätzung des Studiums, religiöse Toleranz und eine kritische Reflexion der gesellschaftlichen und politischen Situation kennzeichnen die meisten Ashrams auch heute noch.

Die jüdische Kibbuz[1]-Bewegung und der Auszug der islamischen Sufi[2]-Orden aus der nordafrikanischen Gesellschaft nach dem Vorbild von Muhammads Auszug aus Mekka sind zwei Modelle, die viel mit den beschriebenen Gemeinschaften gemeinsam haben. Der Versuch, eine Keimzelle für eine neue Gesellschaft zu schaffen, utopische Lebensformen bereits im Heute zu leben und überkommene Formen religiöser Praxis mit neuem, revolutionärem Inhalt zu füllen – all dies findet sich auch in diesen Bewegungen wieder. Doch haben sowohl die israelischen Kibbuzim als auch die mystischen Orden im Islam in ihrer Auseinandersetzung mit Bedrohung von außen zur Waffengewalt gegriffen. Ein interessanter Versuch, sich den jüdisch-arabischen Herausforderungen der Friedensarbeit zu stellen, entstand 1972 in Israel: Ganz in der Nähe von Jerusalem bauten Juden und Palästinenser das Dorf *Neve Shalom/Wahat as-Salam*, zu deutsch »Oase des Friedens«. Auf einem Stück Land, das von einem nahegelegenen Trappistenkloster gepachtet wird, siedelten sich Familien beider Gruppen in gleicher Anzahl an und begannen, gemeinsame Strukturen zu schaffen. Besonders bemerkenswert ist die Schule, in der Kinder beider Kulturen in ihren eigenen Traditionen unterrichtet werden, ihnen jedoch auch Wissen über und Respekt für die jeweils andere vermittelt wird. An offiziellen Feiertagen kann das durchaus sehr schwierig sein, weil mit den Feiertagen der einen Seite oft die Leidensgeschichte der

1. Kibbuz (hebräisch): Jüdische Gemeinschaftssiedlung in Israel.
2. Sufi (arabisch): islamische Mystiker.

anderen verknüpft ist. Gemeinsam wird auch eine Friedensschule betrieben, die mit Hilfe einer eigens entwickelten Pädagogik mit israelischen und palästinensischen (oder gemischt zusammengesetzten) Gruppen Begegnungsseminare organisiert. Zwar gibt es ein »Haus des Schweigens« als spirituelles Zentrum im Dorf, doch hat sich dort keine gemeinsame Praxis entwickelt. Vielen Bewohnern und Bewohnerinnen von Neve Shalom/Wahat as-Salam werden im Prozeß des Zusammenlebens und der täglichen Auseinandersetzung die eigenen Wurzeln wieder bewußter. Deshalb gehen sie in ihrem spirituellen Leben eigene Wege.

Initiativen wie diese – mit allen ihren Grenzen – sind notwendig, um etablierte Institutionen der großen Religionen an ihren friedensstiftenden Auftrag zu erinnern und sie zur Umkehr herauszufordern. Buddhistische Tempel, in der Tradition durchaus Gemeinschaften, die Vorbild für eine bessere Gesellschaft sein sollten, haben in vielen Ländern des Theravada-Buddhismus an Ausstrahlung verloren. Nur vereinzelt beginnt bei Dorftempeln in Thailand, Kambodscha und Sri Lanka eine Rückbesinnung auf die Ziele der buddhistischen Urzeit (s. S. 133f.). Der vietnamesische Zen-Mönch *Thich Nhat Hanh* hat in Südfrankreich das Meditationszentrum *Plum Village* gegründet, ebenfalls eine Gemeinschaft, in der Vietnamesen, Europäer und Amerikaner zusammenleben und sich der Praxis der Achtsamkeit widmen (s. S. 117).

Der heilige *Franziskus von Assisi* wird weit über den katholischen Bereich als Vorbild für Friedenshandeln angesehen. Das ihm zugeschriebene Friedensgebet hat Gandhi in den täglichen Gebetskanon seiner Ashrams eingeführt. Dennoch haben sich die Franziskaner wie auch andere katholische Orden nur sehr langsam für gewaltfreies Handeln geöffnet. Aus dem franziskanischen Orden ist im Anschluß an das II. Vatikanische Konzil[3] 1969 die *Missionszentrale der Franziskaner* in Bonn entstanden, die die franziskanische Botschaft der Gewaltfreiheit in der heutigen Zeit zu leben versuchen. Mission bedeutet für sie, andere Menschen – Christen und Nichtchristen – durch ihr Handeln zu ermutigen, »das Reich Gottes auf Erden sichtbar und erfahrbar zu machen« (Missionszentrale der Franziskaner 1994).

3. Vgl. den Beitrag zu Goss-Mayr, S. 48.

Gefängnis

Für die Brüder *Philip und Daniel Berrigan*, die für ihre Aktionen »Schwerter zu Pflugscharen« in den USA seit Ende der 60er Jahre mehrfach ins Gefängnis gingen, war das Streben nach Wahrheit und die öffentliche Entlarvung der Verlogenheit US-amerikanischer Militärpolitik wichtigste Motivation. Sie vernichteten Einberufungsakten für den Vietnamkrieg oder demolierten Atomwaffen und deren Einsatzpläne. Daniel Berrigan (1983) nannte zwei weitere Gründe für dieses Verhalten:

1. Wir wollen auch als ältere Menschen mit der ganzen eigenen Existenz zu den Werten stehen, die von der jüngeren Generation als Moral erwartet werden: »Sie sind bei uns dem Willen begegnet, mit ihnen zusammen ins Gefängnis zu gehen. Wir haben Forderungen an sie gestellt, die wir nie zögerten, auf die eigenen Schultern zu nehmen.«
2. Den eigenen Egoismus überwinden: mit dem eigenen Leben der Gemeinschaft dienstbar werden. Er vergleicht das Leben mit gutem Brot, das vom kräftigen Geschmack des Sauerteigs durchdrungen ist – des festen Bewußtseins davon, was richtig ist. Dieses Bewußtsein, diese Erkenntnis soll geteilt werden, indem der Friedenskämpfer dafür die Einschränkungen des Gefängnisaufenthalts auf sich nimmt.

Bei den Berrigans (die im übrigen »wirklich nicht viel über diese Gefängnisstrafe nachdenken«, wie die meisten Menschen, die dazu bereit waren, für gewaltfreie Aktionen ins Gefängnis zu gehen), spielt eine tiefe Spiritualität eine große Rolle. Ihre Sprache ist von christlicher Symbolik geprägt. Sie versuchten nicht, dem Gefängnisaufenthalt zu entkommen, sondern nahmen ihn als Bestandteil ihres Widerstands innerlich an.

Das Nachdenken über die Bedeutung von Gefängnis geht auf den Humanisten *David Henry Thoreau*[1] zurück, der für Martin Luther

1. David Henry Thoreau (1817-1862) kritisiert in seinem Essay den Krieg gegen Mexiko und die Sklaverei. Allerdings mußte er für seine Weigerung, die Kriegssteuer zu bezahlen, nur für eine Nacht im Gefängnis bleiben.

King, Mahatma Gandhi und viele andere engagierte Menschen wegweisend war. »Unter einer Regierung, die irgend jemanden unrechtmäßig einsperrt, ist das Gefängnis der angemessene Platz für einen gerechten Menschen. Der rechte Platz, der einzige, den Massachusetts heute seinen freieren und weniger kleinmütigen Geistern anzubieten hat, ist eben das Gefängnis, wo sie von Staats wegen ausgesetzt und ausgeschlossen werden, nachdem sie sich durch ihre Grundsätze schon selbst ausgeschlossen haben.«

Das erklärte Henry David Thoreau vor 150 Jahren in seinem berühmten Essay »Über die Pflicht zum Ungehorsam gegen den Staat«. Seine Worte stehen im Widerspruch zu der verbreiteten Auffassung, die auch heute noch Allgemeingut ist: Wenn jemand ins Gefängnis geht, dann habe es damit schon seine Richtigkeit. Gefängnis als gesetzlich geregelte Strafform ist jedoch auch eine bewußt in Kauf genommene Folge zivilen Ungehorsams. Thoreau hat Aufsehen erregt und durch seine Bereitschaft zum Gefängnisaufenthalt Menschen gegen staatliches Unrecht sensibilisiert.

Die Motivation, Freiheitsentzug auf sich zu nehmen, kann ganz unterschiedlich sein. Die Buddhistin *Aung San Suu Kyi*, die jahrelang unter Hausarrest birmanischer Generäle gelebt hat, schreibt: »In einem System, das die Existenz grundlegender Menschenrechte verneint, neigt Furcht dazu, an der Tagesordnung zu sein. Furcht vor Inhaftierung, Furcht vor Folter, Furcht vor dem Tode, Furcht, Freunde, Angehörige, Besitz, den Lebensunterhalt zu verlieren, Furcht vor Armut, Furcht vor Isolation, Furcht vor Fehlschlag. Die schlimmste Form von Furcht ist diejenige, die sich als gesunder Menschenverstand oder gar als Weisheit verkleidet. Sie verdammt die täglichen kleinen mutigen Taten, die menschlichen Selbstrespekt und Menschenwürde zu bewahren helfen, als dumm, leichtsinnig, unbedeutend oder nutzlos.« (Aris 1991)

Aung San Suu Kyi legt durch ihr Leben Zeugnis davon ab, was es heißt, Furcht zu überwinden, zu zeigen, daß menschenverachtende Systeme keine absolute Macht über den Menschen haben. Sie will dazu ermutigen, das zu tun, was in der ungerechten Situation notwendig erscheint, aber was auch der jeweiligen persönlichen Lage entsprechend möglich ist: »Doch selbst unter der erdrückendsten Staatsmaschinerie entsteht immer wieder Mut, denn Furcht ist nicht der natürliche Zustand zivilisierter Menschen.« Aung San bezieht sich dabei auf den buddhistischen Begriff der *agati*, der vier Korruptionen. Eine davon ist *bhayagati*, d. h. Korruption durch Furcht, die den Menschen auch von den anderen Tugenden wegführt.

Für *Mahadev Desai*, Mahatma Gandhis Privatsekretär, war sein erster 13monatiger Gefängnisaufenthalt Teil einer Selbstbesinnung, einer Vorbereitung auf Jahre des Widerstands gegen das britische Kolonialregime in Indien. Im Dezember 1921 wurde er verurteilt, weil er eine verbotene Zeitung herausgegeben hatte. Er hatte es im Leitartikel vorausgesehen: »Es ist wahrscheinlich, daß wir mit all unseren Kollegen und Helfern unserer Sklaven-Freiheit beraubt werden (...) Doch Leben unter Falschheit, Ungerechtigkeit und Terror kann nur im Gefängnis ertragen werden. Der Tyrann ist mächtig genug, alle Aktivitäten unserer sterblichen Existenz zu kontrollieren, aber er kann den unsterblichen Geist darin nicht berühren. Erstere mag er dazu zwingen, sich seinem Gesetz zu unterwerfen; aber er kann nicht einmal träumen, sein Gesetz letzterem aufzuzwingen.« (Desai 1995)

Das Gefängnis erscheint Mahadev als Ausdruck einer größeren Freiheit, die von physischem Zwang nicht eingeschränkt werden kann. Er hat dann doch im berüchtigten Gefängnis von Allahabad sehr unter den erniedrigenden Haftbedingungen gelitten. Denn die Auseinandersetzung mit dem Leiden ist dokumentiert und macht deutlich, daß er sich dadurch zur Überwindung eigener »geistiger Probleme« herausgefordert sieht.

Mahadev schmuggelte seinen ersten Brief an Gandhi aus dem Gefängnis. Dieser druckte ihn zwar als Illustration der unmenschlichen Haftbedingungen in den Gefängnissen des Kolonialregimes ab, jedoch mit einem Kommentar: »Ich glaube, daß der Versand dieses Briefes ein Bruch der Gefängnisdisziplin war. In Südafrika hatte ich mich immer geweigert, auf solche Briefe zu reagieren. Aber in diesem Fall halte ich Mahadev Desais unschädlichen Bruch der Regeln für verzeihlich.« (Desai 1995) Die indischen Widerstandskämpfer haben sich grundsätzlich strikt an die Gefängnisregeln gehalten, um als ungerecht identifizierten Gesetzen um so effektiver offen und gezielt widerstehen zu können. Das Regime konnte ihnen dann nicht vorwerfen, daß sie sich ja sowieso nur willkürlich an diejenigen Gesetze hielten, die ihnen opportun erschienen.

Ein Ereignis illustriert das: Als in einem anderen Gefängnis zwei Jahrzehnte später die Kolonialverwaltung die Anwesenheit von Gandhi, seiner Frau Kasturba und von Mahadev geheimhalten wollte, ein Arzt aber Kasturbas Namen auf ein Krankenrezept schrieb, machte Mahadev den diensthabenden Beamten darauf aufmerksam: der Fehler hätte sofort öffentliche Unruhe zur Unterstützung von Gandhi hervorgerufen, die die Häftlinge aber durch einen bloßen Fehler der Gefängnisleitung nicht bewirken wollten.

Mahatma Gandhi hat sich schon früh mit Thoreau auseinandergesetzt und die Motive für einen Gefängnisaufenthalt näher untersucht. Er charakterisiert Menschen, die Satyagraha – »Festhalten an der/Beharren auf die Wahrheit« – begehen so: »Ein Satyagrahi geht ins Gefängnis, nicht um die Behörden in Verlegenheit zu bringen, sondern um sie zu bekehren, indem er ihnen seine Unschuld vor Augen führt. Man sollte sich klarmachen, daß die Bereitschaft, ins Gefängnis zu gehen ohne die notwendige moralische Eignung, wie sie Satyagraha fordert, nutzlos ist und schließlich nur zu Enttäuschung führt.«

Für Gandhi und Mahadev Desai war Gefängnis – in späteren Jahren etwas komfortabler als in Allahabad – aber auch immer eine Gelegenheit zur Einkehr, zur Besinnung, zur Ruhe in einem Befreiungskampf, der ihnen kaum Gelegenheit zum Rückzug, oft nicht einmal ausreichend Schlaf bot. Sie wie auch Gandhis wichtigster Schüler *Vinoba Bhave* nutzten ihre Gefängnisaufenthalte zum Studium, insbesondere von Sprachen und klassischer Literatur.

Eine solche Kraft und ein Bewußtsein von der Legitimität der Aktion sind notwendig, um Gefängnisstrafen durchzustehen. Sie werden so zu einem wirksamen öffentlichen Zeugnis: daß jemand sich bereitwillig auf den Entzug von Freiheit einläßt – wenn auch nur für eine kurze Zeit –, läßt Unterstützer wie auch den politischen Gegner nicht unberührt. Auch in einer Gesellschaft wie in der Bundesrepublik Deutschland, in der Gefängnis oft durch eine Geldstrafe oder gemeinnützige Arbeit ersetzt werden kann, ist dies ein deutliches Zeichen. Die wendländische Aktivistin und Quäkerin *Katja Tempel* hat sich zusätzlich deshalb gegen die Überweisung einer Geldstrafe entschieden, weil sie dem Urteil widersprechen wollte: mit ihrer »Lebenslaute« genannten Musikaktion gegen das atomare Zwischenlager in Gorleben im August 1994 habe sie nach ihrem Empfinden kein Unrecht begangen, für das sie nun zahlen müsse.

Der Gang ins Gefängnis unterscheidet sich jedoch von märtyrerhaftem Tun. Die Gefängnisstrafe wird zwar individuell angetreten, das Anliegen wird jedoch von breiteren Kreisen geteilt. Unterstützung ist letztlich auch auf ganz persönlicher Ebene notwendig. Die Pflugscharenaktivisten um die Brüder Berrigan oder die indischstämmigen Südafrikaner um den jungen Gandhi zogen in Gemeinschaften (s. S. 145) zusammen, um bei Inhaftierung für Familienangehörige solidarisch Sorge tragen zu können. Eingebundensein in einen weiteren Diskussionszusammenhang macht die individuell persönliche Entscheidung zum Gefängnisaufenthalt bei anderen nachvollziehbar und erhebt die Regelübertretung über den Bestand einer bloßen Straftat hinaus, so daß das Unrecht bloßgestellt wird.

Konflikt und Gewalt

»Erst in einem Konflikt erkennt man den Gewaltlosen, kann man doch von Gewaltlosigkeit nur dort sprechen, wo es natürlich und vielleicht sogar berechtigt wäre, Gewalt anzuwenden, und nur dann, wenn sie die Probleme löst, die normalerweise mit Gewalt angegangen werden. Im Konflikt versucht der Gewaltlose nicht, dem Zorn seines Gegners auszuweichen, sein Mitleid zu erregen, ihn zu überlisten; er trachtet vielmehr danach, in aller Klarheit Übereinstimmung zu erzielen. Um dieses Ziel zu erreichen, können, je nach Situation, rauhe Worte genauso dienlich sein wie sanfte, kann man mit heftigen Gesten, die verblüffen, mit sarkastischen Äußerungen, die aufrütteln, genauso aufwarten wie mit Flüchen, die warnen, und, im äußersten Fall, sogar mit Schlägen. Ja, auch mit Schlägen, vorausgesetzt, sie sind so frei von Gewalt wie die von einem Chirurgen zum Zweck der Heilung durchgeführte Amputation eines Gliedes.« (Vasto 1982)

Der Arche-Gründer und katholische Gandhi-Schüler *Lanza del Vasto* (s. S. 129) macht in diesem provozierenden Zitat auf den engen Zusammenhang zwischen Gewaltfreiheit und Konflikten aufmerksam.

Gewaltfreies Handeln bedeutet, sich auf Konflikte im persönlichen, gesellschaftlichen und politischen Raum einzulassen, sich ihnen zu stellen. Gleichzeitig räumt er mit der Vorstellung auf, daß es das wesentliche Merkmal der Gewaltfreiheit sei, nur harmlos, höflich, geduldig, nachgiebig oder freundlich zu sein. Das Vorhandensein von Gewalt in einem Konflikt verknüpft er mit der Motivation des gewaltfrei Handelnden. Wie auch in diesem Text Lanza del Vastos ist das Sprechen über Konflikte ebenso wie die konkreten Mittel ihrer Bearbeitung weitgehend von nicht-religiöser Sprache geprägt, solange es um die Techniken und das Wie der Konflikttransformation geht. Dennoch stehen hinter den Entscheidungen für einen bestimmten Weg nicht nur pragmatische Erwägungen, sondern auch religiöse Motivation und ethische Überlegungen.

Der kambodschanische Mönch *Maha Ghosananda* schreibt, daß »die letztlichen Ursachen und Bedingungen aller Konflikte in unserem Geist liegen« (Ghosananda 1997). Aus buddhistischer Sicht ist es notwendig, die Voraussetzungen für Konflikte zu entschärfen, indem die »Ich-Abgrenzung« durch wachsendes Bewußtsein und gesteigerte Aufmerksamkeit den eigenen Motiven und Gefühlen gegenüber überwunden wird. Denn die Ich-Abgrenzung, die eigene Bedürfnisse, Interessen und Werte höher bewertet als die anderer, wirkt als entscheidende psychologische Ursache an der Entstehung des Leidens mit, dessen Beendigung Ziel der buddhistischen Erlösungslehre ist.

Dennoch haben sich buddhistisches Denken und Praxis auch mit Maßnahmen befaßt, die bereits auf dem Weg zur Erlösung den Umgang mit entstehenden Konflikten ermöglichen. Der nordamerikanische Theravada-Mönch *Santikaro* führt die Vision seines thailändischen Lehrers *Buddhadasa* von einer Gesellschaft aus, deren Verlangen gestillt ist (einer *nibbanischen Gesellschaft*[1]). Er erklärt damit, wie in der leidvollen Existenz eines sozialen Wesens wie des Menschen Bedingungen geschaffen werden können, die Hindernisse für das innere Wachstum beseitigen und die Entfaltung des spirituellen Bewußtseins fördern. Unter anderem erläutert er das dritte Prinzip des »Edlen Achtfachen Pfades«, die richtige Rede, als richtige Kom-

1. »nibbana«: Verlöschen; das Ende des Verfangenseins in leidvollen Existenzen. Begriff aus dem Pali, der Sprache des buddhistischen Kanons.

munikation: »Als erstes müssen wir Kommunikationskanäle und -methoden entwickeln, mit deren Hilfe sich unsere ›Gruppen für buddhistische Praxis‹ aufrichtig, freundlich, effektiv, nutzbringend und zum passenden Zeitpunkt miteinander verständigen können.(...) Das bedeutet [auch], daß wir in unseren Gruppen für eine anhaltende Diskussion sorgen, daß wir alle Stimmen hörbar machen, nicht mehr die Ansichten, Meinungen und Empfindungen anderer unterdrücken.« (zit. nach Evangelisches Missionswerk 1996)

Der thailändische Sozialkritiker *Sulak Sivaraksa* weist darauf hin, daß Konflikte Veränderungen erschließen können und daß sie – wie auch immer der Ausgang – die Möglichkeit beinhalten, mehr über sich selbst und andere zu erfahren. Nach Sivaraksa schafft der Buddhismus die philosophische Voraussetzung dafür, den Streitpunkt eines Konfliktes in einen anderen Zusammenhang zu setzen: »Wenn wir von Grund auf begriffen haben, daß alles vergänglich ist, können wir die Geschehnisse einfach dadurch verändern, daß wir sie anders sehen. Wir haben die Macht, unsere Streitereien in Freude zu verwandeln, eine Kunst, die einer besonderen Geschicklichkeit bedarf. Der Ausdruck ›Geschicklichkeit der Mittel‹ (*upaya*) ist im Buddhismus sehr wichtig und bezeichnet genau diesen Prozeß.« (Sivaraksa 1995) Als Voraussetzung dafür ist es notwendig, sich der eigenen Motive bewußt zu werden, Zorn und Ärger zu erkennen und Verständnis und Mitgefühl zu entwickeln. »Für die buddhistische Einstellung zur Lösung von Konflikten benötigen wir Konzentration und Achtsamkeit.«

Buddhisten wie Maha Ghosananda haben in den Bemühungen um Vermittlung in internationalen Konflikten eine wichtige Rolle gespielt. Die Fähigkeit zur Beobachtung der eigenen Rolle und Emotionen ist auch etwas, was westliche Mediatoren und Konfliktvermittler zu entwickeln versuchen. Aus diesem Grunde sind buddhistische Erfahrungen, vermittelt durch Mönche wie Thich Nhat Hanh, in diesen Kreisen stark reflektiert worden.

Die christliche Theologin *Dorothee Sölle* hat Gewalt eingeteilt in Gewalt von unten, Gewalt von oben und Gewalt von innen. Mit letzterer Form meint sie »die Akzeptanz der Gewalt, die Gewöhnung an sie als das Normale.« (in: von Brück 1996) Sie stellt dar, wie die Gewalt von oben, also die allgemein akzeptierte Wirtschafts- und Militärgewalt danach strebt, zur Gewalt von innen zu werden. Dies führt dazu, daß in der öffentlichen Diskussion nur noch ein Ausschnitt aus den Gewaltbeziehungen wahrgenommen wird, die Gewalt von unten, etwa gesellschaftlich macht- und perspektivenloser Jugendlicher. Diese Gewalt wird verabscheut, während man sich der Gewalt von oben, ohne sie in Frage zu stellen, unterwirft.

Eine Grundsatzdebatte über die Anwendung von Gewalt, in der auch Gedanken anklingen, die von *Dietrich Bonhoeffer* her bekannt sind, fand zwischen dem nicaraguanischen Priester und Revolutionär *Ernesto Cardenal* und dem US-amerikanischen Friedensaktivisten Pater Daniel Berrigan statt. In einem Interview sagte Cardenal 1977: »Der wirkliche Revolutionär ist ein Feind der Gewalt, er will das Leben und nicht den Tod. Aber es kann der Fall eintreten, daß die Revolution gewalttätig sein muß. Manchmal muß sie Gewalt benutzen, weil die Machthaber die Macht nicht freiwillig hergeben, das heißt dem Volk übergeben. Und diese Gewalt ist vollkommen gerechtfertigt. Das ist das Recht auf Widerstand, das auch die Kirche immer allen Völkern zugestanden hat. Ich meine damit nicht den Begriff vom ›gerechten Krieg‹; den kann es vielleicht heute nicht mehr geben.« (Gugel 1983)

Daniel Berrigan wendet sich gegen dieses bedauernde Bekenntnis zur Gewalt und bezeichnet es als unheilvoll einfach, »in einer Welt, die vom Mythos der Vereinfachungen und Endlösungen verwirrt und fasziniert ist, (...) die Front zu wechseln und zum Gewehr zu greifen.« Er glaubt nicht daran, daß diese Gewalt, auch wenn sie nun von links kommt, eine gerechtere Gesellschaft schafft. »In diesem blutigen Jahrhundert hat unsere Religion wenig anzubieten, wenig, das nicht vergiftet oder zerbrochen oder mißbraucht ist. Aber eines haben wir: unsere Weigerung, Bomben oder Gewehre gegen die Leiber unserer Brüder und Schwestern zu richten, die wir beharrlich Brüder und Schwestern nennen, auch wenn uns ein kriegslüsterner Staat oder eine Krieg segnende Kirche in Feindschaft gegen sie treiben will.« (Gugel 1983)

»Ruf zum Weg deines Herrn mit Weisheit und schöner Ermahnung, und streite mit ihnen auf die beste Art«, ist ein Vers aus dem Koran (16,125), der zu Konfliktaustragung Stellung bezieht und auf konstruktive Methoden hinweist. Daneben stehen jedoch auch Aussagen, die dazu geeignet sind, Gewaltanwendung zu rechtfertigen.

Wenn der Koran, wie es *Mohammed Arkoun* und *Farid Esack* vorschlagen, als existentielles Wort verstanden wird, dann muß sich die muslimische gewaltfreie Bewegung damit auseinandersetzen, welche Tradition sie sich aneignen will. *Fatema Mernissi* hat darauf aufmerksam gemacht, daß dieser Prozeß heute nur an ganz wenigen Orten möglich ist. Die Existenz diktatorischer Regime, die wirtschaftlichen Zwänge und die Ideologisierung des Islam durch Bewegungen, die Religion zur Mythologie machen oder deren Sprache zur politischen Parole, stellen schwer überwindbare Hindernisse für diesen Prozeß dar.

Krieg und Frieden

»Einen Konsens über die Definition eines christlichen Ansatzes zu Gewalt oder Gewaltlosigkeit gibt es nicht. Es besteht jedoch seitens der Kirchen ein tiefes Verlangen, dauerhaften, auf Gerechtigkeit gründenden Frieden zu schaffen. Der Umstand, daß viele Kirchen sich heute mit den verschiedensten Formen von Gewalt auseinandersetzen müssen, hat diesem Verlangen eine neue Dringlichkeit verliehen.« Diese Stellungnahme des Ökumenischen Rates der Kirchen von 1997 zu seinem Programm zur Überwindung von Gewalt ist nur eine seitens verschiedener kirchlicher Institutionen und Kirchenleitungen, die die Impulse der Friedensdienste aufnimmt.

Die Synode der Evangelischen Kirche in Deutschland hat auf ihrer Sitzung am 6. November 1996 den Ausbau von Friedensdiensten beschlossen. Friedensdienste sind seit dem Ersten Weltkrieg, als der Internationale Versöhnungsbund (1919)[1], der Christliche Friedensdienst (1924)[2] und Service Civil International (1920) gegründet wurden, tätig in lokaler und regionaler Friedensarbeit, in der Versöh-

1. In einigen Ländern (Deutschland, Niederlande, England, etc.) gab es schon einige Jahre vorher Zweige des Versöhnungsbunds. Eine internationale Zusammenarbeit wurde 1914 verabredet, konnte jedoch wegen des Ersten Weltkriegs formal erst 1919 begonnen werden.
2. Zunächst unter dem Namen »Kreuzritterorden«.

nungsarbeit über die Fronten kriegführender Staaten hinweg, in der Wiederaufbau- und Flüchtlingsarbeit, in gewaltfreier Trainingsarbeit, im Bereich humanitärer Hilfe und zur Unterstützung ziviler und gewaltfreier Konfliktbearbeitung. Sie arbeiten an der Basis, mit viel persönlichem Engagement und geringen finanziellen Mitteln. Ihre Dachverbände wie Pax Christi und die Aktionsgemeinschaft Dienst für den Frieden, aber auch einzelne Organisationen wie der Versöhnungsbund oder die nach dem Zweiten Weltkrieg gegründete Aktion Sühnezeichen/Friedensdienste versuchen, mit ihren Erfahrungen auf die Kirchen einzuwirken und werden zunehmend wahrgenommen. Ihr Friedensbegriff ist ein dynamischer, der auf die Schaffung eines positiven Friedens statt nur auf die Abschaffung von Krieg hinsteuert (vgl. S. 60).

Waren die Auseinandersetzung mit Faschismus und Zweitem Weltkrieg in den ersten Nachkriegsjahrzehnten Schwerpunkte der christlichen Friedensdienste – etwa die deutsch-französische oder die deutsch-polnische Versöhnung – und konzentrierten sie sich später auf die Überwindung der Fronten des Kalten Krieges und schließlich auf den Versuch, die atomare Nachrüstung in den 80er Jahren zu verhindern, so hat sich die Zielsetzung seit dem Golfkrieg 1991 und seit dem Zerfall des ehemaligen Jugoslawien gewandelt. Konkretes Eingreifen in das Geschehen, die Unterstützung gesellschaftlicher Akteure und die Weiterentwicklung konstruktiver Methoden ziviler Konfliktbearbeitung stehen heute im Vordergrund der Arbeit. Der Krieg auf dem Balkan hat jedoch auch zu neuen Diskussionen in diesen Organisationen über die Rechtfertigung militärischen Eingreifens geführt. Die katholische Friedensbewegung *Pax Christi* hat den Widerspruch zwischen der Ablehnung jeder Form von Gewalt, also auch befriedender militärischer Gewalt, und der Unfähigkeit, angesichts des Leidens der Zivilbevölkerung ohne Gewalt schnell Abhilfe zu schaffen, am deutlichsten thematisiert. Im allgemeinen haben sich in diesen Diskussionen gewaltfreie Positionen durchgesetzt, die auf die Notwendigkeit langfristig angelegten Handelns und die militärpolitischen Ziele eines vorgeblich humanitären Eingreifens ausländischer Armeen hinwiesen. Dennoch ging ein Aufatmen durch diese Organisationen, als der militärisch durchgesetzte Waffenstillstand in Bosnien 1996 dem unmittelbaren Leiden ein Ende setzte.

Die Kirchenleitungen haben sich weniger eindeutig zur Gewaltfreiheit bekannt. Zu denjenigen Kirchen, die am weitesten gingen und ihren Friedenswillen auch durch die Einrichtung eines Freiwilligen Friedensdienstes glaubwürdig in die Tat umsetzten, gehörte die *Evangelische Kirche der Kirchenprovinz Sachsen*. Im August 1995 beschloß sie: »Selig sind die Sanftmütigen, denn sie werden das Erdreich besitzen. Selig sind die Friedensstifter, denn sie werden Gottes Kinder heißen. Diese Worte als Verheißung und mahnende Wegweisung sind kein billiger Trost in unseren Anfechtungen angesichts des Erfolges der Waffen und der Erfolglosigkeit so vieler Bemühungen um gerechten Frieden. Aber sie bestärken uns darin, daß die Option für Gewaltfreiheit immer noch Vorrang haben muß und daß ›Geist, Logik und Praxis der Abschreckung‹ keine Rechtfertigung verdienen.« Der Begriff »vorrangige Option« schloß allerdings auch den begrenzten Einsatz militärischer Mittel nicht vollkommen aus.

Im Laufe der Geschichte des Christentums wurde immer wieder Bezug genommen auf die Option des »gerechten Krieges«, die von *Augustinus* zu Beginn des 5. Jahrhunderts und von *Thomas von Aquin* im 13. Jahrhundert formuliert wurde und bis heute diskutiert wird, obwohl bereits 1947 der Präfekt der Römischen Glaubenskongregation Kardinal *Ottaviani* erklärt hatte, daß moderne Kriege den Bedingungen für einen gerechten und rechtmäßigen Krieg nicht entsprechen. Im Jahrhundert der hochtechnisierten Kriege, in dem die meisten Opfer Zivilisten und Zivilistinnen sind, in dem Kriege die Möglichkeit in sich bergen, die Vernichtung der Schöpfung herbeizuführen, kann es keine ethische Rechtfertigung von Krieg mehr geben. Weder im Golfkrieg noch in Bosnien waren alle anderen politischen Mittel ausgeschöpft, in keinem der beiden Kriege ging es um eine Verteidigung mit gewisser Aussicht auf Erfolg. Es ging um politische und wirtschaftliche Interessen der Eingreifenden.

Hildegard Goss-Mayr legt dar, daß die Ideologie vom gerechten Krieg auch die Befreiungstheologen in Lateinamerika bewegt hat. Dort wurde militärische Gewaltanwendung nicht mit dem Verteidigungsargument gerechtfertigt, sondern mit dem Eintreten für Arme und Unterdrückte. Doch sie hält dem die Argumentation von Dom *Helder Câmara* entgegen: »Wer Gegengewalt übt, bleibt in der Spirale der Gewalt gefangen; er durchbricht nicht das System der Gewalt, das die Welt beherrscht, sondern nährt es und eskaliert es in sich und im Befreiungskampf; er pflanzt es in die neue Situation in neuer Gestalt ein.« In einem Aufsatz zur »Theologie des Friedens« (1997) beschreibt *Dorothee Sölle*, daß die militärische Argumentation für einen gerechten Krieg immer Gefahr läuft, zu einer Argumentation für einen heiligen Krieg zu werden, wenn Krieg mit beschönigenden Begriffen verschleiert und als »wohlgefälliges Tun« dargestellt wird. Dieses Denken, sagt Sölle, hat auch Niederschlag in der säkularen Redeweise über Krieg gefunden. Sie hofft auf die Friedensstifter, die an die Tradition der Nachfolge Christi in der Urgemeinde anknüpfen und die die Bergpredigt als die heutige Wirklichkeit gestaltendes Wort verstehen.

Der Aufrüstung haben Christen konkretes Handeln entgegengesetzt. Die Brüder *Daniel* und *Philip Berrigan*, beide katholische Priester in den USA, sind in den 60er und 70er Jahren wiederholt in Atomwaffen- und Raketendepots eingedrungen und haben die Waffen demoliert, und sie haben Einberufungsakten während des Vietnamkriegs vernichtet. Sie ließen sich verhaften und wurden von Gerichten zu hohen Haftstrafen verurteilt. Sie verglichen die Massenvernichtungswaffen mit dem Holocaust und sahen es als ihre Pflicht an, mit radikalen gewaltfreien Aktionen dagegen vorzugehen: »Wir sagen, daß Christus von uns fordert, das Leben zu bejahen, für seine Integrität und Heiligkeit einzutreten und gegen seinen Mißbrauch und seine Vernichtung Widerstand zu leisten.« (Berrigan 1971)

Mahatma Gandhi und *Vinoba Bhave* schufen ein Instrument, das sie Krieg und Bürgerkrieg entgegensetzten: die *Shanti Sena* oder gewaltfreie Friedensarmee. Als 1942 die Invasion Indiens durch japanische Truppen kurz bevorstand und sich die kleine britische Kolonialarmee bereits zurückgezogen hatte, schlug Gandhi einen Dreistufenplan für eine gewaltfreie Reaktion darauf vor:

1. Vor der Invasion des Aggressors sollte eine »Gegeninvasion« mit Freundlichkeit, Gutwilligkeit und positivem Verhalten im Geiste der Versöhnung stattfinden;
2. Wenn dies nicht zum Erfolg führt, sollte sich während der Invasion eine Gruppe von unbewaffneten Freiwilligen den Angreifern gegenüberstellen, in der Hoffnung, daß dies ihr Gewissen wachrüttelt;

3. Nach einer Invasion könnte absolute Nichtzusammenarbeit mit den Besatzern deren Herrschaft untergraben.

Diese Ideen Gandhis konnten jedoch erst Jahre später in die Wirklichkeit umgesetzt werden.[3] Im Jahre 1957 gründete Vinoba Bhave die Shanti Sena. Freiwillige, die hohen Anforderungen an innerer Stärke und Charakter genügen und ein Gelübde der Gewaltfreiheit ablegen mußten, eine mehrwöchige Ausbildung erhielten und in Friedenszeiten bei örtlichen Aufbauprogrammen tätig waren, wurden bei Unruhen zwischen Angehörigen verschiedener Religionsgemeinschaften oder Kastengruppen eingesetzt, halfen Flüchtlingen im Befreiungskrieg von Bangladesh und setzten sich für den Aufbau in den Unruheprovinzen im Nordosten Indiens ein.

Das Konzept des Jihad, oft fälschlich übersetzt mit »Heiliger Krieg«, ist unter Muslimen stark umstritten. Während Teile der islamischen Welt den Jihad-Begriff verwenden, um die Gewalt ihrer Gruppe zu rechtfertigen, weist der thailändische Gelehrte *Chaiwat Satha-Anand* darauf hin, daß Jihad, das von der Wurzel »sich anstrengen, sich bemühen« abgeleitet ist, in seiner allgemeinsten Bedeutung die Bemühung für oder das Streben nach Gerechtigkeit und Wahrheit bezeichnet. Das Ziel des Jihad ist also die Beendigung struktureller Gewalt. Dafür wird unterschieden zwischen dem »kleineren Jihad«, der Auseinandersetzung mit einem Gegner, und dem »größeren Jihad«, der Auseinandersetzung mit sich selbst zur Selbstreinigung. Das Konzept Jihad bringt die Mittel der Auseinandersetzung, also auch Gewalt und Krieg, auf eine moralische Ebene. Die Bedingung, die an die Durchführung von »kleinem Jihad« geknüpft wird, nämlich daß dieser in seinen Zielen und seiner Ausführung von kontinuierlichem »großen Jihad« geleitet wird, macht Gewaltanwendung im Zeitalter der Massenvernichtungswaffen nicht durchführbar. Hieraus und aus der Aufforderung an die Muslime, erst alle anderen Mittel einzusetzen, folgt der Schluß, daß die einzig zulässige und im Falle von Ungerechtigkeit oder Unterdrückung notwendige Form des

3. Gandhi hatte den Gedanken, mit gewaltfrei handelnden Gruppen in Unruhegebieten Indiens Frieden zu stiften, bereits 1938 geäußert. Offensichtlich plante er kurz vor seinem Tod die Einberufung einer Konferenz zur Gründung einer solchen Friedensarmee.

»kleinen Jihad« gewaltfreie Aktion ist. Der in London lebende irakische Schriftsteller *Khalid Kishtainy* meint daher mit Blick auf die bedrückende Situation in den meisten Ländern mit mehrheitlich muslimischer Bevölkerung: »Wenn die islamische Welt – und die Welt als ganzes – etwas benötigt, dann ist das ein muslimischer ziviler Jihad, der alle Ungerechtigkeiten, Korruption und Despotismus in der islamischen Welt zu beseitigen versucht, ohne töten oder zerstören zu müssen.« (Kishtainy 1996)

Der malaiische muslimische Menschenrechtler *Ahmad Faiz bin Abdul Rahman* wandte sich in einer Diskussion mit dem Groß-Scheikh der Kairoer Al-Azhar-Universität gegen jede Form von Terrorismus. Zwar erklärte *Mohamed Sayyed Tantawi* Selbstmordanschläge, die Unbeteiligte verletzen oder töten, für nicht vereinbar mit islamischem Recht. Doch im gleichen Satz schränkte er dies wieder damit ein, daß man palästinensische Attentäter danach fragen müßte, was sie dazu motiviert habe. Denn in einem Befreiungskrieg gäbe es solche Vorkommnisse. Die Diskussion macht deutlich, daß die Rückkehr zu gewaltfreien Mitteln des Kampfes für Gerechtigkeit die im Islam höher bewertete Option ist. *Clayton Ramey*, ein US-amerikanischer Muslim, kritisiert Waffenhandel und Aufrüstung und hält sie mit islamischen Geboten für unvereinbar. An diesen Fragen entscheidet sich, so Ramey, ob der Mensch die Beziehung zu Gott aktualisieren und aufrechterhalten kann, als dessen Treuhänder und trotz seiner Schwächen.

Daß die Auseinandersetzung um die Bereitschaft zum Krieg keine Religionsgemeinschaft verschont hat, zeigt der *Buddhismus*. Die Vorstellung vieler Menschen im Westen, daß buddhistische Gesellschaften vom Gedanken der Gewaltfreiheit geprägt sind, muß bei näherem Hinsehen revidiert werden, obwohl das Prinzip Gewaltfreiheit tief im Buddhismus verwurzelt ist. In seiner Autobiographie beschreibt der *Dalai Lama* die tibetische Gesellschaft vor der Besatzung durch chinesische Truppen als von Unruhen und Aufständen geschüttelt. Friedensbewegte Buddhisten empfinden die Haltung des buddhistischen Mönchsordens in Sri Lanka zum seit 1983 anhaltenden Bürgerkrieg als äußerst problematisch, haben doch Mönche die srilankische Politik immer wieder zu einer harten Haltung gegenüber der tamilischen Minderheit in der Inselrepublik gedrängt und zu Unnachgiebigkeit in

Verhandlungen mit den Rebellen. Nur eine kleine Minderheit unter ihnen erhebt ihre Stimme für einen Ausgleich, der von den buddhistischen Singhalesen Zugeständnisse an die Tamilen erfordern würde. Statt dessen geht das Blutvergießen, unterstützt durch den Chauvinismus der Mönche, die um den Verlust von Einfluß für sich und die Singhalesen fürchten, weiter. Nur wenige Mönche gingen im Frühjahr 1995 auf einem Friedensmarsch in die damals von Rebellen gehaltene Stadt Jaffna, um ihren Friedenswillen und ihre Gesprächsbereitschaft zu bekunden.

Umwelt und Natur

»Allah hat uns die Erde als *amanah*[1] übergeben. Sie kann die Art des Fortschritts, den Kapitalismus und Konsumgesellschaft eingeschlagen haben, nicht aufrechterhalten«, stellte *Farid Esack* (1997) fest und faßt damit die muslimische Einstellung zur Umwelt zusammen. Der Mensch ist demnach Verwalter und Nutznießer der Natur, hat sie aber auch nach Gottes Gebot zu schützen. Esack und andere muslimische Denker des Südens heben hervor, daß der Mensch dieser Verantwortung nicht gerecht wird, wenn er dem Entwicklungsmodell der europäischen und nordamerikanischen Industriegesellschaften folgt. Doch über diese Ansätze hinaus ist aus islamischem Denken heraus keine gewaltfreie Bewegung zu Umweltproblemen entstanden.

Auch in der buddhistischen Welt sind Aktionen zum Schutze der Umwelt noch relativ neu. Der thailändische Mönch *Phra Prachak Khuttacitto* wurde dadurch bekannt, daß er sich gegen die vom Militär gestützten Interessen der Holzindustrie wandte. Fünfzehn Jahre zog er als Waldmönch durch Thailand, meditierte und studierte die buddhistische Lehre. Seine Erfahrungen dabei führten dazu, daß er, nachdem er sich 1989 in einem Tempel im Nordosten Thailands niedergelassen hatte, den Schutz der Wälder auch als Schutz des Buddhismus ansah.

1. Arab.: anvertrautes Gut.

Phra Prachak, dem es gelungen war, die Unterstützung des Dorfes für sein Anliegen, einen der letzten Wälder des Landes zu bewahren, zu erreichen, begann damit, an Bäumen die für die Ordination buddhistischer Mönche vorgesehenen Zeremonien zu vollziehen. Traditionell werden gelbe Roben um heilige Bäume gebunden, um Respekt zu zeigen und sie zu schützen. Prachak nahm das Symbol auf und weihte alle großen Bäume des Waldes. In einer weiteren Zeremonie wurde ein geweihter weißer Faden, wie er normalerweise um das Handgelenk von Gläubigen gebunden wird, um den Wald gelegt. Bei solchen Anlässen unterrichtete Prachak die Bevölkerung über den Wert der Bäume für Ökologie und Wirtschaft des Landes. Für sein Engagement wurde Prachak von lokalen Militärs bedroht und angegriffen, sein Tempel wurde beschossen und schließlich zerstört, er selber mehrfach verhaftet und vor Gericht gebracht. Hohe Mönche in seiner Heimatregion mißbilligten seine Aktionen und entzogen ihm Unterstützung, Dorfbewohner gaben den Einschüchterungsversuchen nach und stellten den Kontakt zu ihm ein. 1994 gab Prachak, der dem Druck nicht mehr standhielt, seine Robe auf und kehrte unter dem Namen Prachak Pethsingha in den Laienstand zurück.

Prachak gehörte der Sekhiyadhamma-Gruppe an, thailändischen Mönchen, die sich um den Erhalt der Natur und um soziale Entwicklung bemühen. Diese Gruppe ist inspiriert von den Gedanken des 1993 verstorbenen Theravada-Mönches und Reformators *Buddhadasa*[2]. Ausgehend von dessen Denken bezieht sich der Mönch *Santikaro*[3] auf den »Edlen Achtfachen Pfad« der buddhistischen Lehre und ergänzt ihn zu einem »Edlen Gesellschaftlichen Pfad«. Das 5. Prinzip des *samma ajiva*, des richtigen, rechten Lebenserwerbs, gliedert er in die Punkte »Richtige Ökonomie« und »Richtige Ökologie«. Ökologisches Handeln will er durch eine kommunale Kontrolle über die Ressourcen eines Gebietes bestimmt wissen, weil ländliche Kommunen am ehesten ein eigenes Interesse am Erhalt ihrer Lebensgrundlage haben. Um die von den Gemeinden verwalteten und bewirtschafteten Ackerflächen soll es Gemeindewälder und dazwischen

2. Buddhadasa Bhikkhu (1906-1993), s. S. 133, 153.
3. Santikaro Bhikkhu stammt aus Chicago und lebte über zehn Jahre mit Buddhadasa in Südthailand als dessen Schüler und Übersetzer.

Naturschutzzonen zum Erhalt der Artenvielfalt geben. »Die Ordination von Bäumen, die Einrichtung von ›Buddha-Kreisen‹ (*Buddha mandala*) und ›Buddha Äckern‹ (*Buddha kheta*), das Wiederbeleben der Tradition vom Freilassen und Füttern von Tieren, das Mitnehmen von Kindern zu ›Waldprozessionen‹ (*tudong*) und die Durchführung von Meditations-Nachtwachen – all das kann dazu beitragen, diese Stätten und die dort lebenden Wesen zu beschützen.« (Evangelisches Missionswerk 1996)

Buddhadasa selbst ging über den Schutz der Umwelt mit dem Ziel ihres Erhalts für gegenwärtige und zukünftige Generationen hinaus. Er bezeichnet Natur in Anlehnung an das Thai-Wort mit dem Pali-Begriff *dhamma-jati*, d. h. das, was aus dem Dhamma, (der rechten Lehre, dem Naturgesetz) hervorgeht. Dies bedeutet, daß Naturschutz nach Buddhadasa Ausdruck einer selbstlosen und einfühlsamen Haltung gegenüber der Natur ist, die nicht einem von Menschen definierten Zweck dient.

Die hinduistische Volksreligion kennt viele Traditionen, deren tieferer Sinn im Erhalt von natürlichem Lebensraum bei gleichzeitiger kontrollierter Nutzung durch die lokale Bevölkerung liegt. Heilige Bäume und heilige Haine sind in ganz Indien bekannt. Flüsse werden als Gottheiten verehrt. Riten, die den Zugriff auf Naturreservate wie zum Beispiel das »Valley of Flowers« im Himalaja regeln, machen den Menschen immer wieder deutlich, daß Mensch und Natur untrennbare Bestandteile eines Systems sind.

Die indische Baumschutzbewegung, nach dem Hindiwort für »anklammern, umarmen« *Chipko-Bewegung* genannt, bemächtigte sich dieser traditionellen Symbole und definierte sie den heutigen Gegebenheiten entsprechend neu. »Brüder, dieser Wald ist unser Elternhaus. Wir holen aus ihm Heilpflanzen und Gemüse. Rodet den Wald nicht! Wenn ihr den Wald abschlagt, wird dieser Berg auf unser Dorf fallen, die Flut wird kommen, die Winterfelder werden weggespült werden – Brüder, zerstört unser Elternhaus nicht«, sagte 1974 die damals 50jährige *Gaura Devi* (Berndt 1987) den Waldarbeitern, die trotz Protesten geschickt worden waren, um den Wald hinter dem abgelegenen Bergdorf Reni zu fällen. Die Frauen unter ihrer Leitung stellten sich den Arbeitern entgegen und blieben trotz Bedrohung standhaft, so daß der Wald schließlich gerettet werden konnte.

Der hinduistische Aktivist *Sunderlal Bahuguna* verband die gewaltfreie Bewegung mit noch einer anderen Tradition, indem er an ein Ereignis im Wüstenstaat Rajasthan im Jahre 1730 anknüpfte. Damals – so die Überlieferung des *Bishnoi-Kultes* – hatten Frauen unter Führung von *Amrita Devi* der Rodung eines heiligen Waldes widerstanden, indem sie die Bäume umklammerten und auch den Äxten der Waldarbeiter nicht wichen. Die Symbolik der Chipko-Bewegung, auch wenn kaum Bäume im Himalaja durch tatsächliches Anklammern gerettet wurden, nahm dieses beispiellose Vorgehen wieder auf.

Andere Bewegungen Indiens, die mit gewaltfreier Aktion die Umwelt schützen und einen konstruktiven Beitrag zu gewaltfreien Lebensformen leisten wollen, sind die Bewegungen zur Rettung von Flußtälern angesichts gigantischer Staudammprojekte und gegen den Ausbau der Atomindustrie.

Die christlichen Ansätze zum Umweltschutz berufen sich heute auf die Ursprünge des konziliaren Prozesses der Kirchen für Gerechtigkeit, Frieden und Bewahrung der Schöpfung, wie er 1983 auf der 6. Vollversammlung des Ökumenischen Rates der Kirchen in Vancouver, Kanada formuliert wurde.

Die Erklärung von Vancouver wurde begeistert aufgenommen und auf ganz unterschiedlichen Ebenen in konkretes Handeln umgesetzt. Eine ökumenische Initiativgruppe Eine Welt im Ostberliner Stadtteil Köpenick, die bereits in der DDR-Zeit zu Friedens-, Nord-Süd- und Umweltfragen unter dem Dach der Kirche gearbeitet hatte, nahm nach der Konferenz für »Umwelt und Entwicklung« in Rio de Janeiro 1992 den Gedanken auf, um an einer »Lokalen Agenda 21« zu arbeiten. Das Köpenicker Modell besteht aus drei Säulen, der Bezirks- oder Stadtverwaltung, der Öffentlichkeit und der Kirche als Teil der Öffentlichkeit, jedoch mit ihrem in Vancouver besonders formulierten Ansatz. Es versucht, unter Einbeziehung aller gesellschaftlichen Kräfte Ziele für eine nachhaltige Entwicklung auf kommunaler Ebene für das 21. Jahrhundert zu bestimmen. Köpenick ist zum Vorbild für eine Reihe anderer Orte in ganz Deutschland geworden, wo sich Initiativen für eine »Agenda 21« gebildet haben.

Ganz besonders haben Organisationen und Initiativgruppen im ganzen Bundesgebiet, die sich mit der zunehmenden Verbreitung gentechnischer Industrien befassen, den Gedanken von Vancouver aufgegriffen. Bei Gruppen, die sich mit den ethischen, ökonomischen und ökologischen Problemen dieses Industriezweiges auseinandersetzen, löste die Frage, wie die Schöpfung bewahrt werden könne, wenn der Mensch zum Schöpfer wird, ein großes Echo aus. Gottesdienste auf oder an Versuchsäckern mit Freisetzungsexperimenten gentechnisch veränderter Pflanzen waren daher eine oft gewählte Form der Aktion.

Ein weiterer Bereich, in dem sich viele Christen in der Bundesrepublik seit Jahrzehnten gewaltfrei engagieren, ist, ist der Protest gegen die Atomenergie. Auf einem »Kreuzweg für die Schöpfung« trugen sie 1985 und 1988 große Holzkreuze auf ihren Schultern von Standorten der Atomindustrie nach Gorleben. »Die Sorge um die Erhaltung der Schöpfung, der ungehinderte Ausbau der Atomanlagen in Gorleben, die Auseinandersetzungen auf der Straße, die an Radikalität und Gewalt zunehmende Konfrontation veranlaßte eine Gruppe von Christen, einen Weg zu suchen, der dieser gewalttätigen Radikalität etwas ebenso Radikales aus christlicher Sicht entgegenzusetzen hat: das Kreuz. Seine Radikalität besteht in der Gewaltfreiheit, aber auch besonders in der eindeutigen Parteiergreifung für das Schwache, für die geschundene Schöpfung.« (Mahlke 1992)

Versöhnung

Der US-amerikanische Vietnam-Veteran *Claude Thomas* schilderte seine persönliche Versöhnungsgeschichte: »Ich wurde von Geburt an trainiert, Soldat zu sein, durch die Art, wie ich erzogen wurde und wozu ich ermutigt wurde (...) Ich wurde erzogen, nur Autoritäten zu gehorchen, egal welcher Autorität.(...) Als 17jähriger ging ich zum Militär und dann nach Vietnam. (...) Der Charakter meines Trainings war zu lernen, den Feind zu entmenschlichen. In diesem Prozeß der Entmenschlichung des Feindes wurde ich selbst entmenschlicht.« (1993) Nachdem er 1967 angeschossen und schwer verwundet neun Monate im Krankenhaus gelegen hatte, entließ das Militär den 20jährigen Mann. Es folgte, was er heute den »Krieg nach dem Krieg« nennt: Gewalt, Drogen, Alkohol, Gefängnis. Erst als er den vietnamesischen Zen-Mönch *Thich Nhat Hanh* traf und einen Workshop für Vietnam-Veteranen besuchte, begann sich sein Leben zu ändern. Thomas kam in Kontakt mit Vietnamesen, mit sich selbst, seinen Gefühlen und Verletzungen. Er begann, sich seiner Kindheit zu erinnern und all dessen, was ihn so gemacht hatte, wie er war. Aber er begann auch, in der Gegenwart zu leben und zu fühlen.

Das junge Ehepaar *Swati Desai* und *Michael Mazgaonkar* lebt in einem kleinen Dorf im indischen Bundesstaat Gujarat zusammen mit der lokalen Urbevölkerung unter sehr einfachen Verhältnissen. Sie hatten Gelegenheit, ein Studium abzuschließen, und hätten eine städtische Karriere in Indien machen können. Statt dessen leben sie mit Menschen, die noch immer außerhalb des Kastensystems als Benachteiligte von vielen Entwicklungsprogrammen ausgeschlossen sind. Selbst Entwicklungsprojekte, die in ihrer Region begonnen wurden, fügen ihnen mehr Schaden als Nutzen zu, weil sie auf die Bedürfnisse der städtischen Bevölkerung zugeschnitten sind. Durch das Zusammenleben mit der Stammesbevölkerung sind Desai und Mazgaonkar in der Lage, wirtschaftliche und soziale Probleme zu identifizieren und Lösungsansätze vorzuschlagen, die Entwicklung und Gerechtigkeit zu fördern. Sie nennen ihre Arbeit, die sich aus einer auf Gandhis Gewaltfreiheit beruhenden Spiritualität nährt, »ökonomische Versöhnung«, der Versuch, behutsam wieder Gerechtigkeit in den Beziehungen untereinander und mit der Gesellschaft als Ganzes herzustellen.

Im Dezember 1956 beendete *Martin Luther King* den einjährigen Busboykott in Montgomery nach dem Gerichtsbeschluß über die Aufhebung der Rassentrennung mit einer Rede, in der er zur Vorsicht mahnte: »Wir sind durch unsere Erfahrungen in diesem Jahr gewaltlosen Protestes innerlich so gewachsen, daß uns ein gerichtlicher ›Sieg‹ über unsere weißen Brüder nicht befriedigen kann. Wir müssen Verständnis für die aufbringen, die uns unterdrückt haben, und auch für das, was ihnen der Gerichtshof auferlegt. Wir müssen ehrlich unsere eigenen Fehler einsehen. Wir müssen so handeln, daß ein Zusammenleben weißer und farbiger Menschen in einer wirklichen Harmonie der Interessen und des Verständnisses möglich ist.

(...) Dies ist der Augenblick, wo wir ruhige Würde und kluge Zurückhaltung zeigen müssen. (...) Wir müssen nun vom Protest zur Versöhnung kommen. Ich bin fest davon überzeugt, daß Gott in Montgomery am Werk ist.« (King 1984)

Diese drei Beispiele aus unterschiedlichen religiösen und gesellschaftlichen Zusammenhängen zeigen das breite Spektrum auf, in dem Versöhnung stattfinden kann. Es geht um einen Prozeß der Heilung im Verlauf oder am Ende von Konflikten. Versöhnung und Frieden bedingen sich gegenseitig. In der christlichen Theologie hängt Versöhnung eng mit dem Kreuzestod Christi zusammen, der Versöhnung zwischen der Menschheit und Gott. Für King wird dieses Verhältnis zu Gott im Versöhnungshandeln der Menschen untereinander manifest.

Versöhnungsprozesse umfassen viele sensibel aufeinander abgestimmte Schritte: Begegnung und Gespräch, das Eingestehen von Schuld, das Bitten um Verzeihung, das Offenlegen der Wahrheit, Vergeben, das Schaffen von Gerechtigkeit, und Versuche der Überwindung oder Veränderung ungerechter Strukturen. Voraussetzungen für gelingende Versöhnung sind Empathie und Mut, ehrliche Erinnerung des Vergangenen, Aufrichtigkeit und Geduld, Trost und Aushalten von Trauer, Reue und die Suche nach Wiedergutmachung. Versöhnung bedeutet vergeben, jedoch nicht vergessen. Gerade die Überwindung von Schweigen und Gleichgültigkeit durch Erinnerung macht das Heilen von Beziehungen und die Wiederherstellung von Gemeinschaft erst möglich.

Wichtig ist auch zu erkennen, welche Zeitdimensionen unter Umständen für Versöhnungsprozesse benötigt werden – manchmal Generationen. Da Versöhnung sowohl eine individuelle als auch eine gesellschaftliche Aufgabe darstellt, ist es gerade bei Konflikten, in die die gesamte Bevölkerung einbezogen war, schwierig zu bestimmen, wann ein Versöhnungsprozeß abgeschlossen ist. Versöhnung kann nicht erzwungen werden – sie muß aus freien Stücken geschehen und erfordert die Entscheidung aller Konfliktparteien, daran teilzuhaben. Es gibt kein Standardverfahren für Versöhnung. Jeder Versöhnungsprozeß vollzieht sich individuell und muß durch Handelnde, die eine volle Verantwortung für ihre Taten übernehmen, neu gestaltet werden. Oft gibt es bei Opfern und Tätern keine Gleichzeitigkeit der Versöhnungsprozesse und das Bedürfnis nach Versöhnung ist stärker auf der Täterseite. Doch betonen auch Opfer von Gewalt, daß sie zur eigenen Heilung und der Wiederherstellung ihrer Würde nach Möglichkeiten der Versöhnung suchen.

Rituale sind an irgendeiner Stelle im Prozeß der Versöhnung notwendig, oft nach einer Beilegung des Streits. Religion bietet traditionelle Versöhnungsrituale oder den Rahmen dafür, neue Rituale zu entwickeln. Die Birmanin Aung San Suu Kyi beschreibt zum Beispiel in ihrer Eröffnungsrede für die Pekinger Weltfrauenkonferenz die buddhistische *paravana*-Zeremonie. In dieser Zeremonie am Ende der Regenzeit teilen sich die Mönche ihre Übertretungen mit und bitten sich gegenseitig um Vergebung. Sie sieht dies als Vorläufer einer Wahrheitskommission an.

Neben Wahrheit ist Gerechtigkeit eine Vorbedingung für gelingende Versöhnung. Das Beispiel Südafrika zeigt, daß manchmal nicht beides in gleichem Maße zu erreichen ist. Dort ist Desmond Tutu (s. S. 61) Vorsitzender der im Dezember 1995 eingesetzten Wahrheits- und Versöhnungskommission. Diese Kommission arbeitet in drei Komitees an der Anhörung von Opfern der Menschenrechtsverletzungen, der Frage der Entschädigungen für Opfer und den Amnestieanträgen der Täter. Obwohl Tutu bei seiner Berufung in die Kommission sagte, daß die Rehabilitation der Opfer und die Wiederherstellung ihrer Würde Vorrang in der Arbeit habe, hat das Amnestie-Komitee die größte Aufmerksamkeit erfahren.

Dieses Komitee darf Tätern, die innerhalb einer festgesetzten Frist freiwillig Amnestieanträge stellen, Straffreiheit gewähren. Dazu müssen sie das volle Vergehen aufdecken, Täter benennen, das politische Motiv für die Tat und den Auftrag einer politischen Organisation nachweisen. Doch weder Reue und Schuldeingeständnis noch Wiedergutmachung sind Voraussetzung für die Erteilung der Straffreiheit. Dies hat bei vielen Opfern und in der Öffentlichkeit dann starken Widerspruch hervorgerufen, wenn ranghohe Polizisten oder Verantwortliche der Apartheid ihre direkte Beteiligung an Menschenrechtsverletzungen ohne irgendeine Form der Reue beschrieben, jedoch dennoch freigesprochen wurden. Außerdem war die Kommission mit der weiteren Betreuung der vielen Opfer vollkommen überfordert. Eine Wiedergutmachung der Verbrechen in einer Gesellschaft, in der beinahe alle in irgendeiner Form an politischer Gewalt beteiligt waren, ist nahezu unmöglich.

Die Wahrheits- und Versöhnungskommission, die von allen Seiten mit dem Ziel politischer Instrumentalisierung angegriffen wurde, hat es vermocht, ihre Unabhängigkeit zu bewahren und einen ersten Schritt auf eine nationale Versöhnung hin zu tun. Unter den gegebenen Umständen war das nur möglich, weil sie die Frage der Gerechtigkeit ausklammerte, indem Täter ungestraft davonkamen. Für viele Opfer ist das schwer zu ertragen, wird jedoch als Preis für den Frieden angesehen, für den es wenig Spielraum gab. Denn der Wandel ist in Südafrika nicht durch den Sieg einer Seite herbeigeführt worden, sondern durch Verhandlungen. Das alte Regime hatte immer noch die militärische Macht und die Möglichkeit, das Land ins Chaos zu stürzen. Eine allgemeine Amnestie, die wie in Chile die Verbrechen einfach vergessen macht, wäre jedoch für die meisten Südafrikaner nicht hinnehmbar. Um so wichtiger wird es, so betont Tutu immer wieder, die gegenwärtige wirtschaftliche Situation der Menschen zu verbessern. Ohne positive Veränderungen im materiellen Bereich wird es langfristig auch keine Versöhnung geben.

Wirtschaft und soziale Gerechtigkeit

»Während es dem Materialisten in erster Linie um Güter geht, geht es dem Buddhisten hauptsächlich um Befreiung. Aber Buddhismus ist ›der Mittlere Weg‹, daher ist er in keiner Weise körperlichem Wohlbefinden gegenüber feindlich eingestellt. Nicht Reichtum steht der Befreiung im Wege, sondern die Bindung an ihn, nicht die Freude an angenehmen Dingen, sondern das Verlangen nach ihnen. Der Grundgedanke buddhistischer Wirtschaftslehre heißt daher Einfachheit und Gewaltlosigkeit. Vom Standpunkt eines Wirtschaftswissenschaftlers aus gesehen, liegt das Wunder der buddhistischen Lebensweise in der äußersten Vernunftbezogenheit ihres Musters – erstaunlich geringe Mittel führen zu überaus befriedigenden Ergebnissen.«

Mit diesen in seinem Hauptwerk »Small is beautiful – Die Rückkehr zum menschlichen Maß« (1973) veröffentlichten Gedanken legte der Wirtschaftwissenschaftler *Ernst Friedrich Schumacher*[1] dar, daß keine Wirtschaftswissenschaft unabhängig von Grundannahmen ist und deshalb Gesellschaften, die eine buddhistische Lebensart anstreben, auch eine buddhistisch geprägte Wirtschaftsweise haben müßten. Das Prinzip »richtiger Lebenserwerb« des »Edlen Achtfachen Pfades« zur Aufhebung von Leiden bietet dafür Anhaltspunkte. Statt dessen imitieren asiatische Ökonomen und Politiker westliche Modelle der Wirtschaftsentwicklung. Schumacher kommt zu dem Schluß, daß buddhistische Wirtschaftsweise in kleinen, in hohem Maße autarken örtlichen Gemeinschaften verwirklicht wird, die weniger gewaltträchtig sind als die Einbindung in ein weltweites Handelssystem: »Das günstigste Verbrauchsmuster, das mit Hilfe einer vergleichsweise geringen Verbrauchsmenge ein hohes Maß an menschlicher Zufriedenheit erzeugt, gestattet den Menschen, ohne großen Druck und große Spannung zu leben.«

Schumacher, der Indien und Birma bereiste und dort als Wirtschaftsberater tätig war, stieß in Asien nicht immer auf großes Verständnis für seine Gedanken. In den gewaltfreien Bewegungen Indiens wie auch Südostasiens sind sie jedoch sehr populär. Besonders bei dem thailändischen Sozialkritiker *Sulak Sivaraksa*, der die Konsumorientierung moderner Entwicklungsmodelle in Frage stellte, klingen viele von Schumachers Ideen an, die viele Parallelen zu Buddhadasas Verständnis von einer auf den Dhamma (rechte, richtige Lehre, Wahrheit) ausgerichteten Gesellschaft aufweisen.

Die Praxis der buddhistisch geprägten gewaltfreien Bewegung hat in Sri Lanka die Sarvodaya-Bewegung des ehemaligen Lehrers *A.T. Ariyaratne* hervorgebracht. Er fing 1958 an mit Workcamps in verarmten und vernachlässigten Dörfern der Tropeninsel, in denen er mit Schülern Dorferweckungsarbeit – Sarvodaya versteht Ariyaratne als »Erwachen aller« – begann. Es handelt sich also um Entwicklungsarbeit, die ihre Erfolge nicht nur am Technologietransfer abliest, sondern auf die soziale, kulturelle, persönliche, spirituelle Ebene und eben

1. Ernst Friedrich Schumacher (1911-1977) hat durch seine Arbeiten vor allem buddhistisches Denken zu Wirtschaftsfragen geprägt.

auch auf die Wirtschaftsform Wert legt. Die Initiative, die bis heute sehr viele Menschen mobilisieren konnte, beruht darauf, die ländliche Bevölkerung selbst zu motivieren und in die notwendigen Entwicklungsarbeiten einzubeziehen, anstatt sie zu Objekten eines nicht von ihnen bestimmten Prozesses zu machen. Wichtigstes Prinzip ist *Shramadana*, wörtlich die freiwillige Gabe von Arbeitskraft. Dies knüpft an das buddhistische Konzept des freimütigen Gebens (*dana*) an, einer der »Fähren« zur Vervollkommnung, mit der Großzügigkeit geübt wird. In Sri Lanka wurde dana bis dahin verstanden als Almosengabe an den Orden der buddhistischen Mönche. Durch Shramadana hat die Bewegung sich dieses Konzept zur eigenen Ermächtigung und zur Arbeit für das Gemeinwohl angeeignet.

Nach ähnlichen Prinzipien arbeiten in Sri Lanka die interkonfessionelle, von Katholiken gegründete Organisation »Satyodaya« (Erwachen der Wahrheit«) und die Projekte der Sri Bodhiraja Stiftung in Embilipitiya im Süden der Insel, gegründet von buddhistischen Mönchen. »Zum Wohl der Vielen, zum Glück der Vielen« hatte der *Buddha* den *Sangha* (Mönchsorden) gegründet und die Mönche in die Welt ausgesandt. In der Anfangszeit des Buddhismus gehörten dazu soziale und konstruktive Ansätze – die Mönche der Stiftung in Embilipitiya knüpfen daran heute wieder an. Der Mönch *Omalpe Sobhita*, der selbst aus einer sehr armen Familie stammt, aber in Sri Lanka und Indien studieren, in Südostasien andere buddhistische Gedanken kennenlernen konnte und derzeit für die Vereinten Nationen in Kambodscha Umweltbildung organisiert, versuchte mit diesem Tempelprojekt die Trennung von spiritueller und materieller Verantwortung aufzuheben. Sein Ziel, auch im Umgang mit Bedrohung und militärischer Gewalt gegen lokale Aufstände in den 80er Jahren und mit umweltzerstörenden Großindustrien, ist die Schaffung von gesellschaftlicher Harmonie durch einen beharrlichen, kritischen Dialog.

Auch der indische Gandhianer und Wirtschaftswissenschaftler *J. C. Kumarappa* untersuchte die Möglichkeiten nachhaltiger und dezentraler Entwicklung, die die dörflichen Ökonomien stärkt und die Menschen in allen ihren Bedürfnissen ernst nimmt. Sein Ansatz geht auf *Gandhi* zurück, der wirtschaftliche Unabhängigkeit Indiens, und zwar der gesamten Bevölkerung des Landes, als Voraussetzung für wirkliche Unabhängigkeit ansah. Wesentliches Element dafür ist nach seiner Auffassung die Aneignung der Produktion durch kleine lokale Einheiten und der Verbrauch von Gütern, die in möglichst nahem Umfeld produziert wurden: »Die Wiedergeburt des Dorfes ist nur möglich, wenn es nicht mehr ausgebeutet wird. Die Industrialisierung im Massenausmaß muß zwangsläufig zu direkter oder indirekter Ausbeutung der Dorfbewohner führen, weil dann die Probleme des Wettbewerbs und der Marktbeherrschung auftauchen. Wir müssen unsere Aufmerksamkeit darauf konzentrieren, daß sich das Dorf in allem selbst versorgt und hauptsächlich für den eigenen Gebrauch produziert.« (Gandhi-Informationszentrum 1988)

Die sich auf Gandhis Lehre berufende Bewegung propagierte daher die Herstellung, Verbreitung und das Tragen von Khadi, d. h. Handgesponnenem und Handgewebtem. Gesellschaftsverändernden Charakter gewann die Bewegung jedoch erst durch die Land- und Dorfschenkungskampagnen *Vinoba Bhaves* seit den 50er Jahren. Vinoba bezeichnete die Landschenkung als *Bhumidana Yagna*, das Opfer durch das Geben von Land, und besetzte damit die spirituellen Begriffe *dana* (s.o.) und *yagna* (Opferhandlung) neu. Unter Dorfschenkung (auf Hindi: *Gramdana*) verstand er dann die Fortentwicklung, die freiwillige Kollektivierung des Nutzens aus dem Land und die Schaffung gemeinschaftlicher Institutionen.

In Bombay initiierte 1982 der im Mai 1998 verstorbene *Achhyut Deshpande*, ein langjähriger Kollege Vinobas, eine symbolische Blokkade des größten Schlachthauses Asiens, die ununterbrochen bis heute (Juni 1998) andauert. Die Aktivisten wollen mit der Aktion darauf aufmerksam machen, daß der Schutz der indischen Rinder- und Büffelpopulation durch den Gesetzgeber angesichts der Marktmechanismen nicht ausreicht. Zwar ist die Schlachtung junger Rinder nur in Ausnahmefällen erlaubt, doch wird dieses Gesetz durch Korruption regelmäßig mißachtet. Der Schlachthof produziert Fleisch für den Export, vor allem in die reichen arabischen Ölländer, trägt damit aber zur Vernichtung des Viehbestandes in Indien bei. Rinder als Zugtiere, als an die lokalen Verhältnisse angepaßte Milchlieferanten und als Teil eines ländlichen Wirtschaftssystems, das auf Subsistenz oder auf vor allem lokale Versorgung abzielt, spielen in der Landwirtschaft des Landes eine große Rolle. Die Blockade in Bombay, die routinemäßig von der Polizei geräumt wird, thematisiert den Zusammenhang zwischen den Interessen eines in die liberale Weltwirtschaft eingebundenen Handelssystems und der Verarmung der indischen Landbevölkerung. Sie nutzt dabei den Respekt, den Kühe in der indischen Tradition genießen: die Bewegung nennt sich »Kuh-Schutz-Bewegung«. Sie läuft damit Gefahr, radikalen Hindus in die Hände zu spielen, die den Mythos »Kuh« auf ihre Fahnen geschrieben haben und damit gegen nicht-hinduistische Minderheiten vorgehen. Die gandhianische Kuhschutzbewegung hat daher frühzeitig den Dialog mit den vorwiegend muslimischen Arbeitern des Schlachthofes gesucht und ihre Ziele nicht nur mit hinduistischer Symbolik dargestellt, sondern auch Zeugnisse aus der islamischen Geschichte daraufhin untersucht, welche Rolle sie dem Rind zuschreiben. Wenn auch mit unterschiedlicher Akzentuierung, so gibt es auch dort Aussagen, die die herausragende Bedeutung des Rindes für die Entwicklung der Landwirtschaft beschreiben.

Im Islam werden die weltliche und die religiöse Sphäre nicht getrennt gedacht. Daher steht das wirtschaftliche und soziale Leben traditionell im Zentrum der Aufmerksamkeit religiöser Muslime, gleichberechtigt neben dem persönlichen und dem spirituellen Leben. Das Verbot von Zinsen beim Geldverleih und die Armensteuer – zwei wichtige religiöse Pflichten im Islam – sind Ausdruck der Sorge um gesellschaftliche Gerechtigkeit. Für die Armen und Benachteiligten mehr als nur die vorgeschriebene Abgabe zu erübrigen, genoß in der Geschichte der Muslime jedoch immer ein hohes Ansehen. In Pakistan sind *Abdul Sattar Edhi* und *Akhter Hameed Khan* bekannt für ihren islamischen Humanismus, der mit einer mystischen Weltsicht in Verbindung steht. Edhi hat in der südpakistanischen Metropole Karachi ein System von Einrichtungen des Basisgesundheitswesens aufgebaut, das unabhängig von staatlichen Institutionen aus privaten Spenden und durch die Mitarbeit ehrenamtlicher Helfer realisiert wird.

Der Schriftsteller und Historiker *Hameed Khan* begann als 65jähriger in einem Elendsviertel mit dem Aufbau einer sozialen Infrastruktur: Es entstanden ein Abwassersystem, ein System für die Gesundheitsversorgung, Schulen, Förderprogramme für Frauen und Mädchen, sowie Kampagnen für die Alphabetisierung – und nicht zuletzt Arbeitsplätze. Wie Edhi ist auch Hameed Khan der Kritik der um die Macht ringenden islamistischen Kreise und Parteien ausgesetzt. Denn es geht ihm nicht um Parteipolitik, sondern um Hilfe zur Selbsthilfe, um die Beteiligung der Bevölkerung an der Aufgabe, im lokalen Rahmen eigene Institutionen zu schaffen.

Für die iranische Sozialarbeiterin und Gründerin einer Schule für Sozialarbeit *Sattareh Farman Farmaian* wurde ein Gedanke des persischen Mystikers *Sa'adi* Motivation, sich für die Benachteiligten der Gesellschaft einzusetzen: »Menschen sind wie Teile eines Körpers, der aus der gleichen Substanz geschaffen ist: wenn ein Teil verletzt ist und schmerzt, dann können die anderen nicht in Frieden und Ruhe bleiben. Wenn das Elend der anderen dich unbeteiligt läßt, dann kannst du nicht menschliches Wesen genannt werden.« (nach Irfani 1997) Auch ihr Engagement fand nicht die Anerkennung der islamistischen Regierung: Farmaian wurde nach der iranischen Revolution verhaftet und mußte trotz Freispruchs ins Exil gehen.

In der christlichen Befreiungstheologie Brasiliens fand die Auseinandersetzung mit gewaltfreien Techniken und Strategien bei den Landkonflikten zwischen Großgrundbesitzern und Bauern statt. *Hildegard Goss-Mayr*, *Jean Goss* und die Mitarbeiter der Menschenrechts- und Gewaltfreiheitsorganisation Servicio Paz y Justicia (Dienst für Frieden und Gerechtigkeit in Lateinamerika) unterstützten Gemeinden von Pächtern oder landlosen Landarbeitern mit ihrem Wissen über die Grundlagen christlicher Gewaltfreiheit und Praxis, um effektiv gegen Enteignung, Vertreibungen und direkte Waffengewalt angehen zu können. Der Erzbischof Dom *José Maria Pires*, der den gewaltfreien Kampf der Bauern im Staat Paraíba im Nordosten Brasiliens mittrug, schrieb 1978: »Das Evangelium in einem Buch zu lesen ist sehr gut. Sieht man es jedoch im Leben, in der Arbeit, in den Kämpfen und in der Einigkeit unserer Brüder verwirklicht, so erhellt dies besser den Weg und wärmt stärker die Herzen des Menschen.« (nach Goss-Mayr 1979)

Hildegard Goss-Mayr erwartet von den Kirchen, »die notwendige karitative Entwicklungshilfe zu einem Einsatz des Christen für die Durchsetzung gerechter Wirtschaftsbeziehungen für arme Völker auszuweiten« (Goss-Mayr 1979). Ein Ansatz, der in den letzten Jahren des ausgehenden 20. Jahrhunderts an Bedeutung gewinnt, ist die Ökumenische Initiative für ein Erlaßjahr 2000, die in Anlehnung an die biblischen »Jubeljahre« den Erlaß der Schulden für die wirtschaftlich schwachen Länder Afrikas, Asiens und Lateinamerikas vorschlägt.

Ziviler Ungehorsam und gewaltfreier Widerstand

Gewaltfreie Aktion ist eine Umsetzung der Erkenntnis, daß Menschen nicht immer das tun, was von ihnen erwartet wird – manchmal verstoßen sie gegen Gesetze. Wenn es aus dem Bewußtsein heraus geschieht, bestimmte Werte – Leben, Gerechtigkeit – gegen ein Unrecht zu verteidigen, wenn dies außerdem mit einer Disziplin geschieht, die Gewalt als Mittel des Streits ausschließt, dann handelt es sich um zivilen Ungehorsam. Die Menschen, die ihn ausüben, unterwerfen sich nicht der Ordnung, die mit Polizei, Militär, Androhung von Bestrafung oder anderen Sanktionen aufrechterhalten wird, sondern lassen den Machtapparat ins Leere laufen. Am radikalsten wird ziviler Ungehorsam dort sichtbar, wo die Regelverletzung offen begangen wird, wo die ihn ausübenden Menschen Bereitschaft zeigen, dafür Leid und Nachteile in Kauf zu nehmen und zur Rechenschaft gezogen zu werden. Ziviler Ungehorsam will Gewalt und Unrecht verändern, jedoch den Gegner nicht vernichten. Indem Menschen Regeln verletzen oder sie ad absurdum führen, bestimmen sie die Regeln des Spiels, werden sie zu Partnern in der Auseinandersetzung um die Wahrheit.

Der US-amerikanische Theologe *Walter Wink* stellt diesen Mechanismus anhand von Gleichnissen aus dem Neuen Testament dar. »Wenn dir jemand einen Streich gibt auf deine rechte Backe, dem biete die andere auch dar« (Mt 5,39). Mit diesem Satz, so Wink, machte Jesus, der es ablehnte, Gleiches mit Gleichem heimzuzahlen, deutlich, wie sich Menschen angesichts einer Beleidigung verhalten sollen. Denn die Züchtigung Untergebener in einer Gesellschaft, in welcher der Gebrauch der linken Hand verpönt war, geschah mit dem Handrücken der rechten: nur so kann dem Gegenüber auf die rechte Backe geschlagen werden. Die Situation, auf die sich Jesus bezog, war also die Bestrafung und Beleidigung eines Untergeordneten durch den herablassenden Schlag mit dem Handrücken. Zwei der denkbaren Auswege, das passive Erleiden der Ungerechtigkeit und die gewaltsame Auflehnung mit gleichen Mitteln, schloß Jesus aus und empfahl den dritten Weg – die linke Backe hinzuhalten und damit den Gegenüber zu zwingen, ihn mit der Handfläche oder der Faust zu schlagen. Eine in der gesellschaftlichen Hierarchie höherstehende Person mußte dadurch in Schwierigkeiten kommen, denn dies käme einer Anerkennung des anderen als Gleichberechtigtem gleich.

»Und wenn dich jemand nötigt eine Meile, so gehe mit ihm zwei« (Mt 5,41), bezieht sich auf ein römisches Gesetz, nach dem es Soldaten erlaubt war, Zivilisten aus der unterworfenen Bevölkerung zu zwingen, ihr Gepäck bis zu einer Meile zu tragen. Mehr war nicht gestattet. Danach mußten sie jemanden anderes finden. Das Gesetz, das wahrscheinlich verhindern sollte, daß auf leichtsinnige Weise Unzufriedenheit in den Provinzen des Römischen Reiches provoziert wurde, mußte einen Soldaten in Konflikte bringen, wenn sich jemand weigerte, das Gepäck nach einer Meile wieder abzugeben. Der Unterworfene hätte auf einmal die Initiative zurückerlangt und sich innerlich von der erdrückenden Macht der Gewalt befreit. Der Unterwerfer wäre mit Witz in eine Situation versetzt, in der er Entscheidungen treffen müßte, auf die er nicht vorbereitet war, die Wahl, das Gepäck zurückzuverlangen oder Gefahr zu laufen, für den Gesetzesbruch bestraft zu werden.

Walter Wink stellte diese altbekannten Bibelstellen in ihren historischen Zusammenhang, um den weißen Christen Südafrikas zu zeigen, wie ziviler Ungehorsam ein übermächtiges System aushebelt. Der südafrikanische Pfarrer *Christiaan Frederick Beyers Naudé*[1] hat gezeigt, daß Widerstand einen äußerst langen Atem erfordern kann

1. Christiaan Frederick Beyers Naudé (geboren 1915) war Pastor seit 1940, trennte sich vom weißen Zweig der Niederländisch-Reformierten Kirche, als diese nach dem Sharpville-Massaker – Polizei schoß in eine Demonstration und tötete 69 Menschen – nicht zu einer eindeutigen Haltung gegen die Apartheid gelangte. 1977-1984 stand er unter Bann. Naudé wird von der schwarzen Bevölkerung Südafrikas als einer ihrer Kirchenführer angesehen, von Teilen der Afrikaans sprechenden Weißen jedoch als Verräter.

und ein hohes Maß an Spiritualität erfordert. Als er sich 1963 nach 23 Jahren Mitarbeit in der weißen Niederländisch-Reformierten Kirche aus seinen Ämtern verabschiedete, weil er die Rassentrennung in der Kirche nicht mit Gottes Auftrag vereinbar sah, wußte er, daß er sich wahrscheinlich für Jahre in die Einsamkeit begeben würde. Es kam noch schlimmer: 1977 wurde ihm wegen seines fortgesetzten Eintretens gegen die Apartheid für sieben Jahre jegliches öffentliche Auftreten untersagt. Der Bann, der Beyers Naudé nicht seines tiefen Glaubens an den christlichen Auftrag für Gerechtigkeit, seiner Liebe für andere, seiner inneren Freiheit und des Geistes der Unabhängigkeit berauben konnte, entlarvte die Ungerechtigkeit des Systems, das auch Kritik aus den Reihen der Weißen nicht ertrug. Beyers Naudé bewertete diese Jahre als seine schwierigsten, jedoch auch seine fruchtbarsten. Bald nach Aufhebung des Banns wurde er zum Generalsekretär des Südafrikanischen Kirchenrates ernannt.

Die Einheit von Mitteln und Zielen bei gewaltfreien Aktionen hat *Thomas Merton* im Sinn, wenn er provokativ äußert, daß christliche Gewaltfreiheit kein Mittel ist, »an den Kämpfen in der Welt teilzunehmen, ohne sich mit Blut beschmutzen zu müssen«. Merton zeigt mit großer Klarheit, was Gewaltfreiheit bedeutet: »Wer gewaltlosen Widerstand leistet, muß in Wirklichkeit Abstand nehmen von den unmittelbaren eigenen Interessen wie von denen jeder besonderen Gruppe. Er muß sich der Verteidigung der Wahrheit und der Gerechtigkeit widmen und vor allem der Verteidigung des Menschen. Er will nicht einfach die Überhand gewinnen oder den Beweis erbringen, daß er im Recht sei und der Gegner im Unrecht, oder ihn zum Einlenken bewegen, so daß er tut, was von ihm verlangt wird.« (Merton 1986) Für Merton ist gewaltfreier Widerstand der Versuch der Festigung des Reiches Gottes und die Sorge darum, daß alle in das Reich Gottes eingehen können. Über persönliche Aufrichtigkeit und guten Willen hinaus ist eine religiöse Verankerung des eigenen Handelns notwendig, damit das Leben eine fortwährende Umwandlung und Bekehrung wird. »Selig sind die Sanftmütigen« (Mt 5,5) bezieht sich nach Merton eben nicht auf ein ruhiges Temperament oder auf Passivität, sondern auf christliches gewaltfreies Handeln aus einem »Vertrauen auf die Kraft des Herrn der Wahrheit«, auf ein Handeln vorrangig nicht aus menschlicher Macht heraus.

Eine besondere Form zivilen Ungehorsams hat angesichts zunehmender Einschränkung der Möglichkeiten, in Deutschland das Recht auf Asyl in Anspruch zu nehmen, an Verbreitung gewonnen: das *Kirchenasyl.* Bereits eine ganze Reihe von katholischen und evangelischen Gemeinden haben Menschen in ihren Kirchen Asyl gewährt – weil begründete Zweifel an der Richtigkeit einer Entscheidung der Ausländerbehörden bestehen und um Zeit für von der Ausweisung bedrohte Flüchtlinge zu gewinnen, um eventuell anstehende Gerichtsverfahren gegen ablehnende Asylbescheide doch noch beenden zu können, um auf die Menschenrechte von Flüchtlingen aufmerksam zu machen oder um Zeichen gegen den Abbau von Grundrechten zu setzen.

Im Islam ist die Unterwerfung unter den Willen eines unteilbaren Gottes Grundlage des Nachdenkens über zivilen Ungehorsam und Nichtzusammenarbeit mit dem Unrecht. Daher besteht sogar die Notwendigkeit zum Widerstand. Ein Muslim darf ungerechten Gesetzen nicht gehorchen. Wird er dazu gezwungen und besteht die Möglichkeit gewaltfreien Widerstands auch nicht mehr, bleibt ihm nur noch die vom Propheten Muhammad vorgelebte Lösung des Auszugs (Hijra) aus der Gesellschaft und der Aufbau einer neuen unter günstigeren Bedingungen. *Chaiwat Satha-Anand*, ein thailändischer muslimischer Gelehrter, kommt nach der Analyse einer Protestaktion im südthailändischen Pattani gegen fortgesetzte Menschenrechtsverletzungen durch lokale Militäreinheiten zu dem Schluß, daß die religiöse Praxis von Muslimen sie vorbereitet auf »die Möglichkeit des Ungehorsams, Disziplin, Interesse an sozialen Angelegenheiten und an konkretem Handeln, Geduld und den Willen, für eine Sache zu kämpfen und die Idee der Einheit – all dies ist entscheidend für erfolgreiche gewaltfreie Aktion.« (Paige 1993) *Khalid Kishtainy* sieht zivilen Ungehorsam als »zivilen Jihad« an, als Kampf dafür, das göttliche Recht durchzusetzen (s. S. 160f.) .

Mahatma Gandhi prägte den Begriff »Satyagraha« (d. h. Beharren auf, Festhalten an der Wahrheit) und setzte bei den Satyagrahi, den zivilen Ungehorsam leistenden Personen, Selbstdisziplin, Selbstkontrolle, Selbstreinigung und Opferbereitschaft voraus: »Satyagraha wird auch Kraft der Seele genannt, weil ein bestimmtes Erkennen der inneren Seele notwendig ist, wenn ein Satyagrahi glauben soll, daß der Tod nicht das Ende eines Kampfes bedeutet, sondern seinen Höhepunkt.« Gandhi stellte hohe Anforderungen an Menschen, die sich zu Satyagraha entschließen. Ihre Aktion muß gezielt sein, sie müssen sich gut vorbereiten, eine klare moralische Haltung einnehmen, sich ihrer Motivation bewußt sein. Die Gegner in der Auseinandersetzung zu bekehren, einen Wandel der Herzen herbeizuführen, ist Gandhis Ziel. Ausschließlich politischen Druck auszuüben, reicht ihm nicht: der Sinn muß vermittelbar sein und vermittelt werden. Die Anforderungen sind so hoch, daß Gandhi einmal eine Aktion zivilen Ungehorsams als »himalajagroßen Fehler« abbrach, weil irgendwo in Indien in ihrer Folge Demonstrationen in Gewalt umschlugen.

Ziviler Ungehorsam gehört nicht zu den bestimmenden Formen gewaltfreier Politik im *Buddhismus*. Die buddhistische gewaltfreie Bewegung hat zivilen Ungehorsam als bloße Reaktion auf ungerechtes Handeln in seiner Wirksamkeit in Frage gestellt: Wer in der Logik von Aktion und Reaktion verfangen bleibt, kann sich selbst nicht zu friedenschaffendem Handeln befreien. Daher stehen das Streben nach Harmonie und Ausgleich, die Suche nach einer anderen Sichtweise der Probleme im Vordergrund buddhistischen Denkens. Es hat jedoch auch in der buddhistischen Geschichte dieses Jahrhunderts radikale Formen von Regelverletzungen gegeben, die zivilem Ungehorsam nahestehen.

Unter buddhistischen *Tibetern*, die im indischen Exil leben, ist seit den 80er Jahren eine heftige Debatte entbrannt, welche Rolle ziviler Ungehorsam im Kampf um die Befreiung Tibets von chinesischer Herrschaft einnehmen soll und welche Formen angemessen sind. Besonders die jüngere, vorwiegend im Exil aufgewachsene Generation ist in zunehmendem Maße unzufrieden mit dem Verlauf der vom *Dalai Lama* geführten tibetischen Politik. Sie erwarten entschiedeneres Auftreten und versuchen, durch ihre Aktionen besonders die indische Regierung zu größerer Härte in Verhandlungen mit China zu bewegen. Hungerstreiks jüngerer Tibeter vor indischen Regierungsgebäuden, mit denen außenpolitische Forderungen durchgesetzt werden sollten, sind 1998 von der indischen Polizei aufgelöst worden: die Hungerstreikenden wurden zwangsweise in Krankenhäuser eingeliefert. Der Dalai Lama, der durch Verhandlungen auf diplomatischer Ebene versucht, die chinesische Regierung zum Einlenken in der Frage tibetischer Selbständigkeit zu bewegen, hat sich derartigen Aktionen gegenüber sehr zurückhaltend geäußert. Er weiß, daß die Existenz tibetischer Exilinstitutionen in Indien vom Wohlwollen der indischen Regierung abhängt.

Das eigene Leben im gewaltfreien Protest gegen Ungerechtigkeit einzusetzen, hat Tradition in der buddhistischen Welt. 1967 hatte sich die Sozialarbeiterin *Nhat Chi Mai* auf den Stufen einer Pagode in Saigon verbrannt, um gegen den Krieg und die Diktatur in Südvietnam zu protestieren. Sie folgte mit ihrer Tat dem buddhistischen Bodhisattva-Ideal: sich selbst aufopfernd für das Wohl der Menschen einzusetzen und dabei die eigene Erlösung aus dem Kreislauf leidhafter Existenzen aufzuschieben.

Anhang

Personenregister

* Die hier aufgeführten Belegstellen zu den genannten Personen sind Ergänzungen zu den bereits im Inhaltsverzeichnis aufgeführten Kapiteln.

Sachwortregister

* Die hier aufgeführten Stichwörter sind Ergänzungen zu den bereits im Inhaltsverzeichnis aufgeführten Sachworten.

Literaturverzeichnis

Den Zitaten aus den heiligen Schriften liegen die folgenden Übersetzungen zugrunde:
Der Koran. Übersetzung von Adel Theodor Khoury. Gütersloher Verlagshaus Gerd Mohn, Gütersloh 1987.
Die Bibel oder die ganze heilige Schrift des Alten und Neuen Testaments. Nach der deutschen Übersetzung Martin Luthers. Württembergische Bibelanstalt Stuttgart, Stuttgart 1971.

Ammann, Walter, Danilo Dolci. Zwanzig Jahre Sozialarbeit in Westsizilien. Benteli Verlag, Bern 1972.

Aris, Michael (Hg.), Aung San Suu Kyi: Ein Portrait. Wilhelm Heyne Verlag, München 1991.

Bahuguna, Sunderlal, Chipko. A Novel Movement for Establishment of Cordial Relationship between Man and Nature. Chipko Information Centre, Silyara 1983.

Berndt, Hagen, Rettet die Bäume im Himalaya: Die Chipko-Bewegung im Spiegel der indischen Presse. Quorum Verlag, Berlin 1987 (Berliner Studien zur internationalen Politik 8).

Berrigan, Daniel, Zehn Gebote für den langen Marsch zum Frieden. Kreuz Verlag, Stuttgart 1983.

Berrigan, Philip, Christen gegen die Gesellschaft. US-Priester im Gefängnis. Rowohlt Taschenbuch Verlag, Reinbek 1971.

Bethge, Eberhard (Hg.), Dietrich Bonhoeffer. Rowohlt Taschenbuch Verlag, Reinbek 1996.

Beyers Naudé, Christiaan Frederick, Pilgrimage of Faith: David Philip Publishers, Claremont 1990.

Beyers Naudé, Christiaan Frederick, Dorothee Sölle. Hope for Faith. WCC Publications, Geneva 1985.

Bhat, Arun, Sarvanarayan Das (Hg.), Cow-Protection. Bombay Sarvodaya Friendship Centre, Bombay (ohne Jahr).

Bhave, Vinoba, Third Power. Bhargava Bhushan Press, Varanasi 1972.

Bhave, Vinoba, Talks on the Gita. Sarva-Seva-Sangh-Prakashan, Varanasi 1981.

Curle, Adam, Tools for Transformation: A Personal Study. Hawthorn Press, Stroud 1990.

Curle, Adam, Another Way: Positive Responses to Contemporary Violence. Jon Carpenter Publishing, Oxford 1995.

Dalai Lama, Im Einklang mit der Welt. Der Friedens-Nobelpreisträger im Gespräch. Gustav Lübbe Verlag, Bergisch Gladbach 1993.

Desai, Narayan, Towards a Nonviolent Revolution. Sarva Seva Sangh Prakashan, Varanasi 1972.

Desai, Narayan, Handbook for Satyagrahis. Gandhi Peace Foundation, New Delhi/Movement for a New Society, Philadelphia 1980.

Desai, Narayan, Bliss was it to be Young – with Gandhi. Childhood Reminiscences. Bharatiya Vidya Bhavan, Bombay 1988.

Desai, Narayan, The Fire and the Rose: Biography of Mahadevbhai. Navajivan Publishing House, Ahmedabad 1995.

Duchrow, Ulrich, Versöhnung im Kontext von Nicht-Versöhnung. Sonderdruck der Jungen Kirche – Zeitschrift europäischer Christinnen und Christen, Beilage zu Heft 3, Bremen März 1996.

Ellis, Marc H., The Uprising and the Future: Toward a Jewish Theology of Liberation. Orbis Books, Maryknoll, NY 1987.

Eppsteiner, Fred (Hg.), The Path of Compassion. Writings on Socially Engaged Buddhism. Buddhist Peace Fellowship, Berkely 1988.

Eskidjian, Salpy (Hg.), The Programme to Overcome Violence. World Council of Churches, Geneva 1997.

Froehlich, Herbert, Ernst von der Recke und Wilfried Warneck (Hgg.). Alles wirkliche Leben ist Begegnung. Ökumenische Schalom-Dienste fordern die Kirchen heraus. Georg Olms Verlag, Hildesheim 1991.

Gandhi, Mohandas K., An Autobiography. Navajivan Press, Ahmedabad 1927.

Gandhi, Mahatma, Die Lehre vom Schwert. Verlag Rolf Kugler, St. Georgen 1990.

Gandhi-Informations-Zentrum (Hg.), My Life is My Message: Das Leben und Wirken von M.K. Gandhi. Verlag Weber, Zucht & Co, Kassel 1988.

Ghosananda, Maha, Wenn der Buddha lächelt. Herder Verlag, Freiburg 1997.

Goss-Mayr, Hildegard, Der Mensch vor dem Unrecht: Spiritualität und Praxis gewaltloser Befreiung. Hg. Katholischen Sozialakademie Österreichs, Europaverlag, Wien 1978.

Goss-Mayr, Hildegard (Hg.), Geschenk der Armen an die Reichen. Europaverlag, Wien 1979.

Gugel, Günther, Gewaltfreiheit. Ein Lebensprinzip. Verein für Friedenspädagogik, Tübingen 1983.

Gvirtz, Amos (Hg.), Nonviolent Possibilities for the Palestinian-Israeli Conflict. Papers from the Jerusalem Conference, September 7-8, Palestinians and Israelis for Nonviolence, Jerusalem 1998.

Hoering, Uwe, Indien ohne Gandhi. Begegnung mit einer Gesellschaft im Aufbruch. Peter Hammer Verlag, Wuppertal 1984.

International Fellowship of Reconciliation (Hg.), The Nonviolent Crescent. Two Essays on Islam and Nonviolence by Chaiwat Satha-Anand. International Fellowship of Reconciliation, Occasional Paper Series, Alkmaar 1996.

Jahn, Beate, Politik und Moral: Gandhi als Herausforderung für die Weimarer Republik. Weber, Zucht und Co, Kassel 1993.

Just, Wolf-Dieter (Hg.), Asyl von unten. Rowohlt Taschenbuch Verlag, Reinbek 1993.

Kaufmann, Ludwig, Damit wir morgen Christ sein können: Vorläufer im Glauben. Verlag Herder, Freiburg i.B. 1984.

Khoury, Adel Theodor (Hg.), So sprach der Prophet: Worte aus der islamischen Überlieferung. Gütersloher Verlagshaus, Gütersloh 1988.

Khoury, Adel Theodor, Das Ethos der Weltreligionen. Verlag Herder, Freiburg i. B. 1993.

King, Martin Luther jr., Kraft zum Lieben. Aussaat Verlag, Neukirchen-Vluyn 1997.

King, Martin Luther, Aufruf zum zivilen Ungehorsam. ECON Taschenbuch Verlag, Düsseldorf, Wien 1993.

King, Martin Luther, Freiheit: Von der Praxis des gewaltlosen Widerstandes. Brockhaus Verlag, Wuppertal 1984.
Klöcker, Michael, Monika Tworuschka und Udo Tworuschka (Hg.), Wörterbuch Ethik der Weltreligionen. Gütersloher Verlagshaus, Gütersloh 1995.
McManus, Philip, Gerald Schalbach (Hg.), Relentless Persistence: Nonviolent Action in Latin America. New Society Publishers, Philadelphia, PA 1991.
Menchu, Rigoberta, Comité de Unidad Campesina, Klage der Erde: Der Kampf der Campesinos in Guatemala. Lamuv Verlag, Göttingen 1992.
Merton, Thomas, Gewaltlosigkeit: Eine Alternative. Benziger Verlag, Zürich 1986.
Narayan, Jayaprakash, Sarvodaya Answer to Chinese Aggression. Sarvodaya Prachuralaya, Thanjavur 1963.
Ökumenischer Rat der Kirchen (Hg.), Programm zur Überwindung von Gewalt. Eigenpublikation, Genf o. J.
Ostergaard, Geoffrey, Nonviolent Revolution in India. Gandhi Peace Foundation, New Delhi 1985.
Paige, Glenn D., Chaiwat Satha-Anand and Sarah Gilliatt (Hgg.), Islam and Nonviolence. Center for Global Nonviolence Planning Project, Matsunaga Institute for Peace, University of Hawai'i, Honolulu 1993.
Parry, Danaan, Krieger des Herzens: Eine Schulung zur friedlichen Konfliktlösung. Verlag Alf Lüchow, Freiburg i. B. 1992.
Piburn, Sidney (Hg.), Dalai Lama: Eine Politik der Güte. Walter-Verlag, Olten und Freiburg i. B. 1992.
Polner, Murray, Naomi Goodman (Hg.), The Challenge of Shalom: The Jewish Tradition of Peace and Justice. New Society Publishers, Philadelphia, PA 1994.
Romero, Oscar, Mein geschundenes Volk: Der letzte Hirtenbrief des Erzbischofs Romero. Adveniat, Essen 1982 (Zeugnisse, Berichte, Kommentare 8).
Schumacher, Ernst Friedrich. Small is Beautiful. Die Rückkehr zum menschlichen Maß. Verlag C. F. Müller, Karlsruhe 1993 (Schriftenreihe der Stiftung Ökologie und Landbau, Alternative Konzepte 87).
Semelin, Jacques. Ohne Waffen gegen Hitler: Eine Studie zum zivilen Widerstand in Europa. dipa-Verlag, Frankfurt a.M. 1995.
Schorlemmer, Friedrich, Versöhnung in der Wahrheit. Droemersche Verlagsanstalt Th. Knaur Nachf., München 1992.
Sharp, Gene, Gandhi Wields the Weapon of Moral Power. Navajivan Publishing House, Ahmedabad 1960.
Shimoni, Gideon, Gandhi, Satyagraha and the Jews: A Formative Factor in India's Policy Towards Israel. Hebrew University, Jerusalem 1977 (Jerusalem Papers on Peace Problems 22).
Sivaraksa, Sulak, Saat des Friedens. Aurum Verlag GmbH, Braunschweig 1995.
Sölle, Dorothee, Es muß doch mehr als alles geben: Nachdenken über Gott. Hoffmann und Campe Hamburg 1992.
Sölle, Dorothee, Gewalt. Ich soll mich nicht gewöhnen. Patmos Verlag, Düsseldorf 1994.
Sölle, Dorothee, Mutanfälle. Texte zum Umdenken. Deutscher Taschenbuch Verlag, München 1996.
Sölle, Dorothee, Gott denken. Einführung in die Theologie. Deutscher Taschenbuch Verlag, München 1997a.
Sölle, Dorothee, Mystik und Widerstand. Du stilles Geschrei. Hoffmann und Campe, Hamburg 1997b.

Thich Nhat Hanh, Love in Action. Parallax Press, Berkeley 1993.
Tworuschka, Monika und Udo, Denkerinnnen und Denker der Weltreligionen im 20. Jahrhundert. Gütersloher Verlagshaus, Gütersloh 1994.
University of Chicago (Hg.), Tolstoy on Education. University of Chicago Press, Chigao 1972.
Vasto, Lanza del, Die Macht der Friedfertigen. F. H. Kerle Verlag, Freiburg 1982.
Von Brück, Michael, Abdoldjavad Falaturi, Albert H. Friedlander u.a. (Hg.), Religion und Gewalt. Dialog der Religionen, 2/96, Gütersloher Verlagshaus, Gütersloh 1996.
Voss, Reinhard, Lebe so, daß man Dich fragt. Alltag und Glaube in ökumenischer Verantwortung. Georg Olms Verlag, Hildesheim 1992.
Wichterich, Christa, Stree Shakti: Frauen in Indien. Lamuv Verlag, Göttingen 1988.
Wilcock, Evelyn, Pacifism and the Jews: Studies of Twentieth-Century Jewish Pacifists. Hawthorn Press, Stroud, Glos 1993.
Williams, Sue und Steve, Being in the Middle by Being at the Edge: Quaker Experience of Non-official political Mediation. Quaker Peace & Service, London 1994.
Wink, Walter, Violence and Nonviolence in South Africa: Jesus' Third Way. New Society Publishers, Philadelphia PA 1987.

Einzelschriften und Aufsätze

adveniat, »Die Kirche in der gegenwärtigen Umwandlung Lateinamerikas im Lichte des Konzils«. Dokumente Projekte 1-3, Eigenpublikation, Essen o. J.
Ariyaratne, A. T., Sarvodaya Basic Information 1. Sarvodaya Shramadana Movement of Sri Lanka, o. J.
Aryanayakam, Asha Devi, »Shanti-Sena. Die indische Friedenswehr«. Publikation des Freundschaftsheim Bückeburg. 1-12.
Aung San Suu Kyi, »Die Fallen der modernen Zivilisation«, in: die tageszeitung, 22/5/1993.
Aung San Suu Kyi, Keynote speech on the NGO Forum on Women. Peking, 31/8/1995.
»Auschwitz und die Soziale Verteidigung. Dokumentation einer Kontroverse während des Hearings der Fraktion der Grünen im Bundestag am 16.6.1984 zum Thema ›Militärische Rüstung abbauen – Soziale Verteidigung aufbauen«‹, in: Gewaltfreie Aktion, Vol 21, Nr. 80/81, 1989, S. 54-68.
Berndt, Hagen, »Zur Arbeit der Shanti Sena«, in: Blau-oliv oder gewaltfrei. Bund für Soziale Verteidigung (Hg.), Minden 5/1993, 41-47.
Berndt, Hagen, »Für das Gute um die Wette streiten«, in: Publik Forum, 25/9, 5/1996, 28-29.
Berndt, Hagen, »Buddhas Auftrag und die Dekadenz der Mönche«, in: Courage: Die sanfte Kraft gelebter Visionen. Hg. Publik-Forum Extra. Publik-Forum Verlagsgesellschaft, Oberursel 1996.
Beyers Naudé, C.F., »My Seven Lean Years«, in: Journal of Theology for Southern Africa. University of Cape Town, Cape Town June 1985.
Büttner, Christian W., Gernot Jochheim, Nadya Luer u.a. (Hg.), Politik von Unten: Zur Geschichte und Gegenwart der gewaltfreien Aktion. Gewaltfreie Aktion, Sonderband, Heft 111/112, 29. Jahrgang, 1. 2. Quartal 1997.

»Die Schwierigkeit, Friedenskirche zu sein«, Katalog zu einer Ausstellung des Deutschen Mennonitischen Friedenskomitees. Deutsches Mennonitisches Friedenskomitee, Bammental 1988.

Desai, Narayan, »Unterricht in Gewaltlosigkeit – wie und warum«, in: Training in Gewaltlosigkeit. Texte der 2. internationalen Konferenz über Frieden und gewaltlose Aktion. Rajsamand, Indien, 17.-23. Februar 1991. Dialog international, Düsseldorf 1993, 16-27 (Schriftenreihe zur Friedenskunde 9)

Ebert, Theodor, »Hätte sich der Hitlerismus gewaltfrei überwinden lassen?« in: Gewaltfreie Aktion, Vol. 27, Nr. 103/104, 1995, S. 1-16.

»EIRENE – Quo vadis?« Eigenpublikation, EIRENE, Neuwied, o. J.

Esack, Farid, »Who's in charge Here?« in: As-Salamu 'Alaykum, Muslim Peace Fellowship Ansar As-Salam 4/1996a, vol. 2, no. 2, 6-7.

Esack, Farid, »Socially halal?« in: As-Salamu 'Alaykum, Muslim Peace Fellowship Ansar As-Salam, 11/1996b, vol. 2, no. 4., 8-9.

Esack, Farid, »The Seductive Burden«, in: As-Salamu 'Alaykum, Muslim Peace Fellowship Ansar As-Salam, 3/1997a, vol. 2, no.5, 6-7.

Esack, Farid, »What to accept«, in: As-Salamu 'Alaykum, Muslim Peace Fellowship Ansar As-Salam, 7/1997b, vol. 2, no.6, 12-13.

Esack, Farid, »Gender Justice«, in: As-Salamu 'Alaykum, Muslim Peace Fellowship Ansar As-Salam, 9/1997c, vol.2, no.7, 12-15.

Esack, Farid, »What's in it for me?« in: As-Salamu 'Alaykum, Muslim Peace Fellowship Ansar As-Salam, 12/1997d, vol. 2. no.8., 8-9.

Esack, Farid, »If this be madness«, in: As-Salamu 'Alaykum, Muslim Peace Fellowship Ansar As-Salam, 4/1998, vol. 3, no.1, 10-11.

Evangelisches Missionswerk in Deutschland (Hg.), »Wege zu einer gerechten Gesellschaft«. Beiträge engagierter Buddhisten zu einer internationalen Debatte. Weltmission Heute, Hamburg 1996 (Studienheft 23).

Galtung, Johan, »Kulturelle Gewalt«, in: Der Bürger im Staat. Landeszentrale für politische Bildung, 43/2, 6/1993, 106-112.

Gandhi, Mahatma, und Martin Buber, Juden, Palästina und Araber, Ner-Tamid-Verlag, München 1961.

Goss-Mayr, Hildegard, »Hoffnung leben – Todesstrukturen überwinden«. Referat gehalten auf der Arbeitstagung des Versöhnungsbundes vom 20-23/5/1982 in Bonn. In: VB-Materialien, Internationaler Versöhnungsbund Deutscher Zweig, 1982.

»Gott ist nicht neutral – Ein Gespräch mit Joachim Gauck und Desmond Tutu«, in: Süddeutsche Zeitung, Magazin, 7/2/1997, 26-30.

Haggar Mahamat Ahmad, »L' Islam et la Non-Violence«. Papier présenté au Conference sur L' Islam et la Non-Violence, N'Djamena 10/1992.

Harris, Rabia, »Delusions of Unity«, in: As-Salamu 'Alaykum, Muslim Peace Fellowship Ansar As-Salam, 7/1997, vol. 2, no.6, 6-11.

Hartmann, Thomas, »Der Prophet war ein Feminist«, in: Die Zeit, no. 52, 22/12/1995, 26.

»High Time – An Interview with Fatima Ahmed Ibrahim«, in: As-Salamu 'Alaykum, Muslim Peace Fellowship Ansar As-Salam,9/1997, vol. 2, no.7, 6-8.

Irfani, Suroosh, »Persian Prelude«, in: As-Salamu 'Alaykum, Muslim Peace Fellowship Ansar As-Salam, 9/1997, vol.2 no.7, 10 u. 15.

Irfani, Suroosh, »The Taliban Impact«, in: : As-Salamu 'Alaykum, Muslim Peace Fellowship Ansar As-Salam, 4/1998, vol.3 no.1, 1 u. 14-15.

Kishtainy, Khalid, »Jihad: Misunderstood and Abused«, in: As-Salamu 'Alaykum, Muslim Peace Fellowship Ansar As-Salam, 2/1996, vol.2 no.1, 1 und 14-15.

Kistner, Wolfram, »Die südafrikanische Wahrheits- und Versöhnungskommission. Wie weit kann sie das Ziel nationaler Versöhnung erreichen?«, aus dem Archiv des Autors, 10/9/1997.

Litsch, Franz-Johannes, »Auschwitz in uns. Eindrücke von einer internationalen und interreligiösen Meditationswoche im Vernichtungslager Auschwitz-Birkenau«, in: Lotusblätter 2/1997, 26-32.

Mahlke, Heike, »Christliche Symbole im politischen Widerstand am Beispiel Gorleben«. Vortrag beim Forum »Kirche in Bewegung halten – Initiativgruppen in der Kirche«, Lutherstift Falkenburg 21-23/2/1992.

Mernissi, Fatima, »Frauenrechte und Muslimstaat«, in: die tageszeitung, 15/6/1995, 13.

»Mich morgen einfach nur zu entlassen bringt überhaupt nichts. Ein Gespräch mit der Friedensnobelpreisträgerin Aung San Suu Kyi«, in: Frankfurter Rundschau, 25/7/1994, no. 170, 12.

Missionszentrale der Franziskaner e.V. (Hg.), Das Evangelium leben: Der franziskanische Missionsauftrag heute. Eigenpublikation, Bonn 1994.

Missionszentrale der Franziskaner e.V. (Hg.), Spiritualität der Gewaltfreiheit. Eigenpublikation, Bonn 1997 (Berichte, Dokumente, Kommentare 68).

Ökumenischer Rat der Kirchen, »Programm zur Überwindung von Gewalt«. Informationsblatt, Genf 1997.

Raiser, Elisabeth, »Women in the Conciliar Process«, in: Reconciliation International. International Fellowship of Reconciliation, Alkmaar Summer 1990, 16.

Ramey, Clayton, »Islam and Disarmament: Proving the Angels Wrong«, in: As-Salamu 'Alaykum, Muslim Peace Fellowship Ansar As-Salam, 3/1997, vol. 2, no.5, 1 u. 8-9.

Scheub, Ute, »Die große Kommunikatorin« [Fatema Mernissi], in: die tageszeitung, 15/6/1995, 13.

Thomas, Claude An Shin, »Finding Peace After«, in: Shambala Sun, 11/1993, 18-36.

Thomas, Claude An Shin. »Eine Pilgerreise. Über den Mut, die Gewalt in uns selbst zu heilen«. Netzwerk engagierter Buddhisten 1998 (aus dem Internet).

Thoreau, David Henry, On the Duty of Civil Disobedience. A.J.Muste Memorial Institute, New York ohne Jahr (Essay Series 3).

Toback, Staci, »›Never Forget‹: Interfaith Convocation at Auschwitz«, in: Reconciliation International vol.10, no.1, 1995, 6-7.

Tutu, Desmond, »Ein Mitverschworener im Weinberg Gottes«, in: Kistner, Wolfram: Hoffnung in der Krise: Dokumente einer christlichen Existenz in Südafrika. Hammer, Wuppertal 1988, 194-199.

Venzky, Gabriele, »Im Namen Gottes: Tötet sie!« [Asma Jahangir und Taslima Nassin] in: Die Zeit, no. 31, 29/7/1994, 37.

Venzky, Gabriele, »Die Utopie Orangi. Ein Besuch bei dem pakistanischen Sozialreformer Akhter Hameed Khan«. in: Die Zeit, 29/3/1996, 46.

Weber, Thomas, »Peacekeeping, the Shanti Sena and Divisions in the Gandhian Movement During the Border War With China«, in: South Asia, vol. XIII, no. 2, 12/1990, 65-78.

Weber, Thomas, »A Brief History of the Shanti Sena as Seen through the Changing Pledges of the Shanti Sainik«. Gandhi Marg, vol. 13, no. 3, 10-12/1991, 316-326.

Kontaktadressen

Bildungsstätten für gewaltfreies Handeln

Bildungs- und Begegnungsstätte für gewaltfreie Aktion e. V. (KURVE Wustrow), Kirchstr. 14, 29462 Wustrow, Tel. 05843-507, Email: kurve-wustrow@oln.comlink.apc.org

Fränkisches Bildungswerk für Friedensarbeit e.V. (FBF), Hessestr. 4, 90443 Nürnberg, Tel. 0911-288500

Friedens- und Begegnungsstätte Mutlangen, Forststr.3, 73557 Mutlangen, Tel. 07171-75661

Gewaltfrei leben lernen e.V., Werkstatt für gewaltfreie Aktion, Baden, Am Karlstor 1, 69117 Heidelberg, Tel. 06221-161978

Friedensdienste

Brethren Volunteer Service (BVS), PO Box 2100, 150 route de Ferney, 1211 Genf 2, Schweiz, Tel. 0041-22-7916330

Eirene, Internationaler Christlicher Friedensdienst e.V., Engerser Str. 74b, 56564 Neuwied, Tel. 02631-83790

Mennonite Voluntary Service e.V., (MVS), Hauptstr. 86, 69245 Bammental, Tel. 06223-47760

Ökumenischer Dienst im konziliaren Prozeß e.V. (OeD), Mittelstr. 4, 34474 Diemelstadt-Wethen, Tel. 05694-8033

Peace Brigades International, Deutscher Zweig e.V., (PBI), Chemnitzstr. 80, 22767 Hamburg, Tel. 040-3806903, Email: pbiger@shalom.life.de

Quaker Peace and Service (QPS), Friends House, Euston Road, London NW1, Großbritannien, Tel. 0044-171-6631000, Email: qps@quaker.org.uk

Verbände

Aktionsgemeinschaft Dienst für den Frieden e. V., Blücherstr. 14, 53115 Bonn, Tel. 0228-229192

Gandhi Peace Foundation, 221-223 Deen Dayal Upadhyaya Marg, New Delhi 110 002, Indien

International Fellowship of Reconciliation (IFOR), Spoorstraat 38, 1815 BK Alkmaar, Niederlande, Tel. 0031-725123014, Email: ifor@gn.apc.org

International Network of Engaged Buddhists (INEB), PO Box 19, Mahadthai Post Office, Bangkok 10206, Thailand, Email: ineb@ipied.tu.ac.th

Jewish Peace Fellowship, 521 North Broadway, PO Box 271, Nyack, NY 10960, USA

Muslim Peace Fellowship/Ansar as-Salam, 521 North Broadway, PO Box 271, Nyack, NY 10960, USA

Palestinians and Israelis for Nonviolence, PO Box 8343, Jerusalem 91083